Käthe Recheis

Kleiner Adler und Siebenstern

Ausgestattet mit einem kleinen Indianerlexikon

Deutscher
Taschenbuch
Verlag

Dieses Buch, die erste Indianergeschichte von Käthe Recheis, ist 1961 unter dem Titel ›Kleiner Adler und Silberstern‹ bei Herder, Wien, erschienen.

Von Käthe Recheis sind außerdem bei dtv junior lieferbar:

Kleiner Bruder Watomi (dtv junior Lesebär – große Druckschrift), Band 7588
König Arthur und die Ritter der Tafelrunde, Band 7361
Die Uhr schlägt Mitternacht (Hrsg.), Band 7424
Schlag zwölf beginnt die Geisterstunde (Hrsg.), Band 7467
Geh heim und vergiß alles, dtv pocket 7883
Lena. Unser Dorf und der Krieg, dtv pocket 78035
Der Weiße Wolf, Band 70298

Ungekürzte Ausgabe
Oktober 1993
Deutscher Taschenbuch Verlag GmbH & Co. KG, München
© 1992 J & V Edition Wien Dachs Verlag Ges.m.b.H., Wien
ISBN 3-224-11459-2
Umschlaggestaltung: Klaus Meyer
Umschlagbild: Bernhard Förth
Gesetzt aus der Aldus 10/11 ½'
Gesamtherstellung: Ebner Ulm
Papier: ›Recycling Book Paper‹
Steinbeis Temming Papier GmbH, Glückstadt
Printed in Germany · ISBN 3-423-70300-8

Inhalt

Allein in der Prärie

*D*er große Mond warf sein Licht auf die schlafende Prärie. Wanbli Tschikala, der Kleine Adler, liebte den Mond; er nannte ihn seinen Freund. Oft saß er an den Abenden vor dem Tipi seines Vaters Gute Sonne und sah auf die helle Scheibe, die immer höher am Himmel stieg.

Aber in dieser Nacht, in der er ganz allein war, in der er auszog, um zu fasten und um sich in der Einsamkeit vorzubereiten, ein Krieger zu werden, in dieser Nacht sah er den Mond, seinen Freund, nicht. Das hohe Büffelgras schlug an seine nackten, braunen Beine. Manchmal streifte der dunkle Schatten einer Fledermaus an ihm vorbei, oder ein Kojote huschte über seinen Weg. Kleiner Adler achtete nicht darauf.

In der Hand trug er einen Bogen, und einige Pfeile steckten in der mit bunten Mustern verzierten Ledertasche. Dort hatte er auch sein Messer verwahrt. Das straffe, schwarze Haar fiel ihm in Strähnen auf Brust und Rücken. Am Hals trug er in einem kleinen Beutel seine Medizin. Es waren Federn des Weidenlaubsängers, an einem mit blauen und roten Symbolen bemalten Lederstreifen befestigt.

Als Kleiner Adler vier Jahre alt gewesen war, hatte er eines Nachts von einem großen Vogel geträumt, der sich aus einer schwarzen Gewitterwolke auf ihn herabstürzte. Das gleiche Traumbild war ihm in der nächsten Nacht erschienen. Gute Sonne hatte daraufhin zu Rote Wolke, der Mutter von Kleiner Adler, gesagt:

»Das Große Geheimnis schickt uns ein Zeichen, daß die Zeit gekommen ist, da es mit unserem Tschaske sprechen will. Wir wollen das Gesicht des Knaben schwärzen, damit sein Körper durch das Fasten rein werde.«

7

»So sei es!« hatte Rote Wolke geantwortet. Und sie war sehr stolz gewesen. Denn ist nicht der Donnervogel ein Symbol des großen Unsichtbaren, des Lebensspenders Wakan Tanka? Und jeder Indianer weiß, daß die Abenteuer des wandernden Geistes eines Schlafenden genau so wahr sind wie jene, die der Mensch im wachen Zustand erlebt.

Bevor noch die Sonne aufging, hatte Rote Wolke damals die Wangen des Knaben mit Holzkohle geschwärzt, damit jeder, der ihn sah, wußte, daß er das heilige Fasten auf sich genommen hatte, und nicht mit ihm sprach und ihm kein Essen reichte.

Der Vater brachte ihn zu einer einsamen Stelle am Berg und ging dann wieder in das Tipi zurück. Kleiner Adler blieb allein zurück. Gute Sonne hatte nichts bei ihm gelassen als ein kleines Gefäß mit Wasser; da Kleiner Adler erst vier Winter gesehen hatte, durfte er während des Fastens noch Wasser trinken.

Als die Sonne untergegangen war, kam der Vater, holte ihn in das Lager zurück und wusch ihm die schwarze Farbe von den Wangen. Kleiner Adler hatte an diesem Tag nichts geträumt. Auch der nächste Tag des Fastens ging ohne Traumbild vorüber. Am dritten Tag trank Kleiner Adler das Wasser nicht, obwohl die Sonne stechend heiß schien, die Büsche keinen Schatten boten und sein Körper durch das Fasten geschwächt war. Das Große Geheimnis belohnte sein Opfer. Als der Vater am Abend kam, fand er den erschöpften Knaben schlafend. Gute Sonne wusch ihm das Gesicht mit Wasser. Kleiner Adler öffnete die Augen und sagte, der Donnervogel sei wiedergekommen, aber als er sich neben ihm niederließ, habe er sich in einen Weidenlaubsänger verwandelt.

So kam es, daß der Weidenlaubsänger sein Schutzgeist wurde.

Manchmal griff Kleiner Adler an diesem Abend nach seinem Totem, um sicher zu sein, daß es noch an seinem Hals hing, denn es war ein bedeutungsvoller Weg, den er ging.

Auf einem kleinen Hügel ließ sich Kleiner Adler in das hohe Gras nieder. Hanhepiwi, der Mond, warf sein mildes Licht auf das braune Gesicht des Knaben. Die weißen Flockenblüten des Büffelgrases schwankten in der warmen Nachtluft. Die flache Prärie dehnte sich in weiten, welligen Hügeln nach Westen hinaus. Ein einsam aufragender Tafelberg aus gelbem Sandstein lag dunkel am Horizont.

Am Fuß dieses Berges standen die kegelförmigen, runden Tipis der Sippe Büffel vom Stamm der Teton-Dakota, und dort schliefen in einem Zelt der Häuptling Gute Sonne, die Mutter Rote Wolke, die Schwester Tatokadan und die kleinen Geschwister.

Am vorhergehenden Abend hatten die Krieger des Lagers im Schmuck ihrer schwankenden Federhauben um das heilige Feuer getanzt, und der Medizinmann hatte das Große Geheimnis angerufen. Am Morgen waren die Knaben der Sippe, die nun zu Kriegern werden sollten, in die Prärie geschickt worden, damit Wakan Tanka in der Einsamkeit zu ihren Herzen spräche und damit sie eine mutige Tat vollbringen konnten. Nach ihrer Heimkehr würden sie keine Knaben mehr sein und als Zeichen dafür einen neuen Namen erhalten.

Kleiner Adler war einen Tag und eine Nacht gewandert. Er hatte gefastet, damit sein Körper und sein Geist rein werde für Wakan Tanka, der alles Leben geschaffen hatte. In der großen Stille hielt er Zwiesprache mit dem Guten Geist. Er sah nicht auf, wenn Gabelantilopen vorüberzogen oder Wölfe ihr nächtliches Klagelied anstimmten.

Der Mond senkte sich immer mehr dem Rand des Himmels zu, langsam erloschen die Sterne. Grauer Schein dämmerte im Osten und bedeckte bald den ganzen Himmel. Der Morgen brach an.

Kleiner Adler erhob sich. Aufrecht stehend hielt er die Handflächen der aufgehenden Sonne entgegen. Dann nahm er einen Bogen und stieg den Hang hinunter zu einem kleinen Bach, der durch den Talkessel floß. Er legte den Bogen auf einen Stein und tauchte sein Gesicht in das kalte Wasser. Als er sich aufrichtete, hörte er den Gesang eines Weidenlaubsängers.

Kleiner Adler sah den Vogel in den Zweigen eines Haselgebüsches. Wie alle Indianer glaubte er an gute und schlechte Vorzeichen. Glücklich lächelnd griff er an das braune Lederbeutelchen am Hals, denn der Gute Geist hatte ihm sein Totemtier geschickt als Antwort auf sein Fasten und Beten. Vorsichtig, um den Weidenlaubsänger nicht zu verscheuchen, ging er auf ihn zu, den Blick unverwandt auf den Vogel gerichtet. Der Bogen lag vergessen auf dem Stein.

Während Kleiner Adler dem Vogellied lauschte, ritt ein weißer Mann dem Hügel zu. Er hing verdrossen auf seinem müde dahintrottenden, grobknochigen Pferd. Seine Kleidung war mit Staub bedeckt, unordentlich und zerrissen. Es war Hugh O'Shea, ein Ire. Einmal arbeitete er als Händler oder Fallensteller, dann wieder als Goldgräber oder Büffeljäger, aber stets nur so lange, bis er sich wieder Whisky eintauschen konnte. Die Bewohner von Alderscreek, der Siedlung am Fluß, sagten, er sei arbeitsscheu und tauge zu nichts. Der Ire wiederum verachtete die Siedler, französische und irische Familien, die aus dem Osten gekommen waren. Am meisten verachtete er Pater Lorraine, den Priester. Wußte nicht jeder, daß dieser Franzose ein Indianerfreund war? Aber nur ein toter Indianer war ein guter Indianer! O'Shea haßte die Indianer, und er haßte Lorraine, weil dieser sie nicht haßte.

O'Shea achtete nicht auf die Schönheit des Morgens, weder auf die Blumen, die glänzend vom Tau ihre Blüten zum Licht streckten, noch auf das wehende Büffelgras und seine zarten Flockenblüten. Vor ihm lag die silbergrüne Prärie, durch die sich dunkle Busch- und Waldstreifen zogen. Er ritt mitten durchs Indianerland und mußte immer gewärtig sein, umherstreifenden Dakotajägern zu begegnen. Während er mürrisch dahinritt, entging ihm keine Bewegung im Grasland, und sein Ohr nahm alle Geräusche wahr. Ein schweres, altes Gewehr hing an seinem Sattel.

Als der Ire die Kuppe des Hügels erreicht hatte, sah er den Dakotajungen unten im Tal stehen. Er stieß einen leisen Fluch aus, griff nach dem Gewehr und glitt lautlos vom Pferd. Der weiche Grasboden hatte den Hufschlag gedämpft und unhörbar gemacht. Kleiner Adler ahnte nicht, daß oben auf dem Hügel ein Weißer war. Der Weidenlaubsänger war im Gebüsch von Zweig zu Zweig geflattert und war ihm nun so nahe, daß er ihn mit der Hand hätte berühren können. Kleiner Adler stand bewegungslos, um den kleinen Boten seines Schutzgeistes nicht zu verscheuchen.

O'Shea suchte das Tal und die welligen Wiesen nach anderen Indianern ab. Aber der Dakotajunge war allein. Langsam hob der Ire das Gewehr.

Im selben Augenblick flatterte der Vogel auf und flog in die Höhe. Kleiner Adler schaute ihm nach, wandte sich dabei halb um und bot dem Schützen auf dem Hügel das beste Ziel. O'Shea drückte rasch zweimal ab und grinste zufrieden, als er den Indianerjungen schwanken und zu Boden fallen sah.

Eine dicke Hummel hing an einer Büffelgrasblüte und beugte den Halm. Schillernde Käfer liefen durch das dichte Gras. Plötzlich fuhr O'Shea zusammen, als das Geräusch fallender Steine an sein Ohr drang. Aber es waren nur zwei Hirsche, die in das Tal liefen. Bevor sie den Bach erreichten, blieben sie stehen und hoben lauschend die Köpfe. Ihre dunklen Nüstern sogen prüfend die Luft ein. Vielleicht erschreckte sie der zusammengesunkene Körper neben dem Bach; in hohen, gleichmäßigen Sprüngen flüchteten sie in die Prärie.

Der Ire rief sein Pferd, das im Schatten einiger Bäume graste. Er war sicher, daß der Dakotajunge tot war. Dennoch hatte er nicht ganz so gut getroffen, wie er meinte.

Kleiner Adler, der noch vor wenigen Minuten so glücklich dem Vogel nachgeblickt hatte, lag halb betäubt zwischen Steintrümmern, die seine Gestalt verdeckten und gegen den Hügel zu schützten. Über seine rechte Schulter floß Blut, und auch das Lendentuch war feucht und klebrig. Kleiner Adler blieb reglos liegen, um seinen Feind nicht merken zu lassen, daß er noch lebte. Wenn auch sein Herz wild klopfte und die Schmerzen immer heftiger wurden, so handelte er doch nicht unüberlegt oder in Angst. Hätte er doch seinen Bogen bei sich gehabt! In der klaren Morgenluft hob sich die Gestalt des Iren auf dem Hügel klar vom Horizont ab, Kleiner Adler konnte jeden Zug seines Gesichtes erkennen. Der Weiße mit seinem wilden, wirren roten Bart erschien ihm wie ein böser Dämon.

Nach einiger Zeit, als alles ruhig blieb, bestieg O'Shea sein Pferd und ritt fort. Kleiner Adler sah ihn hinter der flachen Kuppe verschwinden. Den Körper dicht an den Boden gepreßt, wartete der Dakotajunge trotz seiner Schmerzen. Nichts bewegte sich oben auf dem Hügel. Als auf einem der Bäume ein Grauhörnchen zu spielen begann, den buschigen, kräftigen Schweif mit den Vorderpfoten kämmte und dann mit einem weiten Sprung gerade an der Stelle landete, wo der Weiße gestanden hatte, richtete sich Kleiner Adler mühsam auf.

Schwankend stand er einige Minuten, dann sank er wieder zu Boden. Schließlich schleppte er sich zum Bach. Er wusch die Wunden aus, und das kalte Wasser kühlte den brennenden Schmerz. Mit den Zähnen riß er lange Rindenstreifen von einem Weidenzweig und band damit große Blätter fest um den blutenden Arm und den Oberschenkel.

Der Weg zum Tipi seiner Eltern war sehr weit. Eine Nacht und einen Tag war er gewandert, bevor er diesen Hügel erreicht hatte. Immer wieder fiel Kleiner Adler hin und lag dann schwer atmend und halb bewußtlos im Gras. Er mühte sich eine Stunde lang, den kleinen Hügel hinaufzusteigen, und als er endlich die Kuppe erreicht hatte, war er am Ende seiner Kraft. Wäre er nicht schon so alt gewesen, daß er bald ein Krieger werden mußte, so hätte er aus Angst, Schmerz und dem Gefühl gänzlicher Verlassenheit geweint. In der sich endlos dehnenden Prärie war er allein. Keiner seiner Freunde war in der Nähe.

Nach langer Zeit erhob sich Kleiner Adler wieder und setzte unsicher seinen Weg fort. Er wußte, daß es für ihn keine andere Rettung gab, als das Lager seiner Sippe zu erreichen oder von einer streifenden Indianerschar gefunden zu werden. Den Bogen an die Brust gedrückt, schritt er langsam durch das hohe Gras der Prärie.

Der feurige Ball der Sonne stieg höher und höher an dem blauen, nur von wenigen durchsichtigen Wolken bedeckten Himmel. Je senkrechter ihre Strahlen zur Erde sanken, um so kräftiger wurden sie. In den flachen Wellentälern stand die heiße Luft unbeweglich, und selbst die kleinen Gebüschzungen, die in das Grasland schnitten, boten keine Kühlung.

Immer länger wurden die Rastpausen und immer kürzer die Wegstücke, die Kleiner Adler taumelnd und mühsam bewältigte. Seine Lippen waren dürr und aufgesprungen, quälender Durst peinigte ihn.

Nicht weit entfernt von einer kleinen Baumgruppe, in deren Schatten er eine Quelle wußte, hatte er nicht mehr die Kraft, sich aufzurichten. Er versuchte kriechend das Wäldchen zu erreichen, aber bald vermochte er sich nicht mehr weiterzuschieben. Das Rindenband, das er um die Wunde an der Schulter geschnürt hatte, war geplatzt, und das Blut floß über seinen Arm.

Kleiner Adler sah die Bäume nicht mehr, das wogende Gras und der Himmel verschwammen vor seinen Blicken. Ein Rauschen wie von einem großen, mächtigen Wasser dröhnte in seinen Ohren, zuerst fern und schwach, dann immer stärker. Kleiner Adler wußte nicht, daß das von dem großen Blutverlust kam. Große Müdigkeit senkte sich über ihn, ein fast angenehmes Gefühl der Ruhe. Er schloß die Augen, und nun fühlte er auch keine Schmerzen mehr. Er wußte nicht mehr, daß er einsam in der Prärie lag, verlassen und ohne Hilfe. Er war im Tipi seiner Eltern auf dem weichen Fellager, und sein Vater beugte sich über ihn.

Warum stand ein fremder Mann vor Kleiner Adler, als er aufwachte? Wie kam ein fremder Mann in das Tipi seines Vaters? Warum war alles so dunkel und niedrig hier und nicht licht und hell wie in den Zelten der Dakota? Der fremde Mann beugte sich zu ihm nieder, und Kleiner Adler sah, daß es ein Wasichu, ein Weißer war. Mit letzter Kraft wollte er die Hände zur Abwehr erheben, aber er war so schwach, daß nur eine hilflose Bewegung daraus wurde.

Der weiße Mann drückte ihn sanft auf das Lager zurück und hielt ihm ein Gefäß an die Lippen. Stärker als der quälende Durst waren jedoch Angst und Furcht vor dem Fremden, der einem Volk angehörte, das jahrzehntelang die Dakota von ihren Jagdgründen getrieben hatte und Geld auf Skalpe der Frauen und Kinder gesetzt hatte. War der Blick des Mannes auch freundlich und trug er auch keine Waffen in der Hand, so haßte ihn Kleiner Adler doch.

Nun hob der Mann die Hand und strich ihm über das schwarze Haar. Dabei sprach er beruhigende Worte in der Sprache der Dakota. Kleiner Adler vergaß, daß er in einer fremden Hütte lag. Er schloß die Augen, und seine Träume trugen ihn weit fort von aller Gefahr und Not.

Pater Lorraine blieb am Lager des Dakotajungen sitzen und blickte nachdenklich auf das erschöpfte Kindergesicht.

Er hatte einen kranken Jäger besucht, der südlich der Siedlung Alderscreek allein in einer Hütte wohnte. Auf dem Rückweg hatte er den Fluß überquert, der das Land der weißen Siedler von dem der Indianer trennte, und von der Schönheit des einsamen Hügellandes verführt, war er weiter in das Indianerland geritten, als er beabsichtigt hatte. Er hatte den bewußtlosen Dakotajungen gefunden und ihn zu einer verlassenen Blockhütte gebracht, die am Rand der Prärie in einem kleinen, mit Nadel- und Laubbäumen bewachsenen Tal stand.

Pater Lorraine hatte die Sprache der Dakota und ihre Sitten studiert. Aber in all den Jahren, in denen er nun an der Grenze lebte, hatte er noch niemals diesem Volk näherkommen können.

Die Atemzüge des Jungen wurden immer ruhiger. Lorraine stand auf, nahm den Bogen in die Hand und betrachtete ihn. Es war ein schöner, fehlerloser Bogen. Der Priester, der in seiner Jugend auch Bogen und Pfeile gemacht hatte, wußte, daß nicht jeder Indianerjunge einen solch fehlerlosen Bogen anfertigen konnte. Fast wurde er stolz auf seinen Schützling.

Zwei Tage lang sorgte Lorraine für den Verwundeten, ohne daß dieser noch einmal bei klarem Bewußtsein gewesen wäre. Am Abend des zweiten Tages, als der Priester fortgegangen war, um Wasser zu holen, erwachte Kleiner Adler aus seinen Fieberträumen.

In dem kleinen, niedrigen Raum war es dunkel. Noch halb im Schlaf griff Kleiner Adler neben sich, wo seine Schwester immer schlief, und rief leise ihren Namen: »Tatokadan!« Aber niemand antwortete. Statt weicher Felldecken fühlte seine Hand den harten Lehmboden der Hütte.

Kleiner Adler erschrak und wollte sich jäh aufrichten, aber bei der raschen Bewegung fühlte er einen heftigen Schmerz in seiner Schulter, und das brachte ihm alles wieder in Erinnerung: den Wasichu, der ihn verwundet hatte, den qualvollen Weg und das Gesicht eines weißen Mannes, der ihm zu trinken gegeben hatte, als er im Fieber lag.

Trotz des dämmrigen Lichts in der Hütte konnte Kleiner Adler alles erkennen. Da er noch niemals das Blockhaus eines Weißen betreten hatte, war alles für ihn sehr seltsam. Das Tipi seiner Eltern war hoch und spitz, diese Hütte aber war klein und niedrig mit flachem Dach.

Das Blockhaus war so gebaut, wie alle weißen Siedler ihre Hütten bauten. Kräftige, gerade Stämme wurden gefällt und die Äste entfernt. An den Enden jedes Stammes wurden tiefe Kerben eingeschlagen, und zwar so, daß jeder nächste Stamm in die Kerbe des unteren paßte. Die Wände waren mit Lehm verschmiert, und jede Fuge war mit Moos abgedichtet. Die rohen, viereckigen Steine der Feuerstelle lagen lose aufeinandergeschichtet. An den Wänden hingen ein paar Felle. Ein zweites Lager aus Zweigen, die mit einem Fell bedeckt waren, stand neben der Feuerstelle. Kleiner Adler kam alles sehr ärmlich vor.

Das Tipi seiner Eltern hatte hellbraune Lederwände, es gab viele weiche Felldecken und mit bunten Mustern bemalte Ledertaschen. Seine Mutter und seine Schwester hatten jeden Gegenstand schön verziert.

Dann entdeckte Kleiner Adler, daß neben seinem Lager Bogen und Pfeilköcher und das Messer lagen. Er griff nach dem Messer und hielt es in der Hand fest. Weil er zu schwach war, um sich aufzurichten, blieb er ruhig liegen. Er hatte nicht mehr so große Angst vor dem Weißen, nun, da er das Messer wieder besaß. Auch konnte dieser Weiße nichts Böses im Sinn haben, sonst hätte er bestimmt die Waffen fortgenommen.

Als Pater Lorraine die Tür öffnete und eintrat, verhielt Kleiner Adler sich ganz still.

Der Priester trug in der Hand den Wasserkrug und ein Kaninchen, das er getötet hatte, und lächelte, als er sah, daß sein Schützling bei Bewußtsein war. Die Hände des Jungen schlossen sich fester um das Messer. Er beobachtete den Weißen, der zur Feuerstelle trat und Zweige auf die Glut legte. Rote Flämmchen schlugen aus dem trockenen Holz, das Feuer zeichnete unruhige Flecke auf die dunkle Hüttenwand.

Pater Lorraine zog dem Kaninchen das graubraune Fell ab. Er verrichtete seine Arbeit schweigend, und erst, als das Fleisch für das Abendessen in einem kleinen Eisentopf über dem Feuer hing, wandte er sich wieder zu dem Jungen. Kleiner Adler hielt noch immer das Messer in der Hand, aber der Weiße schien es nicht zu sehen. Er nahm den schöngeschwungenen Bogen und strich prüfend über das glatte Holz und die straffe Büffelsehne. Dann sagte er: »Ich habe viele Bogen geschnitzt, und es heißt, ich sei ein guter Bogenmacher, aber noch niemals gelang mir ein so fehlerloser wie dieser.«

Kleiner Adler schwieg, er war sehr erstaunt. Die Wasichu sprachen wie die Kinder des Gutes Geistes! Erzählten nicht die Krieger seines Stammes, daß die Weißen, die aus dem Meer gestiegen waren, sich mit seltsamen rauhen Worten verständigten, die mehr den Lauten der Tiere glichen als der Sprache von Menschen?

Es gab einen jungen Krieger der Teton-Dakota, den die Wasichu geraubt hatten, als er ein Kind gewesen war, und der einige Jahre bei ihnen gelebt hatte, bevor er fliehen und zu seinem Stamm zurückkehren konnte. Wie die anderen Knaben der Sippe Büffel war auch Kleiner Adler oft zum Zelt dieses Kriegers gegangen, um ihn zu bitten, einige Worte in der Sprache der Wasichu zu sprechen, und hatte atemlos den fremden, harten Lauten gelauscht. Eahtschitscha, Er-der-eine-seltsame-Sprache-spricht, so nannten die Teton-Dakota diesen jungen Mann.

Die alten Frauen sagten auch, daß die Wasichu halb Mensch und halb Tier seien. Wuchsen ihnen nicht Haare im Gesicht wie den Tieren? Dieser Fremde aber hatte keine Haare im Gesicht, und er redete in der Sprache der Dakota!

›Vielleicht‹, dachte Kleiner Adler, ›ist dieser Mann kein Wasichu, obwohl seine Haut nicht die schöne, braune Farbe der Indianer hat und sein Haupthaar, das doch, wie jeder weiß, die Zierde eines Kriegers ist, kurz geschnitten ist.‹ Das Haar war auch nicht schwarz, wie es sein sollte, sondern hatte eine braune Farbe, wie etwa der Pelz eines Waschbären. Es war auch seltsam, daß er seinen Körper mit fremdartigen Kleidern bedeckt hatte und den Oberkörper verhüllt trug. Jetzt war doch die Zeit gekommen, da Wahsiyah, der Nordwind, in seinen Eishöhlen schlief und der warme Atem des Südwindes die in der Erde eingeschlossenen Blumen und Gräser und die in den Ästen schlafenden Blätter geweckt hatte.

›Dennoch‹, beschloß Kleiner Adler, ›kann dieser Fremde kein richtiger Wasichu sein. Seine Zunge spricht die Worte der Dakota, und sein Blick ist gut.‹

Kleiner Adler brauchte keine Angst zu haben. Seine Hände, die das Messer umklammert hielten, lockerten sich. Und als Lorraine das Fleisch des Kaninchens teilte und ein Stück Kleiner Adler brachte, lag das Messer auf dem festgestampften Lehmboden neben dem Köcher. Kleiner Adler dachte: ›Ich habe einen Freund gefunden.‹

Keinem der Knaben, die an jenem Frühlingsabend ausgezogen waren, um in der Einsamkeit mit dem Guten Geist zu sprechen, konnte ein so seltsames Abenteuer widerfahren sein wie ihm, Kleiner Adler.

Der Mann, den er seinen Freund nannte, gehörte zum Volk der Wasichu. Er selbst hatte es Kleiner Adler gesagt, und dieser hatte daraufhin sein Messer wieder griffbereit neben sich auf das Fell gelegt.

Aber der Fremde hatte auch gesagt, er sei ein Diener des Guten Geistes, und das konnte Kleiner Adler durchaus nicht verstehen. War es nicht Wakan Tanka, das Große Geheimnis, das die Welt und die Menschen geschaffen hatte? Was hatte Wakan Tanka mit den Wasichu zu tun, deren Taten böse und deren Herzen voll Falschheit und Lüge waren?

Oder gab es Wasichu, die nicht schlecht waren?

Wenn Kleiner Adler wach war – er schlief lang und viel in diesen Tagen, da seine Wunden heilten –, kam der weiße Mann zu seinem Lager. Kleiner Adler schwieg stets, bis er angesprochen wurde, wie es sich für einen Jungen geziemt, der in Gegenwart eines Älteren nur dann spricht, wenn er dazu aufgefordert wird.

Wenn ihn aber sein neuer Freund darum bat, so erzählte Kleiner Adler von seinem Stamm.

Er erzählte davon, daß die Ältesten der Sippe ihn in die Einsamkeit gesandt hätten, weil er nun so alt sei, daß er ein Krieger werden dürfe. Er erzählte vom Lager der Sippe Büffel am Fuß des Tafelberges. Sein Vater, sagte Kleiner Adler, sei der Häuptling der Sippe Büffel vom Stamm der Sihasapa. Die Sihasapa aber seien einer der sieben Teilstämme der Teton. Das Volk der Teton wiederum sei eines der mächtigsten der sieben Völker der Dakota. Deshalb sei auch Minnetonka, der Friedenshäuptling der Teton, ein angesehener Mann bei allen Sippen der Dakota.

Er, Kleiner Adler, sei der Tschaske, der Erstgeborene. Seine Schwestern seien Tatokadan und Spielendes Hirschkalb, und er habe zwei jüngere Brüder, Bärensohn und Biberkind. Die kleinste Schwester habe noch keinen Namen und verschlafe den halben Tag in der Tragwiege. Alle würden sie nur Hakata nennen, weil sie das sechste der Geschwister sei.

Der weiseste der Sihasapa sei Wauhkeon, Donnervogel, der Uralte, der Medizinmann. Er habe eine Enkelin, die Wikahpi Sakowin heiße, was Siebenstern bedeute. Ihr Vater und ihre Mutter seien tot. Siebenstern sei eine Freundin

Tatokadans. Ihn aber, Kleiner Adler, würden sie immer verspotten, so daß er sich wünschte, seine Schwester hätte eine andere Freundin gewählt.

Kleiner Adlers Wunden heilten rasch. Nach einigen Tagen konnte er bereits aufstehen, und wenn er auch zu schwach war, um in das Tipi seiner Eltern zurückzukehren, so versuchte er doch schon, zum gemeinsamen Essen beizutragen.

Pater Lorraine aber verschob seine Rückkehr nach Alderscreek. Die Liebe des kleinen Dakota zu den Tieren, sein Wissen um ihr Leben und ihre Gewohnheiten und seine Gewandtheit auf der Jagd erinnerten ihn an seine Jugend, als er mit seinem Vater, einem Fallensteller, in den Wäldern des Ostens gelebt hatte und ein kleiner, schwarzer Bär und ein junger Biber seine ersten Spielgefährten gewesen waren.

Seit Pater Lorraine als Priester in das Grenzland gekommen war, war es sein großer, geheimer Wunsch, nicht nur den Bauern und Jägern ein Freund zu sein, sondern auch den Indianern. Aber der stete Kleinkrieg und der Haß auf beiden Seiten hatten alle seine Bemühungen zunichte gemacht. Nun aber fand er vielleicht durch diesen Jungen, dem er das Leben gerettet hatte, den Weg zu den Tipis der Dakota.

Die Tage waren warm und angenehm. Niemand störte die beiden in ihrem einsamen Blockhaus. Morgens und abends, wenn die Sonne nicht zu heiß schien, saßen sie viele Stunden vor der Hütte. Das Waldtal war erfüllt von Vogelstimmen. Die gelbschwarzen Tanager mit den scharlachfarbenen Kopffedern trillerten ihr prit-ti-dik-dik; die schwarzköpfigen Grasmücken suchten eifrig in den Zweigen der Büsche nach Futter. Das Hämmern des Rotschwanzspechtes und sein kräftiges wik-ka-wik-ka vermischte sich mit dem sanften Gesang des Seidenschwanzes und dem tschik-a-dii-dii der zierlichen, grauweißen Chickadeemeisen.

An einem jener friedlichen Abende erzählte Pater Lorraine, daß Wakan Tanka, den er Gott nannte, als Mensch auf die Erde gekommen sei, damit er die Völker seine Weisheit lehre und damit sie seine Liebe erkennen könnten. Kleiner Adler hörte ihm aufmerksam zu. Er liebte es, Erzählungen zu lauschen. Diese Geschichte war auch nicht schwer zu verstehen.

Wakan Tanka lebte in allen seinen Geschöpfen, in Sonne, Mond, Erde, in Steinen, Bäumen und Gräsern, die Sihasapa kannten ihn in vielen Gestalten. Warum sollte Wakan Tanka nicht einmal ein Mensch geworden sein, wenn auch die Weisen der Dakota noch nichts davon gehört hatten.

Sonst aber gab es manche Dinge, die Kleiner Adler besser wußte als sein weißer Freund. Aber er war viel zu höflich, ihm zu widersprechen. Wußte nicht jedes Kind der Dakota zum Beispiel, daß es Vater Sonne gewesen war, der am Anbeginn der Zeit sein Licht und seine Wärme zu Maka, der Mutter Erde, gesandt hatte, damit alle Geschöpfe – Menschen und Tiere und Pflanzen – auf ihr leben konnten? Sein Freund erzählte es aber ganz anders.

Wenn dieser sagte, daß Wakan Tanka den Menschen befohlen hatte, sich zu lieben, so sagte er das gleiche, was auch die Mütter der Teton ihre Kinder lehrten. Aber nur ein Feiger tötet seinen Feind nicht, und Kleiner Adler war sehr erstaunt, daß sein weißer Freund behauptete, der Gute Geist verlange von seinen Kindern, auch die Feinde zu lieben. An den Abenden, wenn es dunkel wurde, lag Kleiner Adler auf seinem Fellager und dachte über diese seltsamen Gespräche nach.

Der weiße Mann aber erzählte nicht nur selbst Geschichten, er ließ sich von Kleiner Adler auch die alten überlieferten Geschichten der Dakota berichten.

»Als Wasser das Grasland überflutete«, sagte Kleiner Adler, »flüchteten die Menschen auf die Hügel, aber das Wasser stieg immer höher, und alle ertranken. Nur eine schöne Frau wurde gerettet. Ein Adler flog dicht über die

Frau hinweg, und sie konnte sich an seinen Füßen festhalten. Dann trug der Adler sie zu einem Baum, der auf einer hohen Klippe wuchs. Auf dieser Klippe gebar die Frau Zwillinge, deren Vater der Adler war. Von diesen Zwillingen stammt das Volk der Dakota ab.«

Kleiner Adler erzählte auch, wie die Büffel auf die Erde gekommen waren und noch viele andere Geschichten. Sie wurden gute Freunde, der Priester und der Dakotajunge.

Am Nachmittag des neunten Tages ging Kleiner Adler zu einem kleinen See, der in der Nähe der Hütte lag. Birken, Erlen und Buchen wuchsen bis dicht ans Ufer. Im Schein der Sonne glänzte die Wasserfläche wie Silber. Kleiner Adler stand aufrecht, das Gesicht der Sonne zugewandt und die Handflächen erhoben. So grüßte er Anpetuwi, die Lebensspenderin, und betete zu dem Geist, der alles mit Leben erfüllte und der ihn, Kleiner Adler, beschützt hatte.

Kleiner Adler war an diesem Tag traurig. Seine Freunde, die mit ihm ausgezogen waren, hatten sicher längst schon einen Kriegernamen. Sein Vater und seine Mutter aber warteten noch immer, und vielleicht weinte seine Mutter, weil sie glaubte, daß er nicht mehr heimkommen würde. Aber noch hatte er keine tapfere Tat vollbracht!

Als Kleiner Adler zur Hütte zurückkehren wollte, flog im Röhricht des Sees eine Schar Wildenten auf. Er hob den Bogen und lachte zufrieden, als der Vogel, auf den er gezielt hatte, im Schilfdickicht niederfiel.

Er suchte die Ente, fischte sie aus dem Wasser und ging dann langsam zur Hütte zurück. Der See lag nicht weit entfernt vom Blockhaus, aber Kleiner Adler wurde noch immer rasch müde. Auf halbem Weg blieb er stehen, lehnte sich an einen Baumstamm und rastete. Der Wald war voller Geräusche. Kleiner Adler hörte das Gezänk eines zornigen Eichhörnchens, den kreischenden Ruf eines Hähers und die sanften Laute der Singvögel.

Bevor Kleiner Adler weiterging, fiel sein Blick auf den Stamm einer alten Buche. In Manneshöhe waren aus dem braunen Stamm lange Rindenstreifen gerissen, und aus den tiefen Wunden quoll Harz. Unwillkürlich lauschte Kleiner Adler mit angehaltenem Atem, dann erst ging er zu dem Baum. Er wußte, wer diese Rindenstreifen gerissen hatte. Niemand anderer konnte es getan haben als ein Grislybär, und es mußte ein großes und mächtiges Tier sein; die Spuren seiner Tatzen und Krallen lagen hoch am Stamm des Baumes.

Kleiner Adler legte die Finger in die tiefen Risse. Das Harz war noch klebrig, das Holz unter der Rinde leuchtete weiß, das Gras am Boden hatte sich kaum aufgerichtet, dort, wo es der Bär mit seinen Tatzen niedergedrückt hatte. Was für ein großes Tier! Der Junge fühlte sein Herz schneller schlagen. Er, Kleiner Adler, wird den großen Bären töten, er wird in das Lager seiner Sippe gehen, das graue Fell über den Schultern. Tatokadan wird ihm eine Kette aus den Krallen des Bären machen, und Siebenstern, die Enkelin Wauhkeons, wird nicht mehr wagen, über ihn zu spotten.

Kleiner Adler stand ganz still. Er prüfte den Bogen und nahm die Pfeile in die Hand. Dann folgte er der Spur.

Der Bär hatte sich Zeit gelassen, nichts hatte ihn gestört, sorglos und satt war er dahingetrollt. Kleiner Adler sah geknickte Äste und von den Zweigen gestreifte Blätter. Er lief lautlos. Nichts, was sich im Laub der Bäume, im Gebüsch oder im dichten Farn und Kraut am Boden bewegte, entging ihm, sorgfältig achtete er auf jedes Zeichen. Er würde den Bären nicht unvorsichtig aufstöbern, wenn der sich irgendwo zur Mittagsruhe niedergelassen hatte!

Dann, plötzlich, hörte Kleiner Adler zwei Schüsse und einen Mann schreien. Der Mann, der schrie, mußte ganz in der Nähe sein, und er mußte große Angst haben, weil er so laut schrie. Kleiner Adler lief schneller, erreichte eine Lichtung und blieb jäh unter den Bäumen am Waldrand stehen.

Gras, Dornengestrüpp und Ranken wucherten über große Steine, die den Boden bedeckten. Und Kleiner Adler sah den Bären. Er war größer als alle Bären, die von den Kriegern seiner Sippe jemals als Jagdbeute zu den Tipis gebracht worden waren. Sein Schädel war mächtiger als der Schädel des Tieres, den Wauhkeon auf seinem Kopf trug, wenn er den Tanz der Beschwörung tanzte.

Hochaufgerichtet stand der Grisly mitten auf der Lichtung. Seine kleinen Augen funkelten zornig. Vor ihm auf dem Boden aber lag ein Mann.

Es war Hugh O'Shea, der Ire. Und O'Shea sah in die Augen des Bären, er sah das mächtige Gebiß, die großen Pranken, er hörte das wütende Knurren. O'Shea hatte Angst vor dem Sterben.

Er war sorglos in das Waldtal geritten. Vor zwei Tagen hatte er in der Siedlung einen guten Tausch mit seinen Fellen gemacht. Er war zufrieden gewesen. Er hatte getrunken und in der Nacht gut geschlafen.

Er hatte den Bären bei seiner Mittagsruhe gestört. Und als er das große Tier so plötzlich vor sich sah, hatte er einen Augenblick die Ruhe verloren, hatte geschossen, ohne genau zu zielen, und den Bären nur verwundet. Der Bär richtete sich drohend auf. Als O'Shea noch einmal feuerte, scheute sein Pferd und warf ihn ab. Das Gewehr flog ihm aus den Händen. Irgendwo lag es nun in den Ranken, er aber war so unglücklich gestürzt, daß sich sein Fuß zwischen den Steinbrocken verklemmt hatte. Mit verstauchtem Knöchel lag er wehrlos und hilflos da, konnte sich nicht fortbewegen, nicht einmal fortkriechen. Sein Fuß stak fest, jede Bewegung schmerzte unerträglich. O'Shea zog sein Messer aus dem Gürtel und warf es nach dem Bären, aber das Dornengestrüpp behinderte ihn. Wieder verletzte er das Tier nur leicht, und nun besaß er keine Waffe mehr.

Er packte einen großen, kantigen Stein, er wollte sich nicht wie ein Lamm töten lassen, aber er wußte, daß es aussichtslos war. Ein ungleicher Kampf, der damit enden mußte, daß der Bär ihm mit seinen Pranken den Schädel zertrümmerte.

Er verfluchte sein Pferd, das ihn abgeworfen hatte, und er verfluchte seine eigene Unvorsichtigkeit. Verzweifelt versuchte er, seinen Fuß zu befreien, aber es gelang ihm nicht. Stöhnend vor Schmerz sank er noch tiefer in das Dornengestrüpp.

Kleiner Adler sah den Wehrlosen, den der Bär töten würde, und er erkannte ihn. Kleiner Adler wurde so sehr von Zorn erfüllt, daß seine Hände zu zittern begannen. Nein, der Bär durfte diesen Mann nicht töten! Ihm, Kleiner Adler, der noch keinen Kriegernamen hatte, ihm gehörte das Leben des Wasichu. Er wird sein Messer in das Herz des Wasichu stoßen. Mit dem Skalp wird er zu den Tipis seiner Sippe zurückkehren, ein Feuer wird für ihn entzündet werden, die Krieger werden für ihn tanzen, ein Name wird ihm gegeben werden, der schöner und mächtiger ist als der aller anderen Knaben, die gemeinsam mit ihm ausgezogen waren.

Kleiner Adler stieß einen schrillen Schrei aus und schoß einen Pfeil ab, um den Bären von seinem Opfer abzulenken. Mit einem wütenden Grollen richtete sich das Tier hoch auf und wandte sich dem neuen Angreifer zu. Kleiner Adler spannte den Bogen mit aller Kraft, die er besaß, die nächsten Pfeile bohrten sich tief in die zottige Brust. Einen Augenblick stand der Bär still, als sei er verwundert über den plötzlichen Schmerz, dann tappte er nach den Pfeilen. Kleiner Adler aber war schon neben ihm und stieß mit dem Messer zu.

Dann wich er blitzschnell zurück. Es wäre aber nicht mehr notwendig gewesen. Die Pranken des Bären sanken herab, er drehte sich ein wenig um sich selbst und fiel zu Boden.

Kleiner Adler, ein Knabe, der noch keinen Kriegernamen

besaß, hatte einen Bären getötet, der größer und mächtiger war als der Bär des Medizinmannes. Und nun würde er den Weißen töten und mit dem Fell des Bären und dem Skalp des Wasichu ins Lager zurückkehren!

Wilde Freude erfüllte ihn. Er setzte den Fuß auf die Flanke des Bären und stieß einen triumphierenden Schrei aus.

Der Ire, dem der Bär die Schulter aufgerissen und eine tiefe Wunde am Kopf zugefügt hatte, war vor Schmerz ohnmächtig geworden. Als er wieder zu sich kam, hatte ihn der Blutverlust so geschwächt, daß er kaum die Augenlider heben konnte. Wie durch einen dünnen, schwarzen Vorhang sah er den Grisly am Boden liegen. Er sah einen jungen Indianer vor sich stehen, aufrecht, das Messer in der Hand.

Er erkannte den Jungen nicht, auf den er geschossen hatte. Für ihn sah ein Dakota wie der andere aus. Er dachte nur daran, daß er vor den Tatzen des Bären gerettet worden war, um jetzt von einem Indianer getötet zu werden. Sein Atem ging pfeifend. Plötzlich konnte er es nicht mehr ertragen, wehrlos zu warten, bis der, der vor ihm stand, sein Messer in ihn stoßen würde oder ihn bei lebendigem Leib skalpierte. Er bäumte sich auf und schrie: »Du feiger Hund, töte mich . . . töte mich . . .«

Kleiner Adler stieß nicht zu. Er sah auf den Mann nieder. Das wilde Gefühl der Freude hatte ihn verlassen.

Er dachte daran, wie er in der Hütte aufgewacht war, er dachte daran, wie er einer, der auch ein Wasichu war, gepflegt hatte, er dachte an die Geschichten, die ihm dieser erzählt hatte, die er nicht verstanden hatte, aber an die er sich nun plötzlich alle erinnerte. Er wünschte, sein weißer Freund wäre hier. Er hob den Blick und sah, wie friedlich das Tal war. Die Vögel sangen. Und wieder flog ein Weidenlaubsänger von einem Ast auf.

Kleiner Adler schob das Messer in den Gürtel. Er nahm

den Hut des Iren und holte Wasser vom Bach. Er gab ihm zu trinken, er wusch ihm das Gesicht und verband die Wunden. Der Ire lag still, er verstand nicht, warum ein Indianer gut zu ihm war.

Kleiner Adler häutete den Bären, lockte das Pferd und legte ihm das Fell auf den Rücken. Zuerst scheute das Pferd vor dem Blutgeruch, aber Kleiner Adler beruhigte es.

Sein Herz war fröhlich. Er sang in der Sprache seines Volkes kleine Sätze, deren Sinn O'Shea nicht verstand: »Er hat mich gerettet, er brachte mich in seine Hütte, er nannte mich Bruder . . .«

Kleiner Adler hob den Iren vorsichtig auf das Pferd und band ihn fest. Dann führte er das Tier behutsam zur Hütte, wo Pater Lorraine auf ihn wartete.

»Ein Bär wollte den Wasichu töten, ich aber habe den Bären getötet«, sagte Kleiner Adler. Pater Lorraine antwortete nicht. Er stand schweigend da. Er schaute auf den Iren und dann auf den Indianerjungen.

Kleiner Adler sagte: »Dieser Mann war es, der mich töten wollte. Aber du kamst und gabst mir das Leben wieder.«

Der Ire war auf dem Weg zur Hütte bewußtlos geworden. Gemeinsam hoben sie ihn vom Pferd und trugen ihn in das Blockhaus. Lorraine sagte: »Du hast wie ein großer Krieger gehandelt, Wanbli Tschikala!«

In der Hütte war es halbdunkel; der Ire lag auf dem Felllager und stöhnte. Das Feuer flackerte unruhig.

Kleiner Adler wandte sein Gesicht dem Weißen zu, den er liebte. Er sagte: »Ich muß gehen, Vater. Meine Mutter weint um mich und glaubt, ich sei tot. Ich nehme das Fell des Bären mit, damit ich ein Krieger werden darf. Ich muß jetzt gehen, Vater.«

Pater Lorraine stand vor der Hütte und schaute dem Jungen nach, solange er ihn sehen konnte. Zum ersten Mal hatte ihn Kleiner Adler Vater genannt – der erste Dakota, der ihn Vater nannte.

Noch einmal hob Pater Lorraine grüßend die Hand, als Kleiner Adler stehenblieb und sich umwandte. Dann verdeckten Bäume den Jungen, und der Priester ging in die Hütte, um den Iren zu pflegen.

Die Sonne sank, und der Himmel wurde rot. Langsam und feierlich ging Kleiner Adler nach Westen, zu seinem Volk.

Die Heimkehr

Am Himmel wuchsen riesige Wolken, die sich am Horizont mit der Erde vereinten, als seien sie seltsame, blauweiße Geistergebirge des Graslandes. Ein Präriefalke schwebte regungslos hoch oben, und eine Herde Gabelantilopen zog in der Ferne vorüber. Die Prärie blühte. Zartes Büffelgras und steife Besenhalme, gelbe Caillardien, Stierdistel und Büffelerbse bedeckten die flachen Hügel.

Es war der Morgen des dritten Tages, nachdem Kleiner Adler die Hütte Pater Lorraines verlassen hatte.

Kleiner Adler schritt gleichmäßig dahin; das schwere Bärenfell schleppte er auf einer Art Schlitten aus Ästen und Rindenstreifen. Zwei Tage war er ohne Unterbrechung gewandert, hatte nachts nur wenig geschlafen, und die Rastpausen tagsüber waren kurz gewesen. Aber er achtete nicht darauf, daß er noch immer rasch müde wurde und daß die kaum verheilten Wunden brannten.

Der Tafelberg im Westen war nun so nahe, daß er die einzelnen Schichten aus gelbem Sandstein und die Geröllhalden erkennen konnte. Am Fuß des Berges, in einem Tal, geschützt gegen Nord- und Oststürme, stand das Zeltlager der Sippe Büffel.

Nur noch einige Stunden Weges und Kleiner Adler wird zu den Tipis gehen, die Hunde werden bellen, die kleinen Jungen werden gelaufen kommen und schreien und lachen. Die Krieger werden das Fell des Bären sehen, des toten Bären, der riesiger ist als der in der Hütte des Medizinmannes. Er aber, Kleiner Adler, er wird sie alle nicht beachten. Er wird auf das große Tipi zugehen mit der gemalten roten Sonne, dem Namenssymbol seines Vaters. Und der Vater wird ihm die Hand auf die Schulter legen!

29

Kleiner Adler liebte seinen Vater, der tapfer, klug und gütig war. Und er liebte Rote Wolke, seine Mutter. Tatokadan war schöner als alle anderen Mädchen. Über die Streiche Bärensohns mußte man sich zwar manchmal ärgern, aber jetzt, da Kleiner Adler dem Tod so nahe gewesen war und gefühlt hatte, wie schwer es gewesen wäre, von seiner Familie Abschied zu nehmen, hätte er Bärensohn jeden Streich verziehen. Es machte ihn glücklich, an den kleinen Bruder und die kleine Schwester, Biberkind und Spielendes Hirschkalb, zu denken und an die jüngste Schwester in der Tragwiege, die noch keinen Namen hatte. Kleine Tochter nannte sie der Vater; die Mutter aber gab ihr viele Namen, wenn sie die Wiege schaukelte und dazu mit leiser Stimme sang: Kleines Mädchen, das uns fröhlich macht – Kleine Blume, die der Mond küßt –, Abendstern und Mondkind.

Kleiner Adler ging auf die unterirdische Höhlenstadt einer weit ausgedehnten Präriehundesiedlung zu und freute sich an den kleinen, flinken Tieren, die in der Sonne spielten und am jungen Gras knabberten. Als er näher kam, gab der Wächter, ein starker, alter Präriehund, Alarm, stieß seinen kläffenden Warnruf jäk-jäk-jeeh aus, und die ganze Gesellschaft verschwand in ihre Erdlöcher.

Kleiner Adler lächelte. Sein Herz war so voll Freude, daß er sich zu allen Geschöpfen des Graslandes hingezogen fühlte; nichts hätte ihn dazu bewegen können, den Frieden, in dem er sich eins mit den Tieren, dem Gras, den Sträuchern und den Blumen fühlte, zu verletzen. Seine Pfeile blieben im Köcher, und der Bogen, den er in der Hand trug, war keine Waffe mehr, die zum Töten bestimmt war.

Antilope, Hirsch, Büffel, Kaninchen und Präriehund, an diesem Tag war ihm ihr Leben heilig. Brüder nannten die Weisen der Teton die Tiere, Brüder der Menschen und Geschöpfe der Mutter Erde, so wie sie selbst. Auch der weiße Vater hatte erzählt, daß sein Wakan Tanka, den er Gott nannte, um jedes Tier Sorge trug und daß kein kleiner Vogel starb ohne seinen Willen.

Der kürzeste Weg zum Lager der Sippe Büffel hätte am Fuß des Tafelberges vorbeigeführt, aber so sehr sich Kleiner Adler nach seiner Familie sehnte, so wählte er doch den längeren Pfad über eine Geröllhalde und durch Gesträuch zu einem Felsen hin, der hoch aus dem übrigen Gestein herausragte. Von der Ferne sah er aus wie eine flache, zum Himmel erhobene Hand; um seiner eigenartigen Gestalt willen glaubten die Indianer, es sei ein heiliger Platz, den guten Geistern geweiht, und jeder, der dort bete, könne die Gegenwart Wakan Tankas spüren.

Bevor Kleiner Adler zu seinem Stamm zurückkehrte, wollte er dem Guten Geist danken, der ihn aus Lebensgefahr errettet und ihm einen neuen Freund gesandt hatte. Es war ein einsamer Platz, denn die Sihasapa suchten den Felsen nur zu ganz besonderen Anlässen auf. Kleiner Adler hoffte, niemanden zu treffen, denn er wollte allein sein, wenn er betete.

Es war bereits Mittag, als er zu dem Felsen kam. Die Sonne stand steil am Himmel, und die große Ebene war wie an allen heißen Tagen mit leichtem Dunst erfüllt, der die Farben in der Ferne verwischte. Kleiner Adler konnte die Tipis seiner Sippe am Fuß des Berges sehen. Alles wirkte von hier oben sehr klein: Menschen, Pferde und Hunde.

Als Kleiner Adler zu dem Felsen ging, sah er, daß er nicht allein war. Auf einem Stein im Geröll saß ein Indianermädchen, die Hände auf den Knien und den Blick in die Ferne gewandt.

Kleiner Adler blieb stehen. Wenn es doch Tatokadan, die Schwester, gewesen wäre! Aber nein, es war Siebenstern!

Ausgerechnet Siebenstern! Siebenstern, die keine Gelegenheit vorübergehen ließ, über ihn zu lachen! Siebenstern, von der die Erwachsenen sagten, sie sei so klug, wie ihr Vater Wikahpi Towin es gewesen war, und so weise wie

31

Großvater Wauhkeon. Die Kinder liebten sie, Kleiner Adler aber fühlte sich immer unbehaglich, wenn er mit ihr zusammen war. Man wußte nie, ob nicht ein paar achtlose Worte, die sie so nebenbei sagte, alle großartigen Gedanken zerstörten und man sich plötzlich klein und unbedeutend vorkommen mußte.

Da saß sie, in ihrem einfachen Kleid aus Büffelleder. Sie hatte es nicht mit bunten Stachelschweinborsten und rotgefärbten Hirschschwanzhaaren verziert, wie andere Mädchen es taten. Die blauglänzenden schwarzen Haarsträhnchen hatte sie achtlos mit Lederstreifen zusammengebunden. Ihre Nase war zu klein, die Stirn zu hoch. Und sie wußte, daß sie nicht hübsch war. Was hätte es auch genützt, wenn sie sich geschmückt hätte? Sie wäre doch nicht schöner geworden!

Kleiner Adler ließ das Schlittengestell mit dem Bärenfell zu Boden gleiten. Siebenstern sprang auf. Aber sie sagte nicht etwa, wie es Kleiner Adler erwartet hätte: »Die langsamen Knaben, die als letzte kommen, werden immer langsame Krieger bleiben« oder »Die Geister haben wohl alle Tiere und alle Feinde aus dem Grasland vertrieben, daß Kleider Adler so lange suchen mußte, um eine große Tat zu begehen?«

Nein, sie stand still da, die Hände vor den Mund gehoben, wie es alle Frauen taten, wenn sie erschrocken oder erstaunt waren. Und langsam füllten sich ihre Augen mit Tränen.

Etwas Seltsames geschah: wie sie vor ihm stand, regungslos, die Augen voll Tränen, merkte Kleiner Adler zum erstenmal, daß ihre Augen schön waren. Sie waren sehr groß, fast zu groß für das Gesicht, tiefschwarz mit einem hellen Kranz in der Mitte. Die nassen Wimpern waren lang und dicht. »Wikahpi Sakowin«, sagte Kleiner Adler, nun nicht mehr enttäuscht, sondern verlegen. Das Mädchen ließ die Hände sinken. »Dein Schutzgeist hat dich behütet«, stammelte sie, »ich wußte es!

Alle warten auf dich«, fuhr sie fort. »Rote Wolke ist traurig, aber Großvater Donnervogel hatte einen guten Traum und tröstete sie.«

Kleiner Adler wurde noch verlegener. »Sind die anderen schon zurück?« fragte er.

»Alle sind schon Krieger«, antwortete Siebenstern und schaute ihn fragend an. Was hat Kleiner Adler für eine Tat vollbracht, für die er so viele Tage und Nächte fort war, fragte dieser Blick.

Kleiner Adler wies wortlos auf das Fellbündel. Siebenstern stieß einen kleinen Schrei der Bewunderung aus, als sie das schwarze Fell zu heben versuchte. »Großvater Wauhkeon glaubte, einen großen Bären getötet zu haben. Aber deiner ist größer!«

Kleiner Adler war keineswegs mehr traurig, daß es Siebenstern war, die er auf dem Berg gefunden hatte, und nicht Tatokadan, seine Schwester. Er trat vor den Felsen, wandte sein Gesicht der Sonne zu und hob ihr die Handflächen entgegen. Während er betete, stand Siebenstern schweigend neben dem Fell. Dann schleppten sie gemeinsam das schwere Bündel hinunter zum Lager der Sippe.

Häuptling Gute Sonne hatte den Platz sorgfältig ausgewählt, bevor er das Sommerlager seines Stammes errichten ließ. Der Berg schützte die Tipis vor Stürmen, ein klarer, kalter Bach spendete frisches Wasser für Mensch und Tier, und auch an den heißesten Sommertagen vertrocknete das Gras auf der Pferdeweide nicht. In der weiten Prärie aber fanden die Sihasapa alles, was sie zur Nahrung und zum Leben brauchten: Büffel, Antilope, Kaninchen und andere Tiere, Erdrüben und Bitterwurzeln.

Auf dem Weg zum Lager wurde Siebenstern wieder zur gewohnten, vertrauten Siebenstern. Natürlich sagte sie jetzt spöttisch: »Die langsamen Knaben, die als letzte kommen, werden immer langsame Krieger bleiben.« Kleiner Adler konnte plötzlich nicht mehr verstehen, warum er früher immer so böse über Siebenstern geworden war. Jetzt lachte er nur und antwortete genauso spöttisch: »Die Mädchen, die eine allzuflinke Zunge haben, werden die letzten sein, für die man auf der Freier-Flöte spielt.« Und es machte ihm Freude, als er sah, daß ihr Gesicht rot wurde und sie sich abwandte, um es zu verbergen.

Am Bach, dem die Indianer den Namen Amaguk gegeben hatten, spielten die Jungen; die größeren hielten Wettkämpfe ab im Weitwurf oder Bogenschießen, Ringen oder Laufen. Die kleineren versuchten, es den älteren nachzutun, warfen Steine und übten mit ihren Kinderbogen.

Kleiner Adler hörte das vergnügte Lärmen der Jungen. Keiner seiner Altersgenossen war unter ihnen. Und es war ihm plötzlich, als hätte jemand ein Band um seine Brust geworfen und so fest zusammengezogen, daß das Herz kaum mehr schlagen konnte. Alle seine Freunde waren schon Krieger, und morgen abend mußte er, Kleiner Adler, vor die alten Männer treten und auf ihre Entscheidung warten, ob er würdig war, ein Krieger zu werden.

Auf seinem Weg zum Lager hatte Kleiner Adler oft und viel an den weißen Freund gedacht und an seine Lehren, die manchmal denen der Sihasapa glichen und manchmal so verschieden waren. Aber jetzt, als er das Lager vor sich sah, Bach und Wiese, die ihm so vertraut waren, war es ihm, als hätte er niemals den Wasichu gekannt, den er Vater genannt hatte.

Solange er bei ihm gewesen war, hatte es gut und richtig geschienen, keine Rache zu nehmen. Aber nun war alles plötzlich ganz anders. Er kam in das Lager zurück mit dem Fell des großen Bären, aber ohne Skalp. Er hatte einem Feind das Leben gerettet und ihn nicht getötet. Wie konnte er das seinem Vater sagen? Wie konnte er vor die Krieger treten, die so oft ihr Leben eingesetzt hatten, um den Stamm vor den weißen Mördern zu schützen? Mußten sie

nicht sagen, er sei ein Verräter und Feigling? Kleiner Adler
erinnerte sich an Erzählungen von jungen Männern, die
man aus dem Stamm ausgestoßen hatte, weil sie nicht würdig waren, im Kreis der Sippe zu leben. Kleiner Adler blieb
stehen. Seine Hände wurden kalt. Vielleicht würde man
auch ihn ausstoßen?

»Worauf wartest du?« fragte Siebenstern. »Du solltest,
schneller als ein Vogel fliegen kann, zu deiner Mutter und
deinem Vater eilen!«

Sie nahm seine Hand und zog ihn weiter. Kleiner Adler
vergaß seine Ängste. Er entdeckte Bärensohn in einer Kna-
benschar, die sich im Bogenschießen übte, und er sah Biberkind im Bach spielen.

Kleiner Adler legte die Hände vor den Mund: »Hey-
a-a-hey! Hört, o hört mich! Ich bin heimgekommen. Ich
habe den Bären getötet!«

Zuerst standen die Jungen alle still da, als sähen sie nicht
einen ihrer Freunde, sondern einen Geist, der plötzlich
dem Berg entstiegen war. Dann schrien sie vor Freude und
machten mehr Lärm als ein Rudel Hunde, und jeder wollte
am schnellsten zu Kleiner Adler kommen. Die Hunde bellten, und die Pferde wieherten. Das war ein Aufruhr!

Nur Bärensohn kam nicht. Er rannte, flink wie eine Antilope, ins Lager, um allen zu sagen, daß sein Bruder heimgekehrt war.

Kleiner Adler lief den Jungen entgegen. Sie umringten
ihn, lachten und schrien, jeder wollte zuerst reden, und so
verstand keiner den anderen.

Auch Biberkind kam. Der kleine Bursche war tropfnaß,
aus seinem Haarschopf rann Wasser. Er war nackt bis auf
den Lendenschurz, auch an den Füßen trug er keine Mokassins.

Kleiner Adler beugte sich zu ihm nieder, wieder spürte
er jenes unbekannte Gefühl der Rührung und Liebe wie auf
seinem einsamen Weg durch die Prärie, wenn er an seine

Familie gedacht hatte. Wie nahe war es gewesen, daß er sie nie wieder hätte sehen können! Hätte nicht der Gute Geist den weißen Vater geschickt, so hätte er niemals wieder mit Biberkind spielen können, niemals wieder die kleinen Hände in seine nehmen dürfen.

Biberkind stand stumm vor dem großen Bruder. Er sagte kein Wort, nur seine schwarzen Augen glänzten. Wäre Biberkind nicht ein Knabe gewesen, der später ein Krieger werden mußte, so hätte er jetzt aus Freude geweint. Er hatte nicht verstehen können, warum Kleiner Adler so lange fortgeblieben war. Jetzt hob ihn der große Bruder in die Höhe, setzte ihn auf seine Schultern und lief mit ihm zum Lager, vorbei an den wiehernden Pferden, eine Horde bellender Hunde und schreiender Jungen hinter ihnen her.

Siebenstern folgte ihnen langsam als letzte nach.

So, wie die Spiele der Knaben der Vorbereitung auf ihre späteren Pflichten dienten, damit sie als Jäger die Familie ernähren und sie als Krieger beschützen konnten, so begannen die Mädchen schon früh, ihren Müttern bei den Aufgaben der Frauen zu helfen.

Es gab immer etwas zu tun in einem Indianerlager. Die Krieger Schnelles Pferd, Schwarzer Bär und Adlerschwinge waren eben von der Jagd heimgekehrt, saßen vor ihren Zelten und rasteten. Ihre Frauen und Töchter aber waren schon eifrig damit beschäftigt, die Jagdbeute zu häuten und Fleisch und Fell zu verarbeiten. Roter Falke, der schon so alt war, daß er nicht mehr auf die Jagd gehen konnte, schnitzte Löffel aus Büffelhorn. Kleine Büffelfrau, seine Tochter, saß neben ihm und nähte aus gelbgegerbtem Rauhleder Hemden für ihre Kinder.

Eine Tante von Kleiner Adler, Springende Antilope, zerrieb eßbare Samen und getrocknete Beeren zu Brei. Ein paar der Frauen schnitten Büffelfleisch in lange Streifen und hängten sie auf einem Holzgestell zum Trocknen auf.

Andere spalteten Sehnen von der Wirbelsäule eines Büffels zu Nähfäden.

Am eifrigsten bei der Arbeit war Kranichfeder, eine hübsche junge Frau mit dicken Zöpfen.

Kranichfeder hatte Gefleckte Eule, den ältesten Enkel von Roter Falke, geheiratet und machte jetzt ein neues Tipi für ihn. Gefleckte Eule wußte nicht, daß seine junge Frau ihn mit einem neuen Zelt überraschen wollte. Sie hatte heimlich, wenn er nicht im Lager war, Büffelhäute bearbeitet, bis sie geschmeidig wurden. Gestern war sie endlich damit fertig geworden. Gemeinsam mit ihren Freundinnen hatte sie die Häute zurechtgeschnitten und in Form eines großen Halbkreises auf dem Boden aneinandergelegt.

Jetzt waren Kranichfeder und ihre Freundinnen gerade dabei, die Häute mit Büffelsehnen aneinanderzunähen. Sie bohrten mit spitzen Knochensplittern Löcher in die Häute und zogen die Sehnen durch. Vor dem Verarbeiten hatten sie die Sehnen in Wasser aufgeweicht.

Sobald die Sehnen trocken wurden und dabei einschrumpften, hielten die Zeltnähte dem ärgsten Präriesturm stand.

Manchmal kam eine der älteren Frauen, schaute sich die Arbeit an, gab gute Ratschläge oder half an einer schwierigen Stelle selbst mit. Kranichfeder und die anderen Mädchen lachten und scherzten. Bis zum Abend würden sie mit der Arbeit fertig sein. Am nächsten Morgen, wenn Gefleckte Eule wieder auf die Jagd ging, würde Roter Falke das neue Tipi bemalen. Roter Falke hatte schon die Farben vorbereitet, Gelb, Rot, Blau und Schwarz. Er hatte versprochen, die schönsten Muster zu wählen, und es gab keinen im Lager, der so geschickt mit Farben umgehen konnte wie Roter Falke.

In der Mitte des Lagers stand ein großes Tipi aus weißgegerbtem Büffelleder. Neben der Türöffnung waren je zwei Büffel mit zottigen Köpfen abgebildet und darüber das Symbol der aufgehenden Sonne, Zeichen, aus denen jeder den Besitzer dieses Tipis erkennen konnte: Gute Sonne, dessen zweiter Kriegsname Vier Büffel war.

Dieses große und schöne Zelt war das einzige, vor dem keine Frauen und Mädchen scherzten und lachten bei gemeinsamer Arbeit. Auch im Tipi war es still. Die Eingangsöffnung war geschlossen. Gute Sonne saß neben dem Feuerplatz und rauchte. Sein Gesicht war regungslos, als schiene er nichts zu bemerken, was um ihn vorging.

Rote Wolke und Tatokadan nähten an einem Festkleid für Kleiner Adler. Auch sie schwiegen. Rote Wolke verzierte Leggings mit rot und blau gefärbten Stachelschweinborsten, die sie in kurze Stücke geschnitten hatte. Tatokadan arbeitete an einem Oberhemd aus weichem Antilopenleder und schmückte es mit Hirschzähnen.

Weder Gute Sonne noch Rote Wolke, noch Tatokadan hatten jemals ein Wort gesagt, daß sie Angst um Kleiner Adler hätten, daß sie fürchteten, er könnte von seiner Namenssuche nicht mehr zurückkehren. Den beiden jüngeren Brüdern, die jeden Morgen fragten, wann der große Bruder wieder heimkäme, antworteten sie: »Der Weg, ein Krieger zu werden, ist weit, und Kleiner Adler darf nicht zurückkehren, bevor er nicht eine tapfere Tat vollbracht hat.«

»Aber morgen wird er kommen oder in zwei oder drei Tagen . . .«

Und Biberkind und Bärensohn waren getröstet und liefen zu ihren Freunden, um mit ihnen weiterzuspielen.

Rote Wolke beugte sich tief über ihre Arbeit, als sei es zu dunkel, um die Stickerei zu sehen; aber es war gar nicht dunkel im Zelt, nur ihre Augen waren naß geworden.

Warum war ihr Tschaske noch nicht heimgekehrt? Alle anderen Knaben, die mit ihm ausgezogen waren, waren längst wieder zurück, nur er kam nicht!

Gute Sonne, der von einem weiten Ritt heimgekommen war, würde morgen wieder, wie so viele Tage vorher, statt auf die Jagd zu reiten, in dem weiten Grasland nach Kleiner Adler suchen. Zwar sprach er nicht davon, denn es wäre eines Mannes nicht würdig gewesen, in Sorge um seinen Sohn zu sein, der auf dem Heiligen Pfad war, aber Rote Wolke wußte, warum der Vater und Einsamer Wolf, sein Bruder, die sonst nie ohne Beute von der Jagd zurückkehrten, seit Tagen mit leeren Händen heimkamen.

Nur die kleine Schwester ahnte nichts von den Sorgen der Eltern und der heimlichen Angst Tatokadans. Spielendes Hirschkalb fädelte bunte Stachelschweinborsten auf Hirschsehnen; es sollte ein Halsband für den großen Bruder werden.

Der Säugling in der Tragwiege schlief, daneben lag Schwarzfell, der Lieblingshund des Vaters. Auch er schlief. Plötzlich sprang er auf, sträubte das Fell, knurrte und lief zum Eingang. Rote Wolke sah von ihrer Arbeit auf, Tatokadan legte das Hemd beiseite. Woher kam der Lärm im Lager? Warum bellten die Hunde und schrien die Knaben? Die Büffelhaut vor der Eingangstür wurde zurückgeschlagen, und Bärensohn stand atemlos da. Das warme Sonnenlicht machte das Tipi hell und freundlich.

Bärensohn rief: »Der große Bruder ist heimgekommen!«

Und Vater, Mutter und Schwestern sahen Kleiner Adler. Er trug Biberkind auf den Schultern, er war gesund und kräftig, und er lachte.

Der Erstgeborene, der Tschaske, war heimgekommen!

Rote Wolke und Tatokadan hatten ein Festessen gekocht: frisches Büffelfleisch, das Springende Antilope gebracht hatte, eine Hirschkeule von Adlerschwinge; eine Knochensuppe, gewürzt mit getrockneten Beeren.

Alle Verwandten und Freunde kamen, um mitzufeiern, und da es keinen im Lager gab, der nicht ein Freund war, so war bald die ganze Sippe versammelt. Nur Donnervogel, der alte Weise, blieb in seinem Zelt, rauchte seine Pfeife und schien all den fröhlichen Lärm nicht zu hören. Dafür aber saß seine Enkelin Siebenstern unter den Mädchen, nicht vorne, sondern ganz hinten, schon im Dunkeln, wo das Licht der Flammen nicht mehr hinreichte. Kleiner Adler mußte seine Geschichte erzählen: vom weißen Jäger, der ihn töten wollte, und von dem anderen weißen Mann, der ihm das Leben rettete. Und allen Knaben lief ein Schauer über den Rücken, als er das erzählte, und die Mädchen bedeckten ihre Münder mit den Händen. Frauen und Männer aber wurden nachdenklich, denn noch nie hatte man gehört, daß ein Weißer einem Indianer das Leben rettete.

Kleiner Adler erzählte, wie er den Bären tötete, und hier geschah es, daß er nicht die ganze Wahrheit sagte. O nein, er log nicht. Er sprach nicht mit gespaltener Zunge, aber er verschwieg einen Teil der Geschichte. Er verschwieg, daß er dem weißen Jäger nochmals begegnet war. ›Ich werde es meinem Vater erzählen‹, dachte Kleiner Adler, ›ich werde es zuerst meinem Vater erzählen!‹

Als der Mond am Himmel erschien und die Stunde der Nachtvögel kam, gingen alle in ihre Zelte, zufrieden und glücklich.

Die Rauchklappen oben am Tipi standen offen, der Rauch von der Feuerstelle stieg gerade in die Höhe. Kleiner Adler konnte, wenn er den Blick hob, ein Stück Himmel sehen, schwarz wie die Augen der kleinsten Schwester, die mit einer hölzernen Rassel spielte.

Die frischen Zedernzweige, die Tatokadan auf die Betten gebreitet hatte, dufteten. Bunt bemalte Lederkissen waren mit trockenem Gras und Kräutern gefüllt. An den Zeltstangen hingen mit Stachelschweinborsten bestickte Tragtaschen. Viereckige oder runde Taschen aus Rohleder, bemalt mit geometrischen Mustern in grüner, schwarzer und roter Farbe, standen an den Zeltwänden.

Der Vater saß auf einem der Lederkissen und rauchte.

Seine Hunde Schwarzfell und Gelber Jäger lagen dicht bei seinen Füßen und schliefen. Tatokadan kniete neben dem Feuer und warf Süßgras in die Flammen, das den Rauch würzig machte.

Bärensohn, Biberkind und Spielendes Hirschkalb kauerten auf dem Boden und horchten aufmerksam der Mutter zu, die ihnen eine der alten Geschichten erzählte. Von den Non hon shin ga, den alten Weisen, waren sie vor langer, langer Zeit den Müttern der Dakota gelehrt worden, damit sie ihren Kindern sagen konnten, was gut und was böse sei, und damit die Knaben und Mädchen wußten, wie gute Indianer zu leben hatten.

Kleiner Adler hockte auf einer der Felldecken neben dem Eingang, die Hände auf den Knien.

Kleiner Adler hätte jeden Grund gehabt, von Herzen glücklich zu sein. Er war vom Tod errettet worden, er hatte einen Freund gefunden, er hatte einen großen Bären getötet, und nun war er wieder daheim bei seiner Familie, und alle Gefahr war vorüber. Aber Kleiner Adler war nicht glücklich. Er starrte ins Feuer, das einmal rot und einmal gelb war, oder er schaute auf das Fleckchen Nachthimmel, das über der offenen Rauchklappe sichtbar war. Jetzt hätte er seinem Vater erzählen müssen, daß er einen Feind nicht getötet hatte. Er hätte seinem Vater alles eingestehen müssen.

Aber es war, als könnte Kleiner Adler seine Zunge nicht mehr gebrauchen! Hätte er doch alles schon Siebenstern gesagt, droben am Berg! Hätte er es dem Vater erzählt, gleich nachdem er heimgekommen war! Hätte er es der Sippe erzählt, als er seine Abenteuer schilderte!

Seine Angst vor dem Bären hatte Kleiner Adler besiegen können, aber die Angst, die neue unbekannte Tat eingestehen zu müssen, diese Angst war stärker als sein Mut.

Wenn es falsch gewesen war, was er getan hatte? Wenn man sagte, er habe die Gesetze der Teton nicht beachtet, er sei ein Feigling und nicht würdig, in der Sippe zu leben? Denn morgen abend mußte er vor die alten und weisen Männer treten, und er mußte erzählen, wie es in Wahrheit gewesen war!

Die Mutter hatte ihre Geschichte beendet, und nun fügte sie noch eine der Lehren der Dakota an, damit es gute Gedanken seien, die ihre Kinder vor dem Einschlafen denken würden. Sie sagte: »So sind die Reden der Non hon shin ga: Töte deinen Freund nicht, tue ihm nichts Böses und füge ihm kein Unrecht zu, denn nicht ihn schädigst du, sondern dich selbst.«

Kleiner Adler stand auf, schob die Büffelhaut beiseite und trat ins Freie. Er glaubte, daß niemand es bemerkt hätte.

Er blieb vor dem Zelt stehen. Es war eine klare Nacht, und die Luft war kühl. Hanhepiwi, der nächtliche Wanderer, war auf seiner Reise von einem Rand der Erde zum anderen klein geworden seit damals, als Kleiner Adler fortgegangen war, um mit dem Großen Geheimnis in der Einsamkeit zu sprechen. Als schmale Sichel hing er über dem Tafelberg und hatte nicht genug Licht, um die Dunkelheit zu besiegen.

Die Nacht machte alles still und friedlich; das Wiehern und Stampfen der Pferde auf der Weide klang gedämpft, und die balgenden Hunde, die sich um einen Knochen stritten, waren kaum zu hören. Das Klagelied eines einsamen Kojoten in der Prärie störte die Ruhe nicht. In weitem Bogen spannte sich der Pfad der Geister, die Milchstraße, über den Himmel. Die Sterne lagen dort so dicht, daß man sie nicht mehr voneinander unterscheiden konnte und sie zu einer weißen Nebelwolke wurden. Die alten Weisen der Dakota wußten, was gut und was nicht gut war, was der Mensch tun sollte und was er nicht tun sollte: Töte deinen Freund nicht, tue ihm nichts Böses und füge ihm kein Unrecht zu, denn nicht ihn schädigst du, sondern dich selbst.

Die Sihasapa lebten nach diesem Gesetz. Doch gegen ihre Feinde kannten sie kein Erbarmen. Sie töteten, nicht aus Lust am Morden, sondern um das Leben ihrer Frauen und Kinder zu schützen.

Kleiner Adler hörte, wie die Ledertür des Tipis zurückgeschlagen wurde; als er sich umwandte, sah er seinen Vater hinter sich stehen. Obwohl die Nacht kalt war, trug Gute Sonne keine andere Bekleidung als sein Lendentuch. Kleiner Adler konnte trotz der Dunkelheit die Narben der vielen Wunden sehen, die sein Vater im Kampf mit Tieren und Feinden um seiner Familie und seines Stammes willen empfangen hatte.

Gute Sonne legte ihm die Hand auf die Schulter. »Ich bin stolz auf meinen Sohn«, sagte er. Kleiner Adler wollte sprechen, aber seine Kehle war wie zugeschnürt, kein Wort kam über seine Lippen.

Nein, er konnte es seinem Vater nicht sagen, daß er einen Feind nicht getötet hatte! Wie hätte er erklären sollen, daß er die Gesetze des Stammes vergessen hatte um eines Weißen willen, eines Angehörigen jenes Volkes, das die Teton seit vielen Jahren von einem Jagdplatz zum anderen vertrieben und seinem Volk nichts als Leid zugefügt hatte.

Kleiner Adler konnte es seinem Vater nicht sagen. Er mußte schweigen. ›Niemand wird erfahren, was ich getan habe‹, dachte er. ›Nur ich weiß es, und ich werde es vergessen und nie wieder daran denken!‹

Der gelbe Sichelmond war tief herabgesunken, hing nun über dem schwarzen Tafelberg und berührte ihn mit seiner Spitze. Die Sterne breiteten ihr mildes Licht über das Lager der Sihasapa. Kleiner Adler und Gute Sonne gingen ins Zelt zurück.

Die Brüder und die kleine Schwester schliefen schon, zugedeckt mit weichen Fellen. Bärensohn lag ganz nahe beim Eingang, damit er beim Aufwachen, wenn der Morgenrufer seine Lehren beendet hatte und die Jungen den Wettlauf zum Bach begannen, keine Zeit verlieren würde. Kleiner Adler mußte lächeln. Auch er hatte es früher so gemacht, um einer der ersten zu sein, die in den Bach sprangen.

Wie viele Sonnen waren vergangen, seit er es zum letzten Mal getan hatte, am Morgen jenes Tages, an dem die Männer das Feuer entzündet hatten, um die Knaben auszusenden, die Krieger werden sollten!

Kleiner Adler hatte die Tage nicht gezählt. Aber es war, als sei es vor langer Zeit gewesen, als seien Sommer und Winter vergangen und nicht nur ein kurzer Mondwechsel.

Kleiner Adler legte sich nieder. Im Zelt war es dunkel. Die halberloschene Glut warf ein schwaches Licht um sich, das die nun schwarzgewordenen Wände des Tipis nicht mehr erleuchtete.

Die Mutter schlief, Tatokadan schlief, der Vater schlief und die kleinen Geschwister. Nun, da Kleiner Adler beschlossen hatte zu schweigen und zu vergessen, glaubte er, glücklich zu sein. In der Prärie klagten die Kojoten, die Hunde, dicht an der Glut, zuckten mit den Pfoten und atmeten unruhig, als jagten sie im Traum mit ihren wilden Brüdern im endlosen Grasland.

Kleiner Adler schloß die Augen und schlief ein.

Tapfer war deine Tat
und würdig eines großen Namens

*J*eden Morgen, wenn die Sonne aufgegangen war, ging einer der Ältesten durch das Lager der Sippe, schlug auf seine kleine Handtrommel und rief: »Hört, o hört, ihr Knaben der Sihasapa, wacht auf!«

Die Jungen und Mädchen richteten sich auf und lauschten den Rufen des alten Mannes. Sie rieben sich den Schlaf aus den Augen, um keines seiner Worte zu überhören.

Sobald der Morgenrufer schwieg, sprangen die Jungen von ihren Lagern auf, um ja nicht unter den Letzten beim täglichen Wettlauf zum Morgenbad zu sein. Jene, die zu spät kamen, mußten mit dem fröhlichen Spott der anderen rechnen.

Auch an jenem Morgen, an dem Kleiner Adler wieder im Tipi seiner Eltern lag, ging der Rufer durch das Lager. Es war Pahasapa, Schwarzer Berg, einer der Ältesten der Sippe Büffel. Er hatte so viele Winter gesehen, daß er sich nicht erinnern konnte, wie viele es gewesen waren.

Pahasapa hatte viel Leid und Kummer erfahren. Seine Söhne und sein Schwiegersohn waren im Kampf gefallen, und seine Frau, seine einzige Tochter und alle seine Enkelkinder an einem einzigen Tag getötet worden. Das war damals gewesen, als die Soldaten der Wasichu in das Indianerland gezogen waren und das Lager der Sippe Schildkröte überfallen hatten, bei der die Familie Pahasapas auf Besuch weilte. Schwarzer Berg war mit einer Kopfwunde bewußtlos zurückgelassen worden. Man hielt ihn für tot. Strafexpedition, so hatten es die weißen Soldaten genannt, weil eine Farmersfamilie, die sich zu weit ins Indianerland gewagt hatte, von einer streifenden Dakotaschar getötet worden war.

Da Pahasapa keine Kinder mehr hatte, die für ihn sorgen konnten, gaben ihm die Krieger des Stammes von ihrer Jagdbeute, und die Frauen brachten ihm von ihren Vorräten. Jeder achtete ihn, und man horchte auf seinen Rat.

Kleiner Adler war wie alle anderen bei den Trommelschlägen Pahasapas aufgewacht. Noch halb im Schlaf wußte er nicht, lag er noch in der Blockhütte des weißen Freundes oder auf einem seiner einsamen Nachtlager in der Prärie auf dem Weg nach Hause? Dann aber, als er die Augen öffnete, hatte er die Gewißheit: ›Ich bin daheim, ich bin im Tipi meines Vaters und meiner Mutter!‹ Durch die offene Rauchklappe fiel der Schein der Sonne ins Zelt und machte alles licht und freundlich: die weißen Lederwände, die bunten Taschen und die Felldecken.

Bärensohn saß schon aufrecht auf seiner Decke, Biberkind rieb sich die verschlafenen Augen.

Kaum hatte Pahasapa seine Rufe beendet, sprang Bärensohn auf und rannte aus dem Tipi. Auch Biberkind wollte es ihm nachtun, aber er stolperte zuerst über die Hunde, dann über eines der Lederkissen, und bis er aus dem Tipi kam, war schon das ganze Lager in Aufruhr.

Kleiner Adler trat vor das Zelt. Es war sehr früh am Morgen. Jeder Tropfen Tau trug einen Lichtfunken, und die Tipis, das Gras, die Sträucher und die weißen und roten Steine glänzten, als hätte ein mächtiger Geheimnismann das Sonnenlicht eingefangen und mit vollen Händen über das Lager geschüttet. Im Schein der aufgegangenen Sonne leuchtete der Tafelberg in tiefem Gelb. Der Himmel war von einem zarten Blau, das im Osten noch die jetzt blaßrosa Spuren des Feuers trug, mit dem Anpetuwi jeden Morgen die Nacht besiegte.

Plötzlich spürte Kleiner Adler eine unbändige Freude in sich. Er streckte die Arme in die Höhe, atmete tief die frische Luft ein, dann lief er den Knaben und jungen Kriegern nach.

Er erreichte bald die Kleinen, die sich mit ihren kurzen Beinen abmühten, es den Großen gleichzutun. Kleiner Adler sah Biberkind, der einer der letzten war, beugte sich nieder und setzte den kleinen Burschen auf seine Schultern. Der freute sich, als er plötzlich allen anderen seiner Spielgenossen voran war und der große Bruder mit seinen flinken Beinen sogar Bärensohn hinter sich ließ.

Am Bach angekommen, warf Kleiner Adler den vor Vergnügen schreienden Bruder ins Wasser und sprang dann selbst nach. Das Wasser war kalt. Sie tauchten unter, schwammen umher und spritzten einander voll. Nach einer Weile hob Kleiner Adler den Bruder ans Ufer und schickte ihn zurück ins Lager. Kleine Jungen wie Biberkind durften nach dem Bad noch einmal ins warme Fellbett schlüpfen.

Als Kleiner Adler aus dem Wasser stieg, wollte jeder etwas anderes von seinen Erlebnissen besonders genau wissen. »Wie sieht der weiße Jäger aus?« – »Hatte der Wasichu ein Zelt wie wir?« – »Hatte er Bogen und Pfeile oder einen Donnerstab?« – »War der Bär sehr wild?« und noch vieles mehr. Aber Kleiner Adler schüttelte nur den Kopf und antwortete, daß er alles am Abend den alten Männern erzählen würde.

Dann ging er den Bach aufwärts, fort vom Lager und von seinen Spielgefährten. Keiner der anderen folgte ihm, denn ein Indianer versteht den Wunsch des anderen nach Einsamkeit und Alleinsein.

Es war ein schöner Morgen. Die Gräser und Halme standen aufrecht, erfrischt durch den kühlen Tau der Nacht. Das Wasser des Amagukbaches floß über eisenhaltige Steine, die gelbbraun oder rostrot durchschimmerten. Das Ufer war mit Weidengebüsch bewachsen. Hier und da standen Pappeln und Eschen.

Wenn doch ein Weidenlaubsänger hier gesungen hätte!

Kleiner Adler sehnte sich plötzlich danach, seinem Totemtier zu begegnen. Aber nur Graumeisen und Finken spielten in den Zweigen. Ein Braunkehlchenpaar flatterte im Gebüsch umher, aber das Totemtier von Kleiner Adler zeigte sich nirgends.

Unter einem Strauch, dessen Zweige herabhingen und fast das Wasser berührten, setzte sich Kleiner Adler nieder. Die Sonne streute Lichtfunken auf die Wellen, die Blätter und Zweige glänzten in einem matten Schimmer. »Wakan Tanka«, bat Kleiner Adler, »sende mir mein Totemtier als ein Zeichen, daß es recht ist zu vergessen, was ich tat.«

Aber kein Weidenlaubsänger erschien in den Zweigen, um mit den anderen Vögeln sein Morgenlied zu singen.

Kleiner Adler wartete. Die Sonne stieg höher und höher. Als es Mittag wurde, stand er auf und ging ins Lager zurück.

Vor dem Zelt seines Vaters hatte Rote Wolke zwei kräftige, gerade Äste fest in die Erde gerammt. Darüber hatte sie einen dritten quer befestigt. In diesen Rahmen war das große Bärenfell mit Tiersehnen eingespannt, und Rote Wolke schabte mit einem scharfkantigen Knochen sorgfältig alle Fleisch- und Fettreste ab. Tatokadan kniete am Boden und durchbohrte die Krallen des Bären, damit der Bruder sie schon heute abend um den Hals tragen konnte. Spielendes Hirschkalb hatte das Halsband aus Stachelschweinborsten fertig, lief zu Kleiner Adler und zeigte es ihm. Als Kleiner Adler das Halsband umlegte, klatschte Spielendes Hirschkalb fröhlich in die Hände; sie war stolz darauf, daß sie bereits fast so tüchtig und geschickt war wie die Mutter und die große Schwester.

Kleiner Adler trat in das Zelt und setzte sich neben das Feuer. Auf dem weißgebleichten Schulterblatt eines Büffels lagen Fleischschnitten und getrocknete Beeren. Er begann zu essen, aber obwohl er hungrig war, nahm er nur einige Bissen. Er schaute in die Glut, auf die kleinen, unruhigen Flammen, er hörte die Stimmen der Mutter und der Schwestern. Nach einiger Zeit stand er auf, nahm seinen Bogen und zwei seiner besten Pfeile und verließ das Zelt.

Er wolle einen Präriehund jagen oder ein Kaninchen, vielleicht auch eine Antilope, sagte er zu seiner Mutter. Aber als ein fettes Kaninchen über seinen Weg lief, hatte er keine Lust, es zu töten. Er ging am Ufer des Baches entlang, durch Eschen- und Weidengebüsch, an Wasserlilientümpeln vorbei und durch hohes Binsengras. Wieder suchte er vergeblich nach einem Weidenlaubsänger.

Schließlich blieb Kleiner Adler stehen. Er wandte das Gesicht der großen Mittagssonne zu, deren Licht seine Augen blendete. Er betete: »Wakan Tanka, hier bin ich in meiner Not!«

Kolibris zauberten Farbflecke in das Grün der Binsen und Gräser. Blaue Schwertlilien wuchsen im seichten Uferwasser, und unter den alten Weiden blühten gelbe Sumpfblumen. Ein Eisvogel in seinem prächtigen Federkleid saß auf einem Zweig, und ein Kranichpaar flog vorüber.

Kleiner Adler sah, daß er nicht allein war. Einen Pfeilschuß entfernt suchte Siebenstern in den Uferwiesen nach Kräutern und Wurzeln für ihren Großvater Donnervogel. Sie hatte einen Lederbeutel in der Hand und trug das Kleid aus braunem Büffelleder wie am Tag vorher. Nur war es diesmal mit einem blauen Ledergürtel zusammengehalten. Sie arbeitete ruhig und schweigsam. Jetzt kniete sie nieder und grub eine Wurzel aus.

Kleiner Adler fühlte den Wunsch, zu ihr zu gehen und mit ihr über alles zu sprechen, aber eine plötzliche Scheu hielt ihn zurück. Er und auch Siebenstern waren nun schon in jenem Alter, in dem Mädchen und Jungen angehalten werden, nicht mehr allein zusammenzusein; und obwohl er noch am Tag zuvor auf dem Berg nicht daran gedacht hatte, war es ihm bewußt geworden, als er Siebenstern am Abend im Schatten außerhalb des Kreises sitzen gesehen hatte.

Trotzdem rief er leise ihren Namen. Sie sah auf, erhob sich und kam zu ihm. Er war froh, daß sie kam.

Kleiner Adler sagte, daß er sie bitte, ihn anzuhören. Sie setzte sich auf einen Baumstumpf. Kleiner Adler trat ans Ufer. Den Blick auf das flüsternde Wasser gerichtet, erzählte er seine Geschichte. Er erzählte von den Lehren des weißen Freundes, und er erzählte von dem Feind, dessen Leben er gerettet hatte. »Und so habe ich die Gesetze meines Volkes nicht beachtet. Es war gut, als ich es tat, und mein Herz war fröhlich. Aber nun habe ich keinen Frieden mehr, und mein Herz ist voller Zweifel. Wie kann ich heute abend vor die Krieger hintreten und ihnen berichten, was geschehen ist? Wenn ich es aber verschweige, spreche ich mit gespaltener Zunge.«

Kleiner Adler schwieg. Ein weißbrüstiges Entenpärchen schwamm vorüber, eine Grasmücke begann, ihr Lied in einem Baum zu singen. Siebenstern saß auf dem Baumstumpf, die Hände um die Knie geschlungen. Auch sie schwieg.

Kleiner Adler trat einen Schritt auf sie zu und rief: »Ich will, daß die Tochter Wikahpi Towins mir sagt, was ich tun soll, wenn das große Feuer entzündet wird.« Seine Stimme war rauh, das Blut strömte in sein Gesicht. Er fügte rasch hinzu: »Ich bitte die Tochter Wikahpi Towins, mir zu helfen!«

Siebenstern hob ihr Gesicht zu ihm auf und sagte: »Wenn du geglaubt hast, den richtigen Weg zu wählen, als du den Weißen nicht getötet hast, brauchst du dich dessen nicht zu schämen.«

Kleiner Adler schloß die Hände so fest, daß es schmerzte. »Soll ich es den alten und weisen Männern erzählen? Sollen alle mein Geheimnis erfahren?«

Siebenstern schaute ihn an, und er spürte, daß sie das gleiche dachte wie er: daß man ihn verstoßen konnte und daß einer, der zu keinem Stamm gehörte, verlassener war als ein hungernder Wolf im Winter und ärmer als ein Hirsch, der von Jägern gehetzt wurde.

Die Grasmücke sang nicht mehr, und eine Wolke, die sich über die Sonne schob, nahm das Licht fort, das auf den Wellen des Baches gespielt hatte, und machte das Wasser glanzlos.

Siebenstern stand auf. »Wanbli Tschikala, wenn ich dir sage, was du tun sollst, wenn heute das Feuer entzündet wird, so wirst du dir später selber zürnen, weil du nicht gehandelt hast, wie es dir selbst recht erschien, sondern meinen Worten gefolgt bist. Und du wirst auch der Tochter Wikahpi Towins zürnen, weil sie statt deiner entschieden hat und nicht du selbst.«

Sie sagte eindringlich: »Du wirst den rechten Weg wählen! Ich weiß es. Du brauchst meinen Rat nicht.«

Siebenstern hob ihre Tragtasche auf, schaute Kleiner Adler zuversichtlich an und ging fort.

Kleiner Adler setzte sich ins Gras nieder. Viele Stunden kauerte er unbeweglich neben dem Bach und dachte über die Worte Siebensterns nach. Als der Abend kam und er in das Zelt seiner Familie zurückkehrte, wußte er aber noch immer nicht, ob er sein Geheimnis bewahren sollte oder ob er vor der ganzen Sippe bekennen mußte, was er getan hatte.

Tatokadan hatte sich schon für den Abend geschmückt. Sie trug ein Oberkleid aus weißgegerbtem Antilopenleder, das durch einen Gürtel lose zusammengehalten wurde. Der Gürtel war reich verziert. Das gleiche Muster hatte Tatokadan auf das Band gestickt, mit dem sie ihr schwarzes Haar aus der Stirn gebunden hatte. Die Zöpfe, die bis zum Gürtel herabfielen, waren mit dünnen, roten Bändern umwickelt.

Auch Gute Sonne, Rote Wolke und die anderen Geschwister hatten die Festkleidung angezogen. Gute Sonne trug die Brustplatte aus weißgebleichten, hohlen Knochen und den Büffelhautmantel, der mit seinen Kriegstaten bemalt war.

Tatokadan und die Mutter hatten alles für Kleiner Adler bereitgelegt: schön bestickte Mokassins und Leggings aus Büffelleder, mit roten Hirschschwanzhaaren und bunten Stachelschweinborsten verziert. Tatokadan reichte ihm das Oberkleid, das mit Hirschzähnen besetzt war. Der Vater nahm die Halskette aus den Krallen des Bären und legte sie seinem Sohn um.

Kleiner Adler traten fast die Tränen in die Augen, als er spürte, wie stolz seine Familie auf ihn war.

Dann holte der Vater den Kopfschmuck aus Adlerfedern, der bis zum Boden hinabfiel und den nur jene Krieger tragen durften, die sich durch besonders tapfere Taten ausgezeichnet hatten. Manche der Federn hatten einen roten Punkt; diese erzählten, wie oft sein Vater von einer Gewehrkugel verletzt worden war. Für jeden getöteten Feind hing ein Büschel rotgefärbter Pferdehaare an einer der Federn.

Gute Sonne ging als erster zu der Versammlung. Bärensohn, Biberkind und Spielendes Hirschkalb liefen aus dem Zelt; sie waren so aufgeregt, daß sie nicht mehr länger bleiben konnten. Die Mutter und Tatokadan warteten mit Kleiner Adler auf den großen Augenblick, wenn er dazu aufgerufen wurde, vor der versammelten Sippe zu erscheinen und seine Taten zu erzählen.

Rote Wolke saß ruhig auf einem der Lederkissen. Tatokadan legte Zweige in die Glut, dann kniete sie sich neben der Tragwiege nieder, spielte mit Hakata und versuchte, genauso ruhig auszusehen wie die Mutter.

Endlich erschien Pahasapa und forderte Kleiner Adler auf, mit ihm zu gehen. Kleiner Adler folgte ihm schweigend zum Versammlungsplatz. Es war schon tiefe Nacht, und der von keiner Wolke getrübte Himmel war dicht mit hellleuchtenden Sternen bedeckt. Das Dum-dum der Trommeln und das Rasseln der Klappern aus Schildkrötenschalen und Antilopenhufen klang laut in der Stille.

Kleiner Adler sah den Schein des großen Feuers. Seine Hände waren kalt, und sein Herz pochte so stark, daß es schmerzte. Pahasapa schritt durch die Reihen der Knaben, der Mädchen und der Frauen und ging zu den Männern, die vor dem brennenden Feuer auf dem Boden saßen.

Kleiner Adler blieb vor ihnen stehen und wartete, bis man ihn auffordern würde zu sprechen.

In der Mitte der Krieger, auf dem vornehmsten Platz, saß Wauhkeon, der Alte, der Weise.

Niemand wußte die Zahl der Sommer und Winter, die er gelebt hatte, aber er hatte noch jene glücklichen Zeiten gekannt, in denen die Dakota die Herren der Prärie und die Büffelherden zahllos gewesen waren. Sein Körper war noch kräftig, aber so mager, daß die braune, faltige Lederhaut ohne Fleisch über den Knochen zu liegen schien.

Der alte Medizinmann saß schweigend da und rauchte. Er schaute nicht auf, als Kleiner Adler vor das Feuer trat.

Neben Wauhkeon saßen Häuptling Gute Sonne, Pahasapa, Einsamer Wolf, der Bruder des Häuptlings, und all die alten Männer und die starken Krieger. Jeder trug sein Festkleid und den Federschmuck im Haar. Es gab junge Krieger, die nur eine Adlerfeder tragen durften, weil sie nur einen Feind getötet hatten; viele hatten drei oder vier Federn im Haar oder trugen die lang herabhängenden Federhauben.

Das Feuer warf unruhige Schatten, ließ die Farben der festlichen Kleider und des Federschmuckes in einem eigenartigen Schein aufglänzen und machte die braunen Gesichter rot. Das verhaltene, rhythmische Trommeln und das Klappern der Rasseln, das Knistern der Flammen vermischte sich mit den Lauten der Nacht, den Rufen der Nachtvögel, dem Zirpen der Zikaden und dem auf- und abschwellenden Geheul der Wölfe aus der Prärie.

Eine lange Zeit schwiegen die alten Männer. Endlich gab Wauhkeon mit seiner Hand ein Zeichen, und Pahasapa sagte: »Kleiner Adler möge beginnen!«

Kleiner Adler sah weder seinen Vater noch seinen Onkel, noch Wauhkeon oder Pahasapa oder einen der Krieger an. Er schaute über sie hinweg in die Dunkelheit der Nacht, die außerhalb des Lichtkreises der Flammen schwarz und undurchdringlich war und nichts mehr erkennen ließ.

Kleiner Adler begann, seine Geschichte zu erzählen, leise und unsicher zuerst, aber dann wurde seine Stimme fester, und er sprach ruhig und ohne Stocken. Er erzählte, ausführlicher als am Abend vorher, von seiner Wanderung durch das Grasland, und daß ihm Wakan Tanka am Morgen des dritten Tages als Antwort auf sein Fasten und Beten sein Totemtier gesandt hatte. Er erzählte von seiner Freude, als der Weidenlaubsänger sein Lied begann, und wie er, ohne Böses zu ahnen, dem Gesang des Vogels lauschte, und wie der weiße Jäger ihn, der auf dem Pfad des Guten Geistes war, töten wollte, aber nur verwundete.

Er erzählte von seinem langen und qualvollen Weg durch die Prärie. Kleiner Adler war ein guter Redner, und seine Geschichte nahm die Zuhörer ganz in ihren Bann. Die Krieger und Frauen lauschten, und die Knaben und Mädchen saßen ganz still da.

Wanbli Tschikala schilderte, wie er, bereits einem Toten gleich, hilflos im weiten Grasland gelegen hatte. »Aber der weiße Vater kam und gab mir das Leben zurück«, sagte Kleiner Adler.

Mit fester und ruhiger Stimme erzählte Kleiner Adler nun von dem weißen Freund. »Seine Zunge spricht wie unsere Zunge, und sein Herz ist wie unser Herz.«

Und Kleiner Adler erzählte von jenem Morgen, als er zum See gegangen war, um zu jagen, und die Spuren des großen Bären entdeckt hatte.

Vielleicht hätte Kleiner Adler jetzt den Mut gefunden,

von dem weißen Feind, dem er das Leben gerettet hatte, zu sprechen, wenn seine Zuhörer still geblieben wären. Aber schon hatten einzelne Krieger begonnen, durch Klopfen auf Trommeln ihre Zustimmung zu zeigen, und in jeder Pause, die Kleiner Adler machte, wurde das Trommeln und das Klappern der Rasseln lauter.

Wieder verschwieg Kleiner Adler seine Tat. Es konnte nicht der Wille Wakan Tankas sein, daß er seinen Vater, seine Mutter, seine Geschwister und seine Freunde betrübte, nein, Siebenstern hatte sicher gemeint, daß er nicht darüber sprechen und es vergessen sollte.

Als er geendet hatte, sprang sein Onkel Einsamer Wolf auf, trat vor und hob das Bärenfell mit seinen kräftigen Armen in die Höhe. Und alle sahen, daß der Bär größer gewesen war als Einsamer Wolf, der doch der größte und stärkste der Sihasapa-Krieger war.

»Seht, o seht!« rief Einsamer Wolf, »seht, o seht, ihr Sihasapa!«

Zuerst war es ganz still, nur die kleinen Mädchen hoben ihre Hände und hielten sie vor ihre Münder. Dann aber begannen die Krieger, die Knaben und die Frauen ihre Ho-Ho-Rufe, und sie schlugen auf ihre Trommeln und klapperten mit den Rasseln.

Kleiner Adler schaute auf den Vater, der noch immer ruhig auf seinem Platz saß. Das Gesicht des Vaters war stolz und glücklich. Und Kleiner Adler blickte auf seine Mutter, die in den Reihen der Frauen saß, so ruhig wie der Vater, aber wie er trug ihr Gesicht den Ausdruck großer Zufriedenheit. Ja, sie war stolz auf ihren Tschaske!

Kleiner Adler fühlte sich frei und glücklich. Er dachte nicht mehr an sein Geheimnis, und er vergaß, daß er gegen die Gesetze seines Volkes gehandelt hatte. Er dachte: Ich werde ein Krieger werden, und ein großer Name wird mir gegeben werden. Kleiner Adler schaute auf die im Kreis versammelte Sippe und suchte nach Siebenstern.

Sie saß ganz hinten, wo der Schein des Feuers fast seine Kraft verloren hatte und die Dunkelheit nur schwach erhellt war. Sie saß schweigend da, ohne in die freudigen Rufe einzustimmen. Kleiner Adler spürte, wie sein Herz wieder stärker schlug, so wie am Anfang, als er vor dem Feuer gestanden und gewartet hatte. Die Begeisterung seiner Sippe, ihre Freude über seine Tapferkeit, die Aussicht, einen großen Namen zu erhalten, all das bedeutete ihm plötzlich nichts mehr.

»Siebenstern weiß, daß Kleiner Adler den rechten Weg wählen wird.« – Sie hatte ihm vertraut, aber er hatte nicht die Wahrheit gesagt, weil er Angst hatte. Am liebsten hätte er sein Gesicht verhüllt und wäre aus dem Kreis gelaufen, fort, in die Prärie, in die Einsamkeit zu den klagenden Wölfen, um über sein Versagen zu trauern.

Pahasapa erhob sich, streckte die rechte Hand aus zum Zeichen, daß ihn alle hören sollten, und sagte: »Dies sind die Worte Pahasapas: Kleiner Adler soll in die Reihen der Krieger aufgenommen werden.«

All die Alten und die Krieger riefen: »Hechetu alo – So sei es!« und sie schauten auf Donnervogel, damit auch er seine Zustimmung gäbe. Langsam legte der Uralte die heilige Pfeife fort, die er rauchte. Bevor er aber sprechen konnte, rief Kleiner Adler: »Wauhkeon, ihr alten Weisen, ihr Männer der Sihasapa, hört mich an!«

Denen, die vor ihm saßen, konnte der Ausdruck der Qual in seinen Augen nicht entgehen, und daß er mühsam sprach, als würde ihm jedes Wort schwerfallen. Er sprach aber klar und deutlich, so daß alle ihn verstehen konnten. Er sagte:

»Hört mich, o Sihasapa, denn ich habe noch nicht gesagt, was gesagt werden muß. Als ich den Bären sah, wollte dieser einen Mann töten, der hilflos war, und ich erkannte den weißen Jäger, der mich hatte töten wollen. Da beschloß ich, zuerst den Bären zu töten und dann das Messer in das Herz des Feigen zu stoßen und seinen Skalp zum Zelt meines Vaters zu bringen. Als aber der Bär tot war und ich das Leben des Weißen nehmen wollte, konnte ich es nicht tun, denn ich dachte an die Güte des weißen Vaters. Und ich gab dem Wasichu zu trinken, verband seine Wunden, hob ihn auf sein Pferd und brachte ihn zur Hütte des weißen Vaters.«

Seine Stimme wurde fester. »Wenn die Sonne den Rand der Erde verläßt, nimmt sie die Helle des Tages mit sich und die Farben der Gräser, der Bäume und der Dinge. Die Welt ist grau, und alles Licht ist fortgenommen bis zur Stunde, da am Himmel die Leuchten der Nacht zu brennen beginnen, mit denen der Gute Geist die Menschen tröstet, damit sie nicht an der Dunkelheit der Nacht verzweifeln. So auch, o Sihasapa, war mein Herz im Dunkel, denn ich wußte nicht, ob meine Tat schlecht oder gut sei.

Doch als ich anders handelte, als die Gesetze es verlangen, glaubte ich, das Rechte zu tun. Was immer ihr bestimmt, Kleiner Adler wird nicht dagegen sprechen, aber er kann seine Tat nicht bereuen, und noch einmal würde er den Wasichu vor dem Bären retten.«

Kleiner Adler schwieg. Die Blässe war aus seinem Gesicht gewichen, er sah ruhig und gelassen aus. Und so war es auch. Er blickte hinauf zu dem schönen Nachthimmel, und er fühlte sich im Frieden mit der Welt. Was auch geschehen mochte, es hatte den Schrecken für ihn verloren.

Seine Zuhörer schwiegen. Trommeln und Rasseln lagen unbeachtet am Boden; es war so still, daß das Knistern der Flammen laut war. Häuptling Gute Sonne und Rote Wolke saßen regungslos mit unbeweglichen Gesichtern. Tatokadan und die kleinen Geschwister starrten den Bruder an, als sei er plötzlich ein Fremder.

Einsamer Wolf war der erste, der aufsprang. Er trat vor, damit alle ihn sehen konnten, und wies auf die Narben, die seine Brust bedeckten.

»Krieger!« rief er mit seiner mächtigen Stimme. »Seht meine Wunden, die ich trage, weil ich für die Sippe kämpfte. Seht die Wunden, die die blassen Männer, die aus dem Großen Wasser stiegen, mir zugefügt haben. Und wer von euch, o Krieger, trägt nicht die gleichen Male, die er im Kampf empfangen hat? Und wer von euch, ihr Männer, ihr Frauen, hat nicht einen Bruder oder einen Vater, einen Sohn, eine Schwester oder eine Tochter, die von den Wasichu getötet wurden? Es sind die Wasichu, ihr Leute der Sihasapa, die unser Land gestohlen haben, das Wakan Tanka unseren Vätern gab. Es sind die Wasichu, die die Büffel töteten, so daß viele unserer Sippen im Winter nicht mehr genug Nahrung finden und unsere Kinder hungern.

Ihr wißt, ihr Sihasapa, wer euer Feind ist! Ihr wißt, ihr Knaben, wen ihr töten müßt, wenn ihr Krieger geworden seid!«

Einsamer Wolf streckte die Hand gegen Kleiner Adler aus und rief: »Dieser Knabe aber war zu schwach, den Feind zu töten! Und nicht genug, daß er wie ein Feigling handelte, er wagte zu sagen, daß er recht getan hat. Dieser Knabe ist nicht würdig, ein Krieger zu sein! Ihr Männer, laßt nicht durch sein Beispiel die anderen verführen! Laßt nicht zu, daß das Blut in den Adern unserer Knaben schwach wird! Es ist kein Platz in den Zelten der Sihasapa für Wanbli Tschikala. Ich, der Bruder seines Vaters, der ihn wie einen Sohn liebt, ich habe ihn aus meinem Herzen gerissen um der Sippe willen. Ich, Einsamer Wolf, ich habe gesprochen!«

Er trat zurück, setzte sich nieder und verhüllte sein Haupt mit dem Büffelhautmantel, denn es war der Sohn seines Bruders, gegen den er gesprochen hatte, es war sein Neffe, den er liebte.

Einer nach dem anderen der Krieger stand auf und sagte, Einsamer Wolf habe recht gesprochen. Ein paar der Alten schwiegen und schauten nachdenklich vor sich hin, als wären sie im Zweifel, wie sie entscheiden sollten. Die jungen

Männer aber schrien: »Wanbli Tschikala ist ein Feigling! Er ist kein Sihasapa mehr! Es ist kein Platz für ihn in unseren Zelten!« Auf ihren Gesichtern lag der Widerschein der Flammen, als hätten sie die Farbe des Krieges angelegt.

Rote Wolke richtete ihren Blick auf Gute Sonne, als wollte sie ihn auffordern, für den Tschaske einzutreten, aber sie wußte, daß er, der Häuptling, nicht für den eigenen Sohn sprechen durfte, und sie senkte den Kopf und verhüllte ihr Gesicht.

Ein Holzscheit, das im Feuer zusammenbrach, warf glühende Funken in den Rauch, der dick und schwarz aufstieg. Wauhkeon stand langsam auf. Er trat keinen Schritt vor, er hob nicht die Hand und sagte kein Wort, aber dennoch trat sofort Stille ein. Er wartete, bis alle wieder auf ihre Plätze gegangen waren, dann sprach er:

»Die Krieger der Sihasapa sind wie Kinder, die erst wenige Winter gesehen haben und ohne nachzudenken sagen, was ihnen ihre Einfalt eingibt, weil sie noch keine Weisheit haben. Wollt ihr euren Bruder richten, ohne seine Tat in eurem Herzen gewogen zu haben? Geht in eure Zelte, Sihasapa, und morgen, wenn die Stunde der Nacht gekommen ist, kommt wieder und haltet Ratschluß.«

Donnervogel hatte gesprochen, ohne seine Stimme zu erheben, aber es war so still, daß man seine Worte selbst in den letzten Reihen der Frauen und Mädchen vernehmen konnte. Und sie standen alle auf und gingen schweigend zurück zu den Zelten, die Kinder, die Frauen, die Knaben und Mädchen, die jungen Krieger und die alten.

Als nur noch Häuptling Gute Sonne, Rote Wolke, ihre Kinder und ihr Erstgeborener um das Feuer standen, ging auch Wauhkeon. Er zog den Büffelhautmantel enger um seine gebeugte Gestalt und verließ den Platz, ohne einen Blick auf die Zurückgebliebenen zu werfen.

Das Feuer, das niemand mehr genährt hatte, war in sich zusammengesunken.

Rote Wolke fragte: »Warum hat mein Tschaske nicht seinem Vater, der ihn liebt, das Herz geöffnet?«

Bevor Kleiner Adler antworten konnte, trat Gute Sonne auf ihn zu und sagte, er sei froh, daß sein Sohn die Wahrheit gesagt habe. Dann legte er die Hand auf die Schulter seines Erstgeborenen, und so gingen sie schweigend durch das Lager zu ihrem Tipi. Rote Wolke, Tatokadan und die Kleinen folgten wortlos nach.

Diese Nacht war länger als andere Nächte. Obwohl sich alle in ihre Felle gehüllt hatten, schliefen doch nur Spielendes Hirschkalb und Biberkind.

Bärensohn hatte kein Wort mit dem großen Bruder gesprochen und sich sofort, als sie in das Tipi zurückgekommen waren, die Decke über das Gesicht gezogen und so getan, als schlafe er. Bärensohn verstand den großen Bruder nicht! War der große Bruder nicht stets tapfer und mutig gewesen, und hatte Bärensohn sich nicht immer gewünscht, so zu werden wie er? Aber an diesem Abend hatte Bärensohns Gesicht aus Schande um des Bruders willen gebrannt, und das, was Einsamer Wolf gesprochen hatte, wären auch die Worte Bärensohns gewesen, wenn er bereits zu den Kriegern gezählt hätte.

Als die Morgendämmerung sich durch einen grauen Streifen im Osten ankündigte, stand Gute Sonne auf und verließ das Zelt.

Kleiner Adler schloß die Augen. Plötzlich spürte er, wie jemand seine Schulter berührte. Neben ihm kniete Tatokadan. Das gelöste Haar fiel ihr übers Gesicht. »Ich verstehe dich, Bruder«, flüsterte sie. »Auch ich möchte den weißen Vater zum Freund haben.«

Kleiner Adler lächelte dankbar. Tatokadan ging lautlos zu ihrem Schlafplatz zurück. Und Kleiner Adler schlief endlich ein. Aber das Trommeln des Morgenrufers weckte ihn bald wieder. Es war ein gleichmäßiges Tam-tam – Tam-

tam, und es schien, als ginge der Sänger an diesem Morgen langsamer, als die Sihasapa es gewohnt waren.

Als der Morgenrufer seine Stimme erhob, erkannte Kleiner Adler, daß es Wauhkeon war. Er richtete sich verwundert auf; schon lange hatte der Alte diesen morgendlichen Gang nicht mehr gemacht.

Wauhkeon rief auch nicht: »Hört, ihr Knaben«, wie es die anderen Morgenrufer taten, sondern er rief: »Hört, o hört, ihr Sihasapa!«

Auch der Vater, der zurückgekommen war, setzte sich auf und lauschte.

Dies war die Lehre Wauhkeons:

»O Sihasapa, war nicht Büffelkind, der große Häuptling Wakinyan Waste, der tapferste und weiseste Krieger der Dakota! Ist es nicht Wakinyan Waste, von dessen Taten die Mütter uns erzählten, damit wir würden, wie er war!

Als Wakinyan Waste noch Büffelkind war, der Knabe, kämpfte das Volk der Assiniboine mit dem Volk der Dakota. Viele unserer Knaben starben, bevor sie Krieger werden konnten, und wenn die weißen Riesen vom Norden kamen, hungerten die Kinder, da die Männer auf dem Pfad des Krieges gingen und Büffel und Hirsch ungejagt blieben.

Büffelkind hatte eine Schwester, Winona, die Erstgeborene, und sie war die Freude der Tipis. Ihr Gang war wie das Schreiten der Antilope, und ihre Stimme war heller als das Rauschen der Quelle.

Eines Tages im Kleinen Frühling verließ Winona das Lager, um jene Kräuter zu suchen, die das Feuer aus dem Blut der Kranken wegnehmen. Sie ging weit weg von den Zelten ihrer Sippe, denn nur an einer gewissen Stelle im Grasland, dort, wo der Hartriegel wächst, kann man diese Kräuter finden. Sie füllte ihre Tragtasche mit ihnen, da hörte sie ein Geräusch, als liefe ein Kaninchen durch das Gras. Als sie aufblickte, standen um sie die Krieger der Assiniboine.

Sie hatten die Farbe des Krieges auf ihren Körpern, und sie hoben die Kriegskeulen, um Winona zu töten.

Einer der Krieger aber streckte seine Hand aus und befahl den anderen, zurückzutreten. Er sprach: ›Geh zu deinem Volk, Mädchen, und sage den Dakota, daß die Krieger der Assiniboine nur mit Männern kämpfen.‹

Als der Mond der bunten Blätter gekommen war, fiel Nompa Winchasta, der Häuptling der Assiniboine, in die Hände der Dakota.

Dies aber war Nompa Winchasta, der Häuptling: schlauer als eine Schlange, schneller als die Antilope und stärker als der große Bär. Und man hatte ihm seinen Namen gegeben, weil er die Kraft von zwei Männern im Kampf hatte. Er war es, der die Frauen der Dakota zu Witwen machte und die Kinder der Dakota zu Waisen.

Die Krieger der Dakota brachten ihn schwer verwundet in ihr Lager, und da er ein großer Krieger war, wollten sie ihm einen ehrenvollen Tod geben. Nompa Winchasta aber erhob seine Stimme und begann, seinen Todesgesang zu singen.

Da trat Winona zu Büffelkind und sprach: ›Bruder, das ist der Krieger der Assiniboine, der seine Hand erhob und mein Leben bewahrte.‹ Büffelkind antwortete: ›Das ist Nompa Winchasta, der Feind der Dakota!‹

Noch einmal sagte Winona: ›Bruder, das ist der Krieger der Assiniboine, der seine Hand erhob und mein Leben bewahrte.‹ Und noch einmal antwortete Büffelkind: ›Das ist Nompa Winchasta, der Feind der Dakota.‹

Ein drittes Mal sprach Winona: ›Bruder, das ist der Krieger der Assiniboine, der mir mein Leben wiedergab.‹

Da nahm Büffelkind sein Messer, durchschnitt die Fesseln Nompa Winchastas, schwang sich mit ihm auf sein Pferd und ritt aus dem Lager. Und so schnell geschah alles, daß ihn niemand daran hindern konnte.

Büffelkind brachte seinen Feind nahe zum Lager der Assiniboine und schrie dreimal den Kriegsruf der Dakota, damit die Krieger der Assiniboine kommen und ihren Häuptling finden würden. Dann ritt Büffelkind zurück in das Lager seines Stammes. Er legte Waffen und Schmuck ab, trat vor die Alten und sagte: ›Ich weiß, o ihr Weisen, daß es ein schweres Vergehen ist, das ich begangen habe. Hier bin ich – laßt mich sterben für Nompa Winchasta, um dessentwillen ich die Gesetze meines Volkes vergessen habe.‹

Und sie hielten Ratschluß, die Alten der Dakota. Büffelkind aber färbte seinen Körper schwarz, setzte sich vor sein Zelt und aß nicht und sprach mit niemandem.

Als Anpetuwi zweimal den Rand der Erde verlassen hatte, kamen die Alten und sagten: ›Steh auf, Büffelkind, und wasche die schwarze Farbe von deinem Gesicht. Denn dies ist unser Ratschluß: Tapfer war deine Tat und wahrhaft würdig eines großen Namens.‹

›Die Gesetze des Volkes, ihr Weisen‹, sagte Büffelkind, ›sind heilig, und wer sie übertritt, soll sich durch seinen Tod reinwaschen.‹

›Heilig sind die Gesetze des Stammes, Büffelkind‹, antworteten die Weisen, ›doch heiliger ist die Pflicht der Dankbarkeit. Und da du jenem das Leben wiedergabst, der dir das Leben der Schwester schenkte, bist du auf dem guten Pfad gegangen.‹ Und sie gaben Büffelkind den Namen Wakinyan Waste, der Gute Donner, und dieser Name ist ein Name der Ehre. Nur dem wird er weitergegeben, der des großen Häuptlings würdig ist.

Ich habe gesprochen, Sihasapa!«

Kleiner Adler kannte die Geschichte Wakinyan Wastes. Er dachte: ›Donnervogel hat diese Geschichte für mich erzählt.‹ Und er war dem Alten dankbar.

An diesem Morgen kam keiner aus dem Zelt des Häuptlings zum Bad am Amagukbach.

Spielendes Hirschkalb und Biberkind verstanden zwar

noch nicht ganz, was vorgegangen war, aber weil sie sahen, daß Vater, Mutter und die große Schwester dem Bruder mehr als sonst ihre Liebe zeigten, so taten auch sie es. Bärensohn saß den ganzen Morgen stumm am Feuer.

Als die Sonne durch die Morgennebel schien, bat Kleiner Adler seinen Vater, ihm zu erlauben, den Tag mit Fasten in der Einsamkeit zu verbringen. Gute Sonne sagte: »Mein Sohn tue, was ihm recht erscheint.«

So färbte Kleiner Adler sein Gesicht mit verbranntem Holz schwarz, damit jeder sehen konnte, daß er fasten wollte. Er verließ das Tipi seiner Eltern mit leeren Händen und ohne Waffen. Als er durch das Lager ging, unterbrachen die Männer und Frauen ihre Gespräche und sahen ihm stumm nach. Einige seiner Freunde, die schon junge Krieger waren, traten in ihre Zelte zurück, als sie ihn kommen sahen.

Niemand sprach ihn an. Er ging langsam durch das Lager und war ganz allein. Keiner folgte ihm, als er über die Wiese ging, den Bach an einer seichten Stelle durchwatete und den Berg hinaufschritt.

Kleiner Adler suchte den Felsen auf, bei dem er am ersten Tag seiner Rückkehr Siebenstern getroffen hatte. Heute war dieser Platz einsam. Kleiner Adler setzte sich nieder. Die Vögel sangen. In der Prärie lagen die Morgennebel, auch vom Amagukbach stieg zarter Dunst auf und zeichnete ein weißes Band durch den Uferwald.

Als die Sonne höher stieg, nahm sie den Nebel von der Prärie fort, so daß man eine weite Sicht über die weit sich dahinziehenden Hügel hatte. Sie trocknete die Steine, Gräser und Blumen vom Tau. Es wurde wärmer.

Da Kleiner Adler so ruhig saß und sich nicht bewegte, kamen die Tiere und Vögel ohne Scheu näher. Spechtmeisen, Schwarzamseln, Goldhähnchen und Finken flatterten um ihn herum, und Erdhörnchen liefen vorüber.

Die Hitze des Mittags kam, die Vögel verstummten. Die

flinken Erdhörnchen verschwanden in ihren Höhlen. Die Sonne wanderte weiter über den Himmel, und die Schatten, die in der Mittagsstunde verschwunden gewesen waren, begannen wieder langsam zu wachsen. Die Erdhörnchen huschten wieder aus ihren Höhlen.

Kleiner Adler dachte ohne Angst an den Abend, da er vor die Krieger hintreten mußte, um ihren Ratschluß zu hören. Selbst der Gedanke, daß man ihn vielleicht aus der Sippe ausstoßen würde, besaß nicht mehr den Schrecken, den er noch einen Tag zuvor gehabt hatte.

Er dachte an Wakinyan Waste, und ihm wurde leichter ums Herz. Die Geschichte Büffelkinds war ihm vertraut; er wußte, daß Nompa Winchasta, als er wieder gesund geworden war, Boten des Friedens sandte. Der Häuptling der Assiniboine führte Winona als seine Frau in sein Zelt, und seit jener Zeit waren die beiden Stämme Freunde geworden.

Als die Schatten lang wurden und die große Ebene sich in aufsteigenden Dunst hüllte, kam Siebenstern. Sie ging zu Kleiner Adler, setzte sich neben ihn und legte eine aus dem roten, heiligen Stein geschnittene Pfeife vor ihm nieder.

Es war die Pfeife ihres Vaters Wikahpi Towin, und jeder im Lager wußte, daß es ihr kostbarster Besitz war. Siebenstern sagte: »Als mein Vater starb, gab er mir seine Pfeife, damit ich sie für den aufbewahre, der ihrer würdig ist. Sie gehört jetzt dir, Wanbli Tschikala.«

Kleiner Adler führte die Pfeife an seine Brust zum Zeichen der Dankbarkeit, dann aber sagte er: »Ich bin nicht würdig, die Pfeife Wikahpi Towins zu besitzen.«

Siebenstern antwortete: »Ich bitte dich, die Pfeife meines Vaters anzunehmen.«

»Und wenn man mir die Familie nimmt!« rief Kleiner Adler. »Wenn ich kein Heim mehr habe, würde dein Vater dann wünschen, daß ein Ausgestoßener seine Pfeife trägt?«

»Wenn die Sihasapa dich verstoßen«, erwiderte Siebenstern, »werde auch ich das Tipi meines Großvaters verlassen und dir folgen. Der Himmel soll mein Zelt und die Tiere der Prärie sollen meine Brüder und Schwestern sein. Und ich werde nicht fragen, ob ich Hunger oder Durst habe, solange ich bei dir bin.«

Sie sprang auf und lief den Berg hinunter, ohne sich ein einziges Mal umzusehen.

Kleiner Adler schaute ihr nach, bis er sie nicht mehr sehen konnte, dann wandte er sein Gesicht wieder der Sonne zu. Obwohl es so wichtige und große Dinge gab, an die er denken sollte, fielen ihm immer wieder die Abende im Monat der jungen Blätter ein, wenn die Not des Winters vorüber ist, die Luft mild und lau wird und erfüllt ist vom Duft des jungen Grases und der vielen Blumen, die unter den Sträuchern und auf den Wiesen wachsen. Wenn dann der Mond sich groß und rot aus der Prärie erhebt und die Sterne in einem klaren Licht brennen, verlassen die jungen Krieger der Dakota ihre Tipis, und die werbenden Töne ihrer Liebesflöten klingen durch den stillen Abend. Die Kinder aber liegen auf ihren Felldecken und lauschen und können nicht einschlafen, bis die Flötenlieder verstummt sind.

Die Sonne sank, und die Dämmerung bedeckte den Amaguk, die Wiesen und die Zelte der Sihasapa. Kleiner Adler stieg langsam zum Lager hinab. Die Fledermäuse hatten ihren Tanz begonnen, und eine Eule flog lautlos vorüber.

Kleiner Adler ging vorbei an den weidenden Pferden. Als er die Tipis erreichte, sah er, daß die Knaben schon Holz für das Feuer zusammengetragen hatten. Rote Wolke und Tatokadan erwarteten ihn, auch die kleinen Geschwister waren im Zelt. Nur Gute Sonne fehlte, aber da Kleiner Adler gewohnt war, keine Neugierde zu zeigen, fragte er nicht danach, wo der Vater war. Niemand erwähnte auch nur mit einem Wort, was am vergangenen Abend vorgefallen war und was man an diesem Abend erwartete.

Um die gleiche Zeit trat der Häuptling in das Zelt des Medizinmannes. Auch Gute Sonne hatte den Tag wie sein Sohn mit Fasten in der Einsamkeit verbracht. Als die Sonne sank, war auch er in das Lager zurückgekehrt.

Im Zelt Wauhkeons brannte nur ein kleines Feuer. Im Halbdunkel entlang der Zeltwand lagen Klappern aus Schildkrötenschalen, Rasseln aus Hirschhufen und Antilopenzehen, geschnitzte Schildkröten aus Pfeifenstein, ein gebleichter Büffelschädel, der mit geheimnisvollen Zeichen bemalt war. Gegenüber dem Eingang lag das Fell eines grauen Bären, Kopf und Pranken ausgestopft, so daß es aussah, als könne sich das Tier jeden Augenblick erheben.

Wauhkeon saß dicht am Feuer und rauchte seine Pfeife, die in Form eines Adlerkopfes aus rotem Pfeifenstein geschnitten war. Das Rohr war mit einem schwarzgefärbten, in Fransen geschnittenen Lederstreifen umwickelt. Darüber lag ein mit Ornamenten geschmücktes Band aus bunten Stachelschweinborsten, von dem rote Spechtfedern herabhingen. Diese Federn waren ein Symbol für die Sonne.

Das eisgraue Haar des Alten fiel in Strähnen auf seinen Rücken. Seine Kleidung war schmucklos, nirgends waren gefärbte Hirschschwanzhaare oder bunte Stachelschweinborsten angebracht, und dennoch hätte man Donnervogel aus einer großen Schar von Kriegern in Festtagskleidung sofort als den Vornehmsten erkannt.

Gute Sonne blieb am Eingang stehen. Er wartete, bis Donnervogel ihn grüßte: »Ho-eh-yah-ep, mein Freund.«

Gute Sonne erwiderte den Gruß und setzte sich Donnervogel gegenüber nieder.

Der Medizinmann rauchte weiter, den Blick auf das Feuer gerichtet, als hätte er vergessen, daß ein Besucher in sein Zelt getreten war. Irgendwo im Lager schlug jemand auf eine kleine Trommel, und die Hunde heulten.

Auch Gute Sonne sprach kein Wort. Die beiden saßen sich lange schweigend gegenüber. Als am grauen Himmel das schwache Licht der ersten Sterne erschien, sagte der Häuptling:

»Gute Sonne gehorcht den Gesetzen der Sippe, denn die Gemeinschaft ist heilig, und als man ihn zum Häuptling wählte, versprach er, ihr zu dienen. So wird er an diesem Abend sein Herz nicht fragen.«

Donnervogel blieb stumm. Der Häuptling sagte laut: »Das aber weiß ich, mein Sohn ist kein Feigling!«

Es schien, als habe der Alte die Worte nicht gehört, er rauchte und war ganz in den Anblick der unruhigen Flammen versunken. Langsam verfärbte sich das Stück Himmel über der Rauchklappe von Grau zu Schwarz. Donnervogel sagte: »Was verlangt mehr Mut, mein Freund: Das zu tun, was alle vor ihm taten, oder etwas, das noch keiner vor ihm getan hat?«

Und wieder schwiegen beide.

Der Alte warf Süßgras und Kräuter in die Flammen, der Rauch stieg auf und hüllte des Zeltinnere in einen geheimnisvollen Nebel, der die Sinne schläfrig machte.

Gute Sonne konnte den alten Mann kaum noch erkennen, der ganz in sich zusammengesunken war. Taumelnd erhob er sich, trat aus dem Zelt und atmete tief die frische Nachtluft ein. Dann ging er zu seinem Tipi zurück, um dort gemeinsam mit seinem Sohn auf die Versammlung der Krieger zu warten.

Niemand aus der Familie des Häuptlings schmückte sich für diesen Abend. Als Kleiner Adler dem Krieger folgte, der ihn zum Ratsfeuer rief, trug er nur den Lendenschurz.

Das Feuer brannte hell wie am Abend zuvor. Neben Häuptling Gute Sonne saß sein Bruder und blickte düster vor sich hin. Auch er trug keinen Schmuck. Einsamer Wolf konnte es nicht fassen, daß sein Neffe wie ein Feigling gehandelt hatte. Die ganze Sippe war versammelt. Nur

Wauhkeon und seine Enkeltochter fehlten noch, und die Sihasapa warteten schweigend auf ihren Medizinmann. Bevor Donnervogel kam, trat Siebenstern aus dem Zelt und ging zu den Reihen der Mädchen.

Siebenstern, die sich nie schmückte, trug ein Festkleid! Aber es war ein seltsames Kleid, anders als die Kleider der anderen Mädchen. Ihre Leggings waren aus weißem Antilopenleder, aber sie hatte sie nicht verziert. Auch das Oberkleid war aus dem gleichen weißen Leder und trug keinen Schmuck, bis auf einen Streifen blauer Symbolmalerei um den Hals, an den Ärmeln und am Saum. Ein blauer Ledergürtel hielt das Kleid zusammen. Eine Kette aus flachgewalzten, dünnen Kupferstückchen hing bis zum Gürtel herab.

Die kleinen Kinder, die noch nicht gelernt hatten, ihre Augen und Gebärden zu beherrschen, legten die Hand vor den Mund, so erstaunt waren sie. Die Mädchen und Frauen, die Knaben und Krieger zeigten natürlich nicht, wie ungewöhnlich sie es fanden, daß Siebenstern sich geschmückt hatte. Aber es gab kein Mädchen, das nicht dachte: Siebenstern trägt ein Festkleid! Habt ihr gewußt, daß Siebenstern sich ein Festkleid genäht hat? Und warum schmückt sie sich, da dies doch ein trauriger Abend ist?

Siebenstern aber ließ sich ruhig neben Tatokadan auf den Boden nieder und beachtete niemanden.

Auch Kleiner Adler war erstaunt, als er Siebenstern in ihrem Festkleid sah. Und er dachte: Wie schön sie ist!

Kaum hatte Siebenstern Platz genommen, verließ Wauhkeon sein Zelt und schritt auf die Versammlung zu. Donnervogel, der Alte, war im vollen Schmuck seiner Würde.

Die Federhaube reichte bis zum Boden nieder, zwei Büffelhörner ragten aus dem Kopfschmuck, und der Büffelhautmantel war von oben bis unten mit Malereien bedeckt, die von den tapferen Taten des Besitzers erzählten. Vom

Hals bis zum Gürtel hingen Schnüre aus aneinandergereihten Bärenkrallen. Das Gesicht des Medizinmannes war mit geheimnisvollen Zeichen bemalt. In der Hand trug er die Zeremonialpfeife, und bei jedem Schritt klapperten die Rasseln aus Antilopenzehen, die er in den Kniekehlen befestigt hatte.

Der Alte trat an das heilige Ratsfeuer und blies den Rauch der Pfeife gegen Himmel und Erde und in alle vier Himmelsrichtungen. Niemand wagte zu sprechen, und selbst die kleinsten Kinder hielten sich ganz still.

Wauhkeon hob die Hände, blickte zum Himmel auf, dem Heim der guten Geister, die er mit dem Rauch der heiligen Pfeife geehrt hatte. Mit seiner Greisenstimme, die nicht mehr voll und kräftig, aber sehr klar und deutlich war, begann er seine große Rede.

So sprach Donnervogel:

»Wakan Tanka, du hast uns gelehrt, zu dir zu rufen, wenn wir in Not sind und unsere Verzweiflung größer ist als unser Mut. Und daß du uns hören würdest.

O Wakan Tanka, ich sende meine Stimme zu dir für mein Volk, das in Not ist!

Den Vätern gabst du deine Gesetze und deine Weisheit, und da sie danach lebten, war es gut. Ewig grünte unser Baum, und seine Blüten fielen nie herab.

Doch mit Tränen in den Augen, o Großes Geheimnis, mit Tränen in den Augen rufe ich zu dir, denn unser Baum, er blüht nicht länger. Hier stehe ich vor dir, ein alter Mann! Mein Herz ist müde, Großvater, und mit dem Baum deines Volkes, der stirbt, möchte auch ich sterben.

Wo sind die Tage, da die Büffel zahlloser waren als der Sand deiner Flüsse, um unseren Hunger zu sättigen und unsere Körper zu bedecken.

Wo sind die Tage, da unsere Frauen ihre Kinder in Frieden gebären konnten!

Das Blut deines Volkes, Wakan Tanka, nährt die Gräser.

Dein Ratschluß war es, der die Wasichu aus dem Meer steigen ließ, daß sie nun zahlreicher sind als die Kinder deines Volkes. Warum strafst du dein Volk, das in Treue dein Gebot gehalten hat? Sieh unsere Leiden, Wakan Tanka, und habe Mitleid mit uns.«

Wauhkeon schwieg. Die Frauen hatten ihre Gesichter verhüllt, und die Männer blickten düster in die Flammen. Die Kinder saßen reglos da.

Und wieder sprach Donnervogel. Mit ruhiger Stimme erzählte er von dem langen Leidensweg der Dakota seit jener Zeit, als sie zum erstenmal mit den Wasichu zusammentrafen, von den Kämpfen um ihre Heimat, aus der sie von den Stärkeren vertrieben wurden; er erzählte, wie die weißen Jäger, ohne hungrig zu sein, ganze Büffelherden sinnlos töteten.

Den Blick in die Ferne gerichtet, als sähe er die vor ihm Versammelten nicht, erzählte der alte Medizinmann, wie er seit vielen Jahren seine Stimme zu Wakan Tanka gesandt hatte, um den rechten Weg zu finden.

»Ihr Sihasapa! Als Donnervogel um ein Zeichen flehte, als er den Guten Geist bat, seine stumpfen Sinne zu belehren, seine tauben Ohren hörend zu machen und seine stumme Zunge zu lösen, schickte Wakan Tanka diesen Knaben, der hier vor euch steht.«

War es vorher gewesen, als sähe der alte Mann keinen der Anwesenden, so schien es nun jedem, als seien die Augen Donnervogels gerade auf ihn gerichtet, als redete er nur zu ihm.

Einer der Jungen hatte Holz und trockene Kräuter auf das Feuer geworfen. Die Flammen stiegen höher auf, in ihrem roten Schein wurde das bemalte Gesicht des Medizinmannes seltsam unwirklich, als wäre er nicht mehr einer ihrer Stammesgenossen, sondern ein Abgesandter jener geheimnisvollen Mächte, die er anrief.

»Hört, o hört, Sihasapa! Deutet die Zeichen! Laßt uns

neue Wege beschreiten, Brüder! Laßt uns die Farben des Krieges von unseren Gesichtern waschen.«

Donnervogel schwieg. Auch die Sihasapa schwiegen. Die Sippe saß regungslos um das Ratsfeuer. Die Flammen knisterten, vom Bach her klangen die Rufe der Nachtvögel. Die Hunde antworteten heulend den Liedern ihrer wilden Brüder in der Prärie.

Der alte Mann trat zu dem einsamen Knaben neben dem Feuer, legte ihm die Hand auf die Schulter, wandte sich an die versammelte Sippe und sagte: »Kleiner Adler ist kein Knabe mehr, er ist ein Krieger. Und das soll sein Name sein: Wakinyan Waste. Denn wie jener große Krieger tat er das Gute, das sein Herz ihm befahl.«

Der Medizinmann trat vom Feuer zurück und ließ sich neben Häuptling Gute Sonne nieder.

Als erster stand Pahasapa auf. Er sagte, Wauhkeons Rede sei wie der Gesang eines fremden Vogels gewesen, dessen Lied den Sihasapa noch fremd klinge. Der Alte bat die Sippe, über die Worte Wauhkeons zu Rate zu sitzen und danach Boten zu den anderen Sippen der Dakota zu senden. »Was jedoch diesen Knaben betrifft«, sagte Pahasapa, »so sei meine Stimme die Wauhkeons. Der Name des Knaben sei fortan Wakinyan Waste. Von nun an ist er ein Krieger.«

Ein paar der Ältesten standen auf und sagten: »So sei es!« Es dauerte bis tief in die Nacht, bis alle Krieger ihre Zustimmung gegeben hatten. Nur Einsamer Wolf stand nicht auf und starrte weiterhin ins Feuer.

Als auch der jüngste der Krieger gesprochen hatte: »So sei es«, richteten sich die Augen der Sihasapa auf Einsamer Wolf, denn nun mußte er sprechen. Aber es schien, als sei er taub für das, was um ihn vorging.

Die Sihasapa warteten schweigend. Als der Junge wieder Reisig auf die Flammen warf, sprang Einsamer Wolf auf. Bärensohn hielt den Atem an. Er, der Starke, Große, er mußte gegen den Ratsschluß sprechen! Er konnte nicht seine Stimme dem Bruder geben, der den Feind nicht getötet hatte! Bärensohn wußte nicht mehr, was er wünschte. Liebte er nicht den Bruder? War er nicht stolz, daß dieser einen großen Namen erhielt? Aber dennoch: Mußte er ihn nicht verachten, weil er schwach gewesen war? Er, Bärensohn, hätte den weißen Jäger getötet, mit dem Skalp des Wasichu in den Händen wäre er zu den Zelten der Sippe Büffel zurückgekehrt!

Aber auch Einsamer Wolf sprach: »So sei es!«

Bärensohn war wieder froh.

Wenn Einsamer Wolf auch sagte, daß der Bruder den Namen Wakinyan Waste erhalten sollte, war seine Tat doch tapfer gewesen! Bärensohn schlug auf seine kleine Trommel und rief mit den anderen: »Ho-ho-ho – so sei es – so sei es!« Die Klappern rasselten, und die Trommeln erklangen.

Kleiner Adler blickte glücklich, aber ohne Stolz auf seine Sippe.

Als wieder Schweigen eingetreten war, erhob sich Wauhkeon und trat zu Kleiner Adler.

»Mein Sohn, dies sei dein Name: Wakinyan Waste. Er sei dir heilig. Er sei dein Führer. Die Kräfte des Himmels liegen in diesem Namen verschlossen, solange der Pfad, den du beschreitest, ein Pfad des Guten Geistes ist. Nichts beschließe dein Herz, und nichts sollen deine Hände tun, das den Namen entehrt, den er getragen hat, der große Krieger, Wakinyan Waste.«

Bei den Kriegern der Sihasapa

*D*ie Siedlung Alderscreek, in der Pater Lorraine lebte, lag am Ufer eines großen Flusses, der das Land der weißen Siedler von den Jagdgebieten der Dakota trennte. Im Vorfrühling, zur Zeit der Schneeschmelze, verwandelte sich der Fluß in ein reißendes, brausendes Ungeheuer aus wildem, braunem Wasser, das die Ufer und die tieferliegenden Wiesen überschwemmte. Die ersten Siedler hatten daher ihre Blockhäuser auf einer kleinen Anhöhe gebaut, die vor dem Wasser sicher war und auch bei Überfällen feindlicher Stämme besseren Schutz bot.

Jetzt, da die Zeit der Schneeschmelze längst vorüber war und der Frühling bereits unmerklich in den Sommer überging, war der Fluß ein breites, ruhig fließendes Band aus graublauen Wellen. Am westlichen Ufer lag das von den Siedlern unberührte Reich der Indianer. Am östlichen Ufer hatten sich die Grenzer angesiedelt.

Auf den Feldern, die die Siedlung am Fluß umgaben, stand der junge Mais bereits handhoch. Die grünen, zarten Halme, der blaue Himmel mit den weißen Wolken, die wilden Blumen, die am Ufer des Flusses wuchsen, all das war so schön und friedlich, daß die Bewohner von Alderscreek allen Grund gehabt hätten, glücklich zu sein.

Aber sie waren nicht glücklich. Sie waren voll Unruhe, Furcht und Angst. Vor zwanzig Jahren war die Siedlung bald nach ihrer Gründung von Dakotas überfallen und niedergebrannt worden. Dreimal hätte die zweite Gruppe von Ansiedlern beinahe das gleiche Schicksal erlitten. Und nun ging wieder Seltsames vor im Indianerland. Händler und Jäger, die sich über den Fluß wagten, berichteten von Rauchsignalen, von Indianerboten, die von Lager zu Lager eilten, und von Sippen, die ihre Sommerlager verließen und sich anderen anschlossen.

Sogar von der Siedlung aus hatte man Rauchsäulen sehen können, die von den Hügeln einen halben Tag lang aufgestiegen waren. Die Erfahrenen unter den Bewohnern von Alderscreek sagten, daß die Sippen zu einer Versammlung aufgerufen würden und wichtige Beratungen im Gange waren. Was aber konnten solche Beratungen anderes bedeuten, als daß die Indianer von neuem auf den Kriegspfad gehen würden und daß bald wieder eine Horde bemalter Teufel die Siedlung überfallen würde!

Die Siedler waren vor Angst wie gelähmt.

Die Siedlung auf dem Hügel bestand aus niedrigen kleinen Blockhütten aus groben Stämmen, viele mit flachen Dächern, die mit einer festen Masse aus Lehm, Moos und Binsen bedeckt waren, um den Regen abzuhalten. Rund um die Hütten stand ein hoher Palisadenzaun aus starken Stämmen, die oben spitz zuliefen. An seiner Innenseite verlief in ungefähr einem Meter Höhe ein breiter Brettersims, auf dem bei einem Überfall die Männer Platz fanden, um, von den Palisaden geschützt, auf angreifende Indianer schießen zu können. An allen vier Ecken der Palisade war je ein Wachturm errichtet worden, von dem man eine weite Sicht über den Fluß und die Maisfelder hatte.

Das schönste Blockhaus in der Siedlung wurde von Major Hendon bewohnt, der eine Abteilung Soldaten unter seinem Kommando hatte, die in Hütten nebenan wohnten. Die Soldaten gehörten zu einem großen Fort, das flußabwärts, drei Tagesreisen entfernt war. Man hatte sie nach Alderscreek entsandt, weil die Siedlung dem Land der kriegerischen Teton so nahe lag. So war die Siedlung zugleich Festung und konnte, da außer den Soldaten und dem Major noch eine Anzahl kräftiger Bauern, Jäger und Trapper im Ernstfall zur Verteidigung bereit war, auch dem Angriff einer größeren Indianerschar so lange standhalten, bis Hilfe aus dem Fort kam.

Die Bewohner von Alderscreek waren Iren und Franzosen, aber trotz ihrer verschiedenen Sprachen und Sitten lebten sie in gutem Einvernehmen miteinander.

Pater Lorraine war für die Bewohner der Siedlung unersetzlich. Es las die Messe, traute die jungen Brautleute, taufte die Kinder, segnete die Toten ein und war zugleich Lehrer und Arzt.

Nach seinem Abenteuer mit dem Indianerjungen hatte er den Iren zu einem Farmer gebracht, der eine halbe Tagesreise von der Blockhütte entfernt im Wald wohnte und dessen Frau versprochen hatte, O'Shea bei sich zu behalten, bis er wieder gesund war. Lorraine war dann in das Dorf zurückgekehrt. Dort erwartete man ihn schon mit Sorge, weil er länger als sonst fortgeblieben war. Die Frauen sagten, wenn er noch einen Tag gefehlt hätte, wären Major Hendon und die Soldaten zu einer Suche in das Indianerland geschickt worden. Pater Lorraine lächelte darüber. Der Major und er waren nicht gerade die besten Freunde, und es war recht schwierig, sich vorzustellen, daß John Hendon sich von irischen und französischen Bauersfrauen dazu bewegen ließe, den Priester im Indianerland zu suchen.

Nach seiner Rückkehr war eine friedliche Zeit gefolgt, in der nichts Außergewöhnliches geschah. Die Kinder wurden unterrichtet, ein junger irischer Bauer wurde mit einem noch jüngeren französischen Mädchen getraut, und ein Soldat fiel vom Pferd und brach sich das Bein. Dann aber begannen die ungewöhnlichen Dinge im Indianerland. Pater Lorraine versuchte, die Grenzer zu beruhigen, mußte aber zu seiner Sorge sehen, daß es ihm nicht gelang.

An einem Frühsommertag saß Pater Lorraine im Blockhaus des Majors. John Hendon war ein großer, kräftig gebauter Mann. Er kam aus einer der besten englischen Familien. Die lange Reihe von vornehmen Vorfahren machte es wohl aus, daß er seinen Schutzbefohlenen mit einem gewissen Anflug von Hochmut begegnete und diese Nachkommen von Bauern, Handwerkern, armen Leuten und Abenteurern nicht für voll nahm. Lorraine achtete er zwar wegen seiner Klugheit und seiner Bildung, aber sie waren fast immer verschiedener Meinung.

»Sie wissen, Pater«, sagte Major Hendon, »daß ich Ihre Tätigkeit hier an der Grenze schätze und Ihren Rat in allen Angelegenheiten, die Ihrem Erfahrungskreis entsprechen, annehme. Aber wenn es sich um militärische Aktionen handelt, so müssen Sie wohl mir die Entscheidung überlassen als demjenigen, der darüber besser Bescheid weiß als Sie!«

Pater Lorraine saß ruhig da, die Hände auf den Knien gekreuzt. »Ist Ihnen auch bewußt, daß Sie mit einer Strafexpedition Unglück, Not und Leid über dieses Land bringen, das, weiß Gott, genug blutige Zeiten gesehen hat! Und daß Sie dafür die Verantwortung tragen, Sie ganz allein?«

Der Major sprang auf und begann im Zimmer auf und ab zu gehen. »Mein Gott, glauben Sie, daß mir dieser Entschluß leichtgefallen ist, Pater? Aber man kann leichter ein Unglück verhüten, als es bekämpfen, wenn es bereits in vollem Gang ist. Ich schwöre es, diesmal sollen die verfluchten Dakota nicht wieder rauben, morden und plündern. Diesmal nicht! Ich werde schneller sein als sie und ihnen gründlich die Lust dazu nehmen, für jetzt und für alle späteren Zeiten!«

»Wer sagt Ihnen denn, Major, daß die Indianer Böses beabsichtigen? Wer ihre Sitten kennt, weiß, daß sie lediglich zu einer Ratssitzung auffordern. Das ist weder eine Kriegserklärung noch ein Verbrechen.«

»Eine Ratssitzung, Pater«, sagte der Major tonlos. »Nur eine Ratssitzung, nur eine Versammlung! Und wissen Sie, was auf eine solch harmlose Ratssitzung vor fünf Jahren in Pond Hill folgte? Haben Sie das Massaker von Pond Hill vergessen? Es war Friede, Pater, und diese Teufel überfielen das Fort, brannten alles nieder und töteten alle, Soldaten, Frauen und Kinder.« Seine Stimme wurde plötzlich schrill: »Und das, ich schwöre Ihnen, Pater, wird hier in Alderscreek nicht geschehen! Dafür werde ich, John William Hendon, Sorge tragen! Und weder Sie noch irgend jemand anderer wird mich daran hindern!«

Im Massaker von Pond Hill waren Amy Hendon und der kleine blonde Jonathan Hendon getötet worden. Lorraine kannte die Geschichte, wie der Major zu den zerstörten Blockhäusern gekommen war und in den rauchenden Trümmern die Leichen seiner Frau und seines Kindes gefunden hatte.

»Das Unglück von Pond Hill«, sagte Lorraine, »wird sich vielleicht hier wiederholen, Major, wenn wir den Frieden leichtfertig aufs Spiel setzen. Glauben Sie mir, auch ein Indianer empfindet Trauer und Leid um seine Toten. Und sie werden ihre Toten rächen, Minnetonka und seine Krieger!«

»Nur ein toter Indianer ist ein guter Indianer!« entgegnete der Major.

Lorrain schwieg. Er dachte an die zerstörten, verbrannten Zelte, an die Kinder und Frauen der Indianer, die man vertreiben oder töten würde, an die Krieger, die im Kampf sterben mußten. Vielleicht würde es das Lager seines kleinen Freundes sein, daß die Soldaten als warnendes Beispiel auf dieser Strafexpedition zerstören und niederbrennen würden. Er dachte an die Soldaten, die von der Strafexpedition nicht zurückkehren, sondern irgendwo in der Prärie mit einer tödlichen Pfeilwunde oder einem von einem Tomahawk zerschmetterten Schädel liegen würden. Er dachte an die Rache der Indianer an Bauern und Jägerfamilien, an die Kinder und Frauen, die sie töten würden, und er dachte daran, daß vielleicht auch diese Siedlung überfallen und niedergebrannt werden würde.

Pater Lorraine glaubte nicht wie der Major, daß man mit

einer blutigen Tat den Frieden sichern könnte. Er glaubte nicht daran, daß die Dakota den Mord an einer ihrer Sippen hinnehmen würden und sich dadurch einschüchtern ließen.

Aber Lorraine sprach nicht mehr von diesen seinen Gedanken; er hatte schon seit Tagen vergeblich versucht, John Hendon umzustimmen und hatte ihn doch nicht überzeugen können. »Major«, sagte er, »ich kann Sie nicht hindern, diese Strafexpedition zu unternehmen. Aber ich kenne die Grenze vielleicht doch besser als Sie. Und darum bitte ich Sie, warten Sie noch eine Woche, bevor Sie den Schritt unternehmen, dessen Folgen Sie später tragen müssen, ohne die Möglichkeit, es zu ändern, auch wenn Sie wollten. Geben Sie dem Frieden noch einmal eine Chance, Major! Was haben die Dakota bis jetzt getan? Sie hielten Versammlungen ab und sandten Boten zu den Stämmen. Keiner der Boten aber trug Kriegsbemalung im Gesicht!«

Der Major schwieg, trat ans Fenster und schaute lange hinaus. Dann wandte er sich um und sagte: »Ich will Ihnen Ihre Woche geben, Pater! Vorausgesetzt, daß sich Ihre Freunde drüben über dem Fluß bis dahin ruhig verhalten und meine Kundschafter keine schlechten Nachrichten bringen.«

Pater Lorraine stand auf. Er wußte, wie er diese Woche nützen konnte, um die Strafexpedition zu verhindern.

»Sie können sicher sein, Major«, sagte er, »daß Sie diesen Entschluß nicht bereuen werden.«

Als er sich verabschiedete, sah er, daß auf dem Gesicht Hendons die Spur eines Lächelns sichtbar wurde, als fände dieser an seiner Hartnäckigkeit Gefallen.

Gegenüber dem Blockhaus des Majors stand eine Hütte, die zwar einfacher, aber beinahe so groß war. Dort wohnte ein alter Ire, MacCoy, dessen rechter Fuß gelähmt war. Er war unverheiratet und stets allein gewesen, da seine Brüder und Schwestern in Irland zurückgeblieben waren. Frank MacCoy besaß einen kleinen Kaufladen, in dem Jäger und Farmer alles erhalten konnten, was sie für ihre einfachen Bedürfnisse brauchten.

Auf der Holzterrasse von MacCoys Haus saß ein etwa fünfzehnjähriger Junge, der eifrig damit beschäftigt war, einen alten Sattel mit Lederfett zu reinigen. Als der Priester zu ihm trat, schaute der Junge auf und lächelte. »Hallo, Jimmy«, sagte Lorraine, »ist Frank daheim?«

»Der Boß ist in seiner Stube, Pater«, antwortete der Junge. Lorraine trat in das Blockhaus.

Jimmy war der Sohn eines irischen Bauern. Er hatte einen dichten, roten Haarschopf, blaue Augen und eine kleine, sommersprossige Nase. Sein Vater und seine Mutter waren gestorben, als er noch klein gewesen war. Danach hatte für Jimmy eine bewegte Zeit begonnen. Einige Jahre lebte er bei der Familie eines Trappers, der ein Freund seines Vaters gewesen war, dann aber starb auch dieser, und die Witwe zog mit ihren Kindern nach dem Osten zu entfernten Verwandten. Der elternlose Junge blieb zurück und war nicht traurig darüber. Obwohl der Trapper gut zu ihm gewesen war, hatte seine Frau das fremde Kind doch wenig ins Herz geschlossen.

Jimmy war dann in die Gesellschaft von Goldsuchern gekommen. Man hatte aber eine solche Umgebung für unpassend gehalten und ihn zu einem Farmer geschickt. Dort erhielt er nicht genug zu essen und wurde wegen jedes kleinen Fehlers geschlagen. Eines Nachts lief er davon, fest entschlossen, lieber in der Wildnis zu verhungern, als länger diese Demütigungen zu ertragen.

Frank MacCoy fand einige Zeit danach am Fluß den verwahrlosten, halbverhungerten Jungen, dessen Kleidung nur noch aus Lumpen bestand. Der Ire nahm ihn in sein Haus, gab ihm zu essen und frische Kleider. Von diesem Tag an blieb Jimmy bei ihm, und keiner der beiden bereute es.

Jimmy war auch in diesen Tagen fröhlich, in denen ganz Alderscreek voll düsterer Vorahnungen war. Weder Pater Lorraine noch Frank glaubten an böse Absichten der Indianer, und Jimmy fand daher keinen Grund zur Sorge, denn in seinen Augen waren der Priester und sein Dienstgeber die weitaus vernünftigsten Erwachsenen in der Siedlung. Vielleicht aber wäre Jimmy auch dann noch fröhlich gewesen, wenn wirkliche Gefahr gedroht hätte. Zum Angsthaben war auch dann noch Zeit, wenn das Kriegsgeheul der Indianer vor der Siedlung zu hören war.

So saß Jimmy auf der Holzterrasse, putzte seinen alten Sattel, daß das Leder wieder wie neu glänzte, und freute sich am Sonnenschein, an dem klaren, blauen Himmel, dem guten Maisbrot und Schweinefleisch, das er mittags gegessen hatte, und darüber, daß er auch am Abend nicht hungrig sein würde.

Eine graue Katze kam vorbei und strich schnurrend um Jimmys Füße. Als er sie zu streicheln begann, hörte er seinen Dienstgeber nach ihm rufen. Er stand auf und ging in das kleine Zimmer neben dem Laden. Der Ire und Lorraine saßen mit ernsten Gesichtern an dem unförmigen, groben Tisch.

»Jimmy, mein Junge, kannst du eine wichtige Aufgabe übernehmen?« fragte MacCoy.

»Komm, setz dich zu uns«, forderte Lorraine den Jungen auf. »Da du uns helfen sollst, hast du ein Recht zu wissen, was vorgefallen ist.«

Jimmy erfuhr von der Unterredung Lorraines mit dem Major, und was der Priester und Frank beschlossen hatten, um den Frieden an der Grenze zu sichern. Obwohl Jimmy noch jung war, begriff er, warum die beiden in so großer Sorge über den Plan Major Hendons waren. Er wußte auch, daß es kaum jemanden in der Siedlung gab, der nicht für eine Strafexpedition gestimmt hätte, wenn nach Verlauf dieser Woche noch immer die Kundschafter von den seltsamen, unverständlichen Vorgängen im Indianerland berichten würden.

Den einzigen Weg, ein solches in seinen Folgen nicht absehbares unglückliches Vorgehen zu verhindern, sahen Lorraine und Frank darin, den Befehlshaber des Forts, General Eastman, über den wahren Sachverhalt in Kenntnis zu setzen. Der General war ein guter Freund Lorraines und ein ruhiger, besonnener Mann, der den Indianern mehr Verständnis entgegenbrachte, als es bei Soldaten in diesen kriegerischen Zeiten des gegenseitigen Hasses üblich war.

Frank und Lorraine waren sicher, daß der Major einen Boten mit seiner so ganz anderen Einstellung zu den Vorgängen im Indianerland in das Fort gesandt hatte. Deshalb sollte ein Bericht des Paters dem General überbracht werden, um diesen zu bewegen, den verhängnisvollen Schritt Major Hendons zu verhindern.

Pater Lorraine konnte jedoch die Siedlung nicht verlassen. Ein längeres Fernbleiben hätte Major Hendon mißtrauisch gemacht. Außerdem war seine Gegenwart in den nächsten Tagen unbedingt notwendig, um die Männer und Frauen zu beruhigen und zu verhindern, daß die Panikstimmung noch mehr um sich griff. Frank würde den langen Ritt von drei Tagen mit seinem lahmen Fuß kaum in der dazu nötigen Zeit bewältigen, und so kam es, daß Jimmy diesen wichtigen Auftrag übernehmen sollte.

Niemandem würde es auffallen, wenn Jimmy die Siedlung verließ, da er öfter Waren zu den Siedlern bringen mußte, die verstreut in ihren einsamen Hütten auf der östlichen Seite des Flusses lebten. »Wenn Jimmy immer entlang des Flusses reitet«, sagte Lorraine zu MacCoy, »kann er sich nicht verirren. Wenn er außerdem vorsichtig ist und sich im Schutz der Bäume hält, wird ihn auch keine streifende Indianerschar von der anderen Seite des Flusses entdecken.«

Obwohl Jimmys Aufgabe also nicht gefährlich war,

schien ihn Lorraine nur ungern ziehen zu lassen. »Gott beschütze dich, mein Junge«, sagte er so eindringlich, daß Jimmy fast verlegen wurde.

Jimmy steckte den wichtigen Brief sorgfältig in die Brusttasche und rollte seine Decke für die kalten Nächte zusammen. Frank machte ein Bündel aus getrocknetem Fleisch und Maisbroten und brachte Jimmy ein Messer und eine Pistole.

Jimmy besaß ein kleines, buntgeschecktes Pony, das er bei seinen Botenritten verwendete, aber Frank meinte: »Nimm meine Betsy! Du wirst ein gutes Pferd brauchen!« Er legte die Hand auf die Schulter des Jungen. Jimmy war es ganz ungewohnt zumute, er steckte die Waffen in seinen Gürtel, band die Decke hinter dem Sattel fest und verabschiedete sich von Frank und Pater Lorraine.

Als Jimmy durch das Tor der Siedlung ritt, riefen ihm zwei Soldaten nach, er solle bei diesen unsicheren Zeiten lieber zu Hause bleiben, aber der Junge lachte nur. Er kam hinunter zum Fluß. Pappeln und Eschen verdeckten bald die Siedlung. Das Abenteuer begann! Die Stute war ausgeruht und frisch und trabte fröhlich dahin. Durch die Stämme der Bäume sah Jimmy den Fluß aufleuchten. Das Wasser, das sonst grau war, schien blau zu sein, da es den Himmel widerspiegelte.

Jimmy war diesen Weg schon oft geritten, wenn er Bauernfamilien oder die Hütten der Jäger besuchen mußte. Aber diesmal war es etwas ganz anderes. In seiner Brusttasche trug er den wichtigen Brief, von dem niemand etwas wissen durfte. Von ihm, Jimmy, einem elternlosen Jungen, hing es ab, ob Friede oder Krieg sein würde!

Jimmy pfiff vergnügt vor sich hin. Der Wind zerzauste seine roten Haare und kühlte sein Gesicht. Manchmal führte ihn sein Weg ganz nahe an den Fluß heran. Einmal scheuchte sein Pferd ein Otterpärchen auf, das blitzschnell im Wasser untertauchte. Schwärme von Wildenten flogen auf, Flughörnchen segelten von einem Baum zum anderen, und Rohrdommeln suchten in den Binsen am Ufer nach Futter.

Am späten Nachmittag kam Jimmy zu einer Stelle, an der die Bäume nicht bis an den Fluß heranwuchsen. Er hielt sein Pferd an und blickte hinüber in das geheimnisvolle Land, in das sich nur die Tapfersten und Erfahrensten wagten und aus dem so viele nie wiedergekehrt waren. Aber nichts zeigte es von seinen Gefahren, im sanften Licht der schon tief herabgesunkenen Sonne lag es friedlich und ruhig da.

Plötzlich trieb Jimmy sein Pferd an. Anstatt am Ufer weiter nach Norden zu reiten, ritt er zum Fluß und ohne auch nur eine Minute zu zögern hinein in das flache Wasser.

Der Fluß hatte sich zwischen seinen weiten Ufern so sehr ausbreiten können, daß das Pferd überall Grund fand. Jimmy wurde nur bis zu den Hüften naß. Das Wasser war kalt; obwohl die Tage schon heiß waren, kühlte es nachts noch stark ab.

Als die Stute am anderen Ufer ans Land gewatet war, hielt der Junge sie an. Er schaute zurück zu jenem Land, das den weißen Siedlern gehörte und in dem die Soldaten patrouillierten. Dann schaute er in die weite, große Ebene. Wenn er quer durch das Land der Dakota ritt, immer nach Nordwesten, konnte er das Fort einen Tag früher erreichen, da der Fluß einen großen Bogen machte. Hatten nicht Frank und Pater Lorraine gesagt, daß jeder Tag wertvoll sei?

Jimmy hatte keine Angst vor Indianern. Er würde eben vorsichtig sein! Und waren nicht Pater Lorraine und Jäger und Kundschafter schon oft im Land jenseits des Flusses gewesen und wohlbehalten wieder heimgekehrt?

Ein roter Singfalke schwebte hoch oben am Himmel, Antilopen und Büffel zogen in der Ferne vorüber. Jimmy trieb sein Pferd an und ritt in das verbotene Land, ohne daran zu denken, daß der längere Weg ihn mit seiner wichtigen Botschaft sicher zum Fort geführt hätte. Der kürzere Weg aber konnte Tod oder Gefangenschaft bedeuten, und der Brief würde vielleicht niemals in die Hände des Generals kommen.

Jimmy war noch nie so weit in der Prärie gewesen. Er kam an den Überresten alter Berge aus Sandstein vorüber, die der Wind in jahrtausendlanger Mühe in eigenartige Formen gebracht hatte. Er sah voll Staunen die Herden der Gabelantilopen und die weit ausgedehnten, unterirdischen Höhlensiedlungen der Präriehunde.

Immer tiefer sank die Sonne. Von einem Ende des Horizonts zum anderen begann der Himmel zu brennen, und so mächtig war dieses Feuer, daß selbst noch im Osten die Luft in einem zarten Rot erglühte. Die flachen Wellentäler der Prärie nahmen die Farbe auf, es schien, als hätte in der Ferne das Gras sich entzündet, um in einer stillen, ruhigen Flamme zu verbrennen.

Noch lange nachdem die Sonne gesunken war, trug der Himmel ihre Abschiedsfarbe, aber dann wurde ihr Licht schwächer und schwächer, die Dämmerung macht alles grau, Himmel, Wolken, Gras und Bäume. Die ersten Sterne blinkten. Der Himmel wurde blauschwarz.

Jimmy hielt sein Pferd an, stieg ab, nahm Beutel und Decke und hob den Sattel herunter. Die Flanken Betsys waren schweißnaß. Obwohl auch er müde war, rieb er das Tier sorgsam ab, streichelte es und gab ihm ein Stück Maisbrot. Aus der Satteltasche nahm er eine lange Lederschnur, befestigte sie am Zügel und band die Schnur am Sattel fest. Betsy begann zu grasen.

Jimmy breitete die Decke neben dem Sattel aus, setzte sich nieder und aß Maisbrote und getrocknetes Fleisch. Er wickelte sich in die Decke, benützte den Sattel als Kopfkissen und legte Messer und Pistole griffbereit neben sich.

Der Junge sah hinauf zu dem großen Himmel. Er hörte

die ungewohnten Laute der Tiere, die mit dem Erscheinen der Nacht aus ihrem Tagschlaf erwacht waren und nun im weiten Grasland ihre Nahrung suchten. Die Stute Betsy kam zu ihm und stieß leise schnaubend mit ihren weichen Nüstern an seine Schultern und Wangen. Jimmy sprach sein Nachtgebet und schloß die Augen.

Am nächsten Morgen wachte er früh auf, denn es war kalt, und ihn fror. Die Sonne war schon aufgegangen, und die Singvögel hatten ihr Morgenlied begonnen. Jimmy sprang rasch auf und blickte vergnügt um sich. Ganz gewiß war sein Entschluß gut gewesen, den Weg durch das Indianerland zu wählen! Er streichelte Betsy, die wieder frisch und ausgeruht war, aß ein Stück Maisbrot, dann sattelte er sein Pferd, band Decke und Beutel fest und ritt weiter.

Die Sonne stieg höher und höher, und jede Stunde brachte neue Wunder. Eine Büffelherde weidete in einem der Wellentäler; wollige, rotbraune Kälber staksten auf langen Beinen ihren Müttern nach. Betsy scheuchte Wölfe auf, die der Büffelherde folgten, um vielleicht eines der Kälber oder ein krankes Tier zu erbeuten. Eine riesige Präriehundsiedlung zwang Jimmy, sie zu umreiten, damit Betsy nicht in eines der Löcher trat und sich ein Bein brach.

Am späten Vormittag aber geschah es! Es war in einem kleinen Tal. Ein Rinnsal, nicht breiter als zwei Hände, rann zwischen den Gräsern entlang. Jimmy stieg ab und ließ seinem Pferd die Zügel locker, damit es trinken konnte. Da die Stute erhitzt war, erlaubte er ihr nicht zuviel Wasser. Dann beugte er sich selbst nieder und trank aus seiner hohlen Hand. Als er sich wieder aufrichtete, sah er eine Gruppe Indianer auf ihren Pferden, einer neben dem anderen, oben am Hügel.

Als der Junge die Indianer so plötzlich und unerwartet vor sich sah, begann er am ganzen Körper zu zittern, und einen Augenblick lang war er nicht fähig, irgend etwas anderes zu empfinden als schreckliche Angst. Er konnte weder denken noch seine Glieder bewegen. Dann aber beherrschte ihn nur ein Wunsch: sich auf sein Pferd zu schwingen und in wilder Flucht fortzujagen, ohne sich auch nur einmal umzusehen. Er ergriff die Zügel und sah im selben Augenblick, daß auch auf der anderen Seite des Tales Indianer auf ihren Pferden waren. Es hatte keinen Sinn zu fliehen.

›Ich will keine Angst haben, lieber Gott, hilf mir!‹ dachte er, biß sich in die Lippen und ballte die Hände zu Fäusten. Seine Beine hörten auf zu zittern, und er konnte wieder mit Überlegung handeln. Er nahm die Zügel in die Hand, trat zu Betsy, so daß sie ihn im Rücken vor der zweiten Indianergruppe schützte, blieb stehen und erwartete die Herankommenden.

Die Indianer ritten langsam vom Hügel herab auf ihn zu. Jimmy wünschte, sie würden schneller kommen. Aber sie bewegten sich bedächtig, als wüßten sie, welche Qual dies dem kleinen Weißen bereitete, der sich in ihr Gebiet gewagt hatte. Es war, als wollten sie ausprobieren, wie lange er vermochte, ruhig neben seinem Pferd zu stehen.

Jimmy hatte noch nie Krieger der Teton gesehen. Angehörige anderer Stämme kamen manchmal in eine der weißen Siedlungen. Es gab auch einige Indianer, die die Art, wie die Weißen lebten, ihren eigenen Sitten vorgezogen hatten. Die Teton aber hatten jeden Kontakt mit ihren Feinden verschmäht.

Sie waren groß und kräftig gebaut. Die Oberkörper waren nackt, die dichten Haarsträhnen mit blauen oder roten Lederstreifen umwickelt. Hätten sie nicht für den ihnen ausgelieferten Jungen die Verkörperung von Schrecken, Tod und Vernichtung bedeutet, so hätte er sich wahrscheinlich gesagt, daß es ein schöner Anblick war, der sich ihm bot: die kraftvollen Menschen und die schwarzen, braunen oder scheckigen Pferde gegen den weiten Präriehimmel.

Nach unendlich langer Zeit, so schien es Jimmy, hielten

sie vor ihm an. Sie umringten ihn nun so dicht, daß zwischen ihren Pferden kein Raum für ihn geblieben war, um auch nur durchzuschlüpfen. Jimmy versuchte, genauso gleichmütig wie die Indianer selbst in die unbewegten Gesichter zu blicken. In der linken Hand hielt er den Zügel, die rechte hatte er an seine Pistole gelegt. Wenn sie mich töten, dachte er, will ich wenigstens versuchen zu kämpfen.

Aber keiner der Indianer hob eine Waffe. Einer der Krieger gab ihm ein Zeichen, aufs Pferd zu steigen. Als Jimmy der unmißverständlichen Aufforderung nicht sofort Folge leistete, wiederholte er die Geste keineswegs unfreundlich.

Was blieb Jimmy anderes übrig, als zu gehorchen! Da die Indianer vorerst keine feindlichen Absichten zeigten, wagte er nicht, sie durch Widerstand zu reizen. Er stieg auf Betsy, und kaum saß er im Sattel, zog ihm einer der Indianer mit einer schnellen Bewegung das Messer aus dem Gürtel; ein zweiter ergriff die Pistole. Ein dritter nahm die Zügel der Stute, und fort ging es, in schnellem Trab nach Westen, immer weiter weg von seinem Ziel, das Jimmy schon so nahe geglaubt hatte. In seiner Tasche trug er den Brief des Paters, der den Frieden an der Grenze retten sollte.

Aber der General würde diesen Brief nie lesen. Pater Lorraine und Frank würden vergeblich warten. Die Woche würde vergehen, der Major würde die Soldaten in das Indianerland senden, und wieder würde der Krieg beginnen, die Blockhäuser an der Grenze brennen und Männer, Frauen und Kinder getötet werden. Und das alles war seine Schuld!

Wären nicht die Indianer gewesen, deren Gefangener er war, Jimmy hätte wie ein kleiner Junge geweint.

Er hatte zuerst gebetet und gefleht, man möge ihn freilassen, aber keiner der Indianer hatte ihm geantwortet. Manchmal riefen sie sich in ihrer Sprache kurze Worte zu, die fremd und rauh klangen. Jimmy dachte daran, daß keiner ihn verstand und daß er niemandem erklären konnte, warum er in das Indianerland gekommen war. Er wurde immer mutloser.

Zuerst ritten die Indianer ziemlich schnell. Als die Mittagshitze drückend wurde, ließen sie ihre Pferde in einen gemächlichen Schritt fallen. Waren sie zuerst meist schweigend geritten, so begannen sie nun, miteinander zu reden. Sie schienen sich Scherze zuzurufen, lachten, und von dem Ernst, mit dem sie Jimmy am Morgen umringt hatten, war nichts mehr zu spüren. Die flachen Hügel waren mit üppigem Gras bedeckt. Büffel weideten, Antilopen flüchteten vor den Reitern. Die Indianer schienen kein Interesse an der Jagd zu haben und zogen, ohne das Wild zu beachten, weiter. Zwei Pferde, die sie mitführten, waren mit Büffelfleisch bepackt.

›Sie haben genug Jagdbeute, und nun wollen sie so schnell wie möglich zu ihren Zelten, damit ihre Frauen und Kinder sehen, was sie für gute Jäger sind. Und ich‹, dachte Jimmy, ›ich bin wohl eine besondere Beute, auf die sie stolz sind.‹

Er verfiel wieder in trübsinniges Grübeln über das Unglück, das er durch seine Schuld sich selbst und allen Familien an der Grenze zugefügt hatte. Dann fiel ihm ein, daß er, seitdem er in der Prärie war, keines der Rauchzeichen mehr gesehen hatte. Wenn es im Indianerland wieder ruhig wurde, vielleicht war Major Hendon dann bereit, seinen Plan aufzugeben?

Vielleicht war sein Fehler nicht so groß! Jimmy beschloß zu fliehen, sobald sich eine Möglichkeit bot, und zum Fort zu reiten. Noch immer war Zeit genug, dem General den Brief zu überbringen. Jimmy begann nun, seine Entführer genau zu beobachten. Jener Indianer, der ihm befohlen hatte, das Pferd zu besteigen, schien der Anführer der Gruppe zu sein. Er beteiligte sich nur selten an den Gesprächen und Scherzen der übrigen und ritt am Ende oder am Anfang der Gruppe. Wenn er etwas sagte, so war es meist eine Anweisung, der alle anderen ohne Gegenrede gehorchten. Jimmy ertappte sich dabei, daß er vor diesem Indianer fast den gleichen Respekt empfand wie vor Pater Lorraine.

Die Gesichter der Indianer waren nicht wild oder furchterregend, wie die Bewohner von Alderscreek immer behaupteten. Gelegentlich starrte ihn einer an, sagte etwas und brachte alle anderen zum Lachen. Bald war sich Jimmy im klaren darüber, daß seine roten Haare ihre Heiterkeit erregten. Er ärgerte sich darüber, denn er konnte es nicht einmal ertragen, wenn die Kinder in der Siedlung ihn deshalb verspotteten.

Unter den Reitern entdeckte Jimmy auch einen Jungen, der nicht älter sein konnte als er selbst. Der Junge ritt meist schweigend neben dem Indianer, der Betsys Zügel führte, und betrachtete immer wieder verstohlen den Gefangenen. Sicher hat er noch keinen Weißen gesehen, dachte Jimmy, und ich bin für ihn genauso seltsam wie er für mich.

Es war ein hübscher Indianerjunge. Sein Körper war schön gebaut, und seine Haut hatte eine gleichmäßige braune Farbe. Das Haar war schwarz und straff.

Einer der Indianer war größer als alle anderen, ein Mann mit einer breiten, narbenbedeckten Brust. Vor ihm empfand Jimmy Furcht. Während des ganzen Rittes hatte er ihn kein einziges Mal lachen sehen. Jedesmal, wenn der große Indianer ihn für einen Augenblick ansah, war es Jimmy, als nähme das unbewegte Gesicht einen feindlichen und haßerfüllten Ausdruck an.

Am späten Nachmittag erreichten sie einen Hügel, der mit Pappeln, Espen und Holunder bewachsen war. Die Bäume standen nicht dicht, sondern in weiten Abständen, und boten für einen Reiter kein Hindernis. Die Indianer hielten ihre Pferde an, stiegen ab und ließen die Tiere an einem kleinen Bach trinken. Auch Jimmy durfte absteigen. Der stundenlange Ritt hatte ihn müde gemacht, er war froh, sich ins Gras niedersetzen zu können und die schmerzenden Füße auszustrecken.

Die Indianer waren noch so frisch wie am Morgen, ihre Gesichter zeigten keine Müdigkeit. Nach einiger Zeit trank jeder von ihnen, aber nur mäßig. Jimmy stand auf, schlenderte zum Bach, beugte sich nieder und trank. Die Indianer hinderten ihn nicht daran, aber er merkte, daß sie ihn nicht aus den Augen ließen. Jimmy sah ein, daß ein Fluchtversuch unmöglich war.

Die Indianer aßen nichts, und Jimmy war viel zu aufgeregt, um Hunger zu verspüren. Er setzte sich wieder nieder, verschränkte die Arme auf den Knien und legte sein Gesicht darauf. Er versuchte, über seine Lage nachzudenken, war aber so müde, daß ihm die Augen zufielen. Nach ein paar Minuten schreckten ihn laute Stimmen wieder auf. Unter den Indianern schien eine erregte Auseinandersetzung entstanden zu sein, deren Ursache er selbst war. Fast alle blickten auf ihn. Der große Indianer mit den Narben auf der Brust stieß heftige Worte aus, hatte die Kriegskeule in der Hand und starrte dabei unentwegt den Jungen an.

Jimmy spürte, daß sein Gesicht plötzlich weiß wurde. ›Wenn sie mich töten wollen, muß ich versuchen zu fliehen‹, dachte er. Er richtete sich halb auf, spannte die Muskeln, um jederzeit bereit zu sein, aufzuspringen und zu Betsy zu laufen, die bei den Pferden neben dem Bach weidete. Er begann zu beten. ›Ich bitte ja nicht nur für mich selbst; es ist ja auch wegen der Leute an der Grenze und in Alderscreek‹, dachte er.

Die Rede des großen Kriegers verfehlte ihre Wirkung auf die anderen nicht. Einige griffen nach ihren Kriegskeulen, ihre Gesichter, die ihm vorher freundlich erschienen waren, spiegelten den wilden Ausdruck des narbigen Indianers wider. Schließlich trat der Anführer, der sich bisher nicht eingemischt hatte, vor die anderen hin, hob die Hand und sagte einige beruhigende Worte. Die Hände mit den Kriegskeulen sanken herab, die Gesichter entspannten sich. Der Krieger mit den Narben auf der Brust ging zum Bach und blieb mit dem Rücken zu den anderen stehen.

Jimmy wünschte sich, der Anführer verstünde seine Sprache! Wahrscheinlich war er ein Häuptling. Jimmy war sicher, daß dieser Dakota, dem die anderen Krieger ohne Widerrede folgten, Pater Lorraines Anliegen verstanden hätte! Aber wie konnte er sich verständlich machen, da weder er die Sprache der Indianer redete, noch die Indianer seine Sprache verstanden?

Kurze Zeit später bestiegen sie wieder ihre Pferde, und es ging weiter nach Westen. Allmählich bekam Jimmy Hunger; da aber keiner der Indianer auch nur einen Bissen gegessen hatte, schämte er sich beinahe darüber.

Der Ritt dauerte viele Stunden. Die Sonne ging unter, und als die ersten Sterne am Himmel sichtbar wurden, erreichten die Indianer einen Tafelberg. Zum ersten Mal in seinem Leben sah Jimmy das Lager eines wilden Stammes. Aber er war jetzt so erschöpft, daß er alles nur wie im Traum wahrnahm.

Kaum waren die Krieger bei den Zelten angekommen, wurden sie von einem Haufen lärmender Hunde und einer Horde nicht viel weniger lauter Kinder empfangen. Als Jimmy abstieg, umringten sie ihn sofort und starrten ihn an, als sei er ein seltsames Tier. Die Tapfersten unter ihnen betasteten unter ehrfürchtigem Beifallsgemurmel der übrigen Zuschauer seine Kleider, seine Hände und Füße.

Endlich kam einer der Krieger, verscheuchte die Kinder und befahl Jimmy, ihm zu folgen. Er führte ihn zu einem großen Zelt. Über der Eingangsöffnung waren eine Sonne und zwei Büffel abgebildet.

In der Mitte des Zeltes brannte ein kleines Feuer. Daneben kniete eine Indianerfrau und legte Büffelfleisch auf eine Schildkrötenschale. Der Anführer der Schar, die Jimmy ins Lager gebracht hatte, saß vor dem Feuer und rauchte. Neben ihm hockte der Junge, der Jimmy immer wieder verstohlen betrachtet hatte.

Der Indianer wies Jimmy durch eine Gebärde an, sich auf eine der Felldecken zu setzen.

Jimmy tat es. Er sah noch zwei kleinere Jungen, ein kleines Mädchen und ein großes Mädchen. Niemand starrte ihn neugierig an. Nur der Kleinste versuchte, mit den Fingern den Stoff von Jimmys Hose zu betasten. Sein älterer Bruder sagte etwas, das wie eine freundliche Zurechtweisung klang, und der Kleine zog sich zurück.

Jimmy schaute sich im Zelt um und staunte, wie sauber und ordentlich alles war. Er entdeckte die Tragewiege mit dem schlafenden Säugling und die beiden Hunde, die um Futter bettelten. Das Essen war zubereitet, und jeder nahm sich ein Stück Büffelfleisch. Jimmy wagte nicht, ebenfalls zuzugreifen. Der bloße Anblick des saftigen Büffelfleisches machte seinen Hunger aber nur noch größer. Stärker als je zuvor an diesem Tag fühlte er seine Verlassenheit.

Plötzlich spürte er, wie jemand seine Hand berührte. Das Indianermädchen zeigte einladend auf die Schildkrötenschale, die wohl eine Art Teller war. Das Mädchen hatte die gleichen großen, schwarzen Augen wie ihr Bruder. Jimmy griff zu und sagte zweimal »danke«, obwohl ihn ja keiner verstehen konnte. Trotzdem schienen sich alle zu freuen. Sogar der Häuptling lächelte.

Das Büffelfleisch schmeckte ausgezeichnet, und nachdem Jimmy satt war, fühlte er sich neben dem warmen Feuer auf der weichen Felldecke fast glücklich und zufrieden, erinnerte sich aber gleich wieder daran, daß er ein Gefangener war und die erste Gelegenheit zur Flucht benützen mußte.

Die Kinder legten sich nieder und deckten sich mit Fellen zu. Das Mädchen gab auch Jimmy eine Felldecke. Jimmy tat so, als bereite er sich auf die Nacht vor, zog die Jacke aus und legte sich aufs Fell.

Der Indianerjunge setzte sich mit untergeschlagenen Beinen vor den Eingang. Jimmy begriff, daß er seinetwillen wachen sollte, um eine Flucht unmöglich zu machen. Aber Jimmy mußte in dieser Nacht fliehen! Es gab hier niemanden, dem er sich verständlich machen konnte, und die Indianer dachten nicht daran, ihn freizulassen. Sie schienen keine bösen Absichten zu haben, aber er durfte nicht hierbleiben! Er hatte bereits einen wertvollen Tag verloren, und der Bote des Generals mußte am Beginn der nächsten Woche in Alderscreek eintreffen!

Jimmy hatte genau aufgepaßt, wohin man Betsy geführt hatte. Sie weidete mit den anderen Pferden auf einer Wiese neben dem Lager. Jimmy beschloß, sich schlafend zu stellen und zu warten, bis der Junge vor dem Eingang eingeschlafen war, und sich dann aus dem Zelt zu schleichen. Er wußte, daß er wenig Aussicht hatte, durchzukommen. Wenn auch das Wunder geschehen würde, daß niemand im Zelt aufwachte, daß die Hunde nicht knurrten und bellten, irgendein Hund oder ein Indianer im Lager würde ihn sicher hören, oder die Pferde würden unruhig werden, wenn er sich Betsy näherte.

Aber Jimmy wußte von vielen Jägern, denen die Flucht aus einem Indianerlager geglückt war. Es blieb ihm nichts anderes übrig, als es zu versuchen.

Um den Jungen, der Wache hielt, zu täuschen, schloß Jimmy die Augen. Aber er fand es plötzlich sehr schwierig, nicht selbst einzuschlafen. Er grub seine Fingernägel in die Handballen und hoffte, dadurch wach zu bleiben.

Unter der Felldecke war es angenehm warm. Jetzt erst spürte Jimmy, wie müde er war und wie sein ganzer Körper von dem langen Ritt steif war. Er lag ganz still und grub seine Fingernägel in die Handflächen. Aber langsam lösten sich seine Hände, sein Atem wurde ruhig und gleichmäßig. Er war fest eingeschlafen.

Als er wach wurde, war die Sonne schon aufgegangen und das Zelt hell vom Tageslicht. Ihm gegenüber saß das kleine Mädchen und lachte, denn es schien ihm sehr seltsam zu sein, daß jemand so lange schlafen konnte.

Jimmy richtete sich mit einem Ruck auf. Er hatte die ganze Nacht geschlafen! Er hatte die ganze Nacht geschlafen! Wäre er allein gewesen, so hätte er sich jetzt auf den Boden geworfen und aus Trostlosigkeit wie ein kleines Kind zu weinen begonnen. Aber er war nicht allein. Und er durfte diesen Indianern nicht zeigen, wie ihm zumute war. Er versuchte, ein gleichgültiges Gesicht zu machen. Als er den Rock anzog, merkte er, daß der Brief aus der Tasche verschwunden war. Er griff hastig noch einmal in die Tasche, um sich zu vergewissern: Ja, der Brief war fort!

Einer der Indianer hatte den Brief während der Nacht weggenommen. ›Diese Diebe!‹ dachte Jimmy böse. ›Sicher glauben sie, es ist ein Zauber, eine Medizin! Wer weiß, was sie damit anfangen, da sie ihn ja doch nicht lesen können.‹ Es war zwar unangenehm, ohne den Brief zum General zu kommen, aber Jimmy hoffte, daß er ihm auch so Glauben schenken würde.

Es galt, an wichtigere Dinge zu denken als an den verlorenen Brief. Im Zelt waren nur das kleine Mädchen, der Säugling und die Mutter, die an einem Lederhemd nähte. Jimmy stand auf und ging zum Eingang des Zeltes. Die Lederdecke war zurückgeschlagen. Vor den anderen Zelten waren nur Frauen, Mädchen und ein paar alte Männer. Hier und da ging einer der jungen Krieger vorüber. Jimmy wußte nicht, daß die Jungen am Bach spielten und daß viele Krieger schon vor Morgengrauen das Lager verlassen hatten, um zu jagen. Er war einfach froh darüber, daß so wenig Menschen hier waren. Das würde ihm die Flucht leichter machen, als er gedacht hatte.

Als er aus dem Zelt trat, rief ihn die Indianerin nicht zurück, und Jimmy schloß daraus, daß es ihm erlaubt war, im Lager frei herumzugehen.

Neben dem Zelt kniete das Mädchen, das ihn am Abend zum Essen aufgefordert hatte, und schabte mit einem Knochensplitter Fleisch und Fett von einem Kaninchenfell. Das Mädchen arbeitete eifrig und schien ihn nicht zu bemerken.

Das schwarze, glatte Haar war in zwei Zöpfe geflochten, das Rauhlederkleid war mit langen Fransen geschmückt. Plötzlich schaute das Mädchen auf, lächelte ihn an und arbeitete dann wieder weiter. Jimmy hätte gerne auf irgendeine Weise gezeigt, daß er ihr dankbar war, aber die Sonne am Himmel wanderte unbarmherzig höher und erinnerte ihn daran, daß seine Zeit kostbar war.

Er schlenderte durch das Lager und benahm sich so, als würde er alles aufmerksam betrachten. Die Indianer beachteten ihn kaum. Jimmy war froh, daß er kein solches Aufsehen mehr erregte wie am Vorabend.

Als er beim letzten Zelt angekommen war, blieb er stehen. Vor ihm lag die Wiese, auf der die Pferde weideten; er sah Betsy in der Herde. Vom Bach her hörte er das Lachen und Schreien der spielenden Jungen, aber sie waren weit genug entfernt und konnten weder sehen noch hören, was er tun würde. Auf der Wiese selbst war kein Indianer.

Jimmy trat ein paar Schritte vor und wartete wieder. Langsam, die Hände in den Hosentaschen und mit gespielter Gleichgültigkeit ging er über die Wiese. Er pfiff dazu leise und hoffte, daß Betsy die wohlbekannten Laute hören und ihnen folgen würde. Er hatte sich auch nicht getäuscht. Die Stute hob den Kopf, wieherte und trabte auf ihn zu, stieß mit ihren weichen Nüstern an seine Schulter und schnaubte. Der Junge preßte das Gesicht an ihren Hals, und fast kamen ihm die Tränen. Dann aber dachte er an seine Aufgabe; er hatte keine Zeit, sich unglücklich zu fühlen. Er hob den Kopf und lauschte. Von ferne hörte er das Lärmen der Jungen und das Bellen der Hunde. Im Lager selbst war es ruhig. Jimmy blickte um sich. Vor einem der Zelte, das nahe der Wiese stand, saß ein Krieger und beobachtete ihn. Jimmy tat daher, als wolle er sich nur überzeugen, daß seine Stute wohlauf sei. Er klopfte sie auf den Rücken und streichelte ihren Kopf. Er riß einige saftige Gräser aus und reichte sie ihr. Als er wieder zum Zelt hinspähte, war der Indianer verschwunden.

Mit laut klopfendem Herzen packte Jimmy die Zügel Betsys und wollte sich auf ihren Rücken schwingen. Der Griff einer starken Hand, die plötzlich seine Schulter umklammerte, hinderte ihn daran. Als Jimmy herumfuhr, sah er den Krieger vom Zelt vor sich.

Und da passierte es, daß Jimmy den Kopf verlor und nicht mehr wußte, was er tat. Wäre er dem Krieger ohne Widerstand ins Lager gefolgt, wäre der Zwischenfall vielleicht ohne Folgen geblieben. Aber Jimmy warf sich auf den Indianer, der um so vieles stärker war als er, und begann einen aussichtslosen Kampf, der nur mit seiner Niederlage enden konnte. Im ersten Augenblick der Überraschung verlor der Krieger, der keinen Widerstand erwartet hatte, fast den Halt und wäre beinahe gestrauchelt. Jimmy war ein gewandter Junge, und die Verzweiflung gab ihm noch mehr Kräfte, schließlich lag er aber doch auf dem Boden. Der Indianer zog ihm mit einem geschickten Griff beide Hände auf den Rücken und riß ihn hoch. Jimmy war wehrlos, er konnte keine Bewegung mehr machen, die ihm der Krieger nicht erlaubte. Der feste Griff schmerzte; sein Hemd war zerrissen, sein Gesicht blutig und schmutzig.

Vom Bach kamen die Indianerjungen gelaufen, von den Zelten her die Männer, Frauen und Kinder. Alle redeten aufgeregt durcheinander. Jimmy starrte sie trotzig an. Jetzt, da keine Hoffnung auf Flucht mehr blieb, haßte er die Indianer.

Der Krieger lockerte seinen Griff nicht und zwang Jimmy, vor ihm her ins Lager zurückzugehen.

Gegenüber dem großen Zelt, in dem Jimmy die Nacht verbracht hatte, stand ein Zelt, das ebenfalls mit Symbolen bemalt war. Der Krieger blieb davor stehen und ließ Jimmys Arme frei. Die Indianer, die ihnen gefolgt waren, bildeten einen dichten Halbkreis um die beiden. Aus dem Zelt traten der Häuptling und ein sehr alter Mann, der keinerlei Abzeichen trug und in dessen Haar keine Feder steckte.

Der alte Mann schaute Jimmy an, ohne ein Wort zu sprechen. Sein Gesicht war voller Falten, die Haut sah aus wie vergilbtes Leder. Das Hemd und die Leggings konnten die Magerkeit des Körpers nicht verbergen. Jimmy versuchte, den Blick des alten Mannes zu erwidern, und während er ihn ansah, verging seine Erregung, und er wurde ruhiger.

Der alte Mann sagte einige Worte in der Sprache der Dakota. Ein junger Krieger trat vor und übersetzte: »Donnervogel sagt, der kleine Rotkopf ist tapfer.« Es war ein schlechtes, gebrochenes Englisch, aber Jimmy, der sich so sehr danach gesehnt hatte, mit jemandem sprechen zu können, achtete nicht auf die Fehler, die Eahtschitscha machte. Das Blut stieg ihm in den Kopf, als er die freundlichen Worte hörte.

Der alte Mann nahm den Brief Pater Lorraines aus dem Gürtel, sagte wieder etwas und reichte den Brief dem staunenden Jungen. Der Krieger übersetzte: »Der weiße Knabe ist der Träger einer guten Botschaft. Auch die Teton wollen den Frieden, genauso wie der Mann, der diese Nachricht an den Herrn der Milahanska, der Langen Messer, schickt.«

Für Jimmy war alles wie ein Wunder, und er hörte, was ihm weiter gesagt wurde, nur noch wie im Traum: daß man ihn festgenommen hatte, weil die Sihasapa keinen

Weißen in ihrem Jagdgebiet duldeten und wissen wollten, warum ein Junge der Wasichu in ihr Land gekommen war; daß man ihn ins Lager gebracht hatte, um zu beraten, und daß man nichts Böses im Sinn gehabt hatte, denn die Gedanken der Sihasapa waren Gedanken des Friedens, und Friedensboten sollten zu den Wasichu gesandt werden.

Der alte Mann trat auf Jimmy zu und legte die mageren Hände auf die Schulter des Jungen. Die anderen sahen mit einer Art Ehrfurcht auf den Knaben der Wasichu mit den seltsamen roten Haaren, den Wauhkeon auf diese Weise vor allen anderen zu seinem Schützling erklärte.

Wieder übersetzte der junge Krieger: Das Pferd des Rotkopfes sei müde, und er habe einen weiten Ritt vor sich. Wauhkeon und Gute Sonne hätten darum beschlossen, ihm ein Pferd als Geschenk anzubieten, um ihn vergessen zu lassen, daß er nicht freiwillig in das Lager der Sihasapa gekommen war.

Zwei Indianer brachten ein Pferd, einen Grauschimmel mit schlankem Hals und einer dichten, fast schwarzen Mähne und einem ebensolchen Schweif. Es war ein schönes Tier; Jimmy konnte kaum begreifen, daß es nun ihm gehören sollte. Niemand in der Siedlung besaß ein solches Pferd, nicht einmal der Major! Jeder in Alderscreek würde ihn darum beneiden.

Er wollte dem alten Mann danken, war aber so aufgeregt, daß er nur wenige Worte hervorbrachte.

Eine der Frauen gab ihm ein Hemd aus Hirschleder für sein zerrissenes, ein junger Krieger gab ihm Messer und Pistole zurück, und eine Stunde später ritt Jimmy, begleitet von dem Indianer, der Englisch sprechen konnte, zwei Kriegern und dem Sohn des Häuptlings aus dem Lager in Richtung Nordosten, wo das große Fort lag.

Bevor sie das Lager verlassen hatten, hatte Jimmy vergeblich versucht, die Tochter des Häuptlings unter den Frauen und Kindern zu entdecken. Obwohl die ganze

Sippe versammelt zu sein schien, war sie doch nirgends zu sehen, und Jimmy hatte nicht gewagt, noch einmal in das Zelt zu gehen. Er war darüber traurig geworden, denn er hätte sich gern von ihr verabschiedet.

Trotzdem war Jimmy glücklich. Er hatte einen Tag verloren, aber noch immer war es möglich, daß der Bote des Generals rechtzeitig in Alderscreek eintraf.

Der Junge trug stolz das schön verzierte Lederhemd und freute sich über sein Pferd. Eahtschitscha hatte ihm erklärt, daß es Tschetan, Falke, hieß, weil es so schnell wie ein Falke war und man auf ihm eine Antilope müde jagen könne. Die Stute Betsy wurde von einem der Indianer am Zügel geführt und trug nur leichte Last: eine Büffelhaut mit bunten Mustern bemalt, zwei Lederbeutel gefüllt mit Pemmikan und einige Streifen getrocknetes Büffelfleisch.

Wieder ritt Jimmy durch das Grasland mit seinen Hügeln und Wäldchen, aber mit froherem Herzen und leichterem Sinn als das erste Mal. Er schloß Freundschaft mit seinen Begleitern und erfuhr, daß der Sohn des Häuptlings jener junge Sihasapa war, den Lorraine schwer verwundet in der Prärie gefunden hatte. Der Pater hatte ihm so viel von dem Jungen erzählt, daß Jimmy sich ihm sofort vertraut fühlte. Kleiner Adler war zu bescheiden, um seinen neuen Namen zu nennen, aber Eahtschitscha erzählte, daß er einen großen Häuptlingsnamen erhalten hatte.

Jimmy erfuhr auch, daß die Indianer ihn Pahiwissa nannten, und obwohl er immer böse wurde, wenn ihn in der Siedlung jemand Rotkopf rief, so klang der Name »Rotes Haar« im Munde der neuen Freunde nicht wie eine Beleidigung. Er lernte auch einige Worte in der Sprache der Teton. Kleiner Adler zeigte zum Beispiel auf Jimmys Haar und sagte »pahiwissa«, dann nahm er eine seiner eigenen Haarsträhnen in die Hand und sagte »pahisapa«. Es war einfach zu verstehen, daß das erste »rotes Haar« und das zweite »schwarzes Haar« bedeutete.

Jimmy war sicher, daß er die Nächte nie vergessen würde, die er mit den Indianern in der Prärie verbrachte. Sie saßen im Kreis unter dem schwarzen, von keiner Wolke getrübten Himmelsbogen, auf dem die Sterne still und feierlich brannten, und lauschten auf den Gesang der Wölfe und auf die Rufe der Nachtvögel. Wenn es kühl wurde, wickelten sie sich in ihre Decken, legten sich nieder und schliefen, wenn die Sonne aufgegangen war und die Vögel ihr Morgenlied begannen, standen sie auf und ritten weiter.

Am Morgen des dritten Tages erreichten sie den Fluß, auf dessen anderem Ufer das Fort lag. Eahtschitscha, der Betsy geführt hatte, gab Jimmy die Zügel in die Hand, die Krieger hoben die rechte Handfläche zum Gruß, wendeten ihre Pferde und ritten zurück. Kleiner Adler machte das Zeichen für gute Freundschaft: Er hielt zwei Finger der rechten Hand hoch, dann berührte er Mund und Stirn. Jimmy wußte nicht, was es bedeutete, aber er erriet, was Kleiner Adler damit sagen wollte, und wiederholte langsam die Gebärde. Kleiner Adler lächelte, kreuzte die Hände auf der Brust als Zeichen des Friedens und folgte dann seinen Gefährten.

Jimmy schaute ihnen nach, bis ein Hügel sie verdeckte, dann ritt er zum Fluß. Das Fort lag auf einem Hügel wie Alderscreek, war aber größer und auch stärker befestigt. Dem Ufer entlang standen Wachtürme, von denen man die andere Seite des Flusses beobachten konnte.

Der Junge trieb seine Pferde ins Wasser. Als er die Mitte des Flusses erreicht hatte, kamen Soldaten aus einem der Wachtürme und liefen ans Ufer. Jimmy winkte ihnen zu, aber sie standen bloß still da, ihre Gewehre in der Hand. Da begriff der Junge, daß es den Soldaten seltsam vorkommen mußte. Er kam aus dem Indianerland, ritt ein indianisch aufgezäumtes Pferd und hatte ein Hemd der Dakota an. Er trieb Tschetan ans Ufer. Die Soldaten umringten ihn, und ihr Sergeant befahl ihm abzusteigen.

»Was bist denn du für ein komischer Vogel?« fragte der Sergeant, ein großer Mann mit einer Narbe im Gesicht.

»Ich komme von Alderscreek«, antwortete Jimmy, »und ich muß mit dem General sprechen. Führt mich bitte zu ihm, es ist wichtig, und ich habe wenig Zeit.«

Der Sergeant faßte Jimmy hart am Arm und sagte: »Es scheint mir, daß wir zuerst mit dir reden werden müssen. Glaubst du, wir haben keine Augen im Kopf, um nicht zu sehen, daß du mit vier Indianern gekommen bist. Und das merk dir: Es geht keinem gut hier, der Freundschaft mit den verdammten Dakota schließt.«

Jimmy hatte sich einen anderen Empfang vorgestellt! Die Soldaten brachten ihn nicht zum General, sondern der Sergeant führte ihn in eine Blockhütte, wo ein junger Offizier ihn ausfragte, woher er käme, was er bei den Indianern getan hätte und was er vom General wollte.

»Ich habe eine Botschaft für ihn«, sagte Jimmy, »aber ich darf sie nur ihm sagen!« Er erzählte, wie er von den Indianer gefangengenommen worden war und wie sie ihn wieder freigelassen und hierherbegleitet hatten, merkte aber, daß keiner seiner Zuhörer ihm glaubte. Sie durchsuchten ihn wie einen Feind, nahmen ihm das Messer und die Pistole weg und trotz seines wilden Protestes auch den Brief. Nach einiger Zeit kam ein Soldat ins Blockhaus, sagte etwas leise zu dem Offizier, der noch immer versuchte, von Jimmy die Wahrheit zu erfahren. Der Offizier sah überrascht auf, dann befahl er Jimmy, dem Soldaten zu folgen.

Der Soldat führte ihn in ein andere Blockhaus, und dort saß der General, den Brief Lorraines in der Hand. Das war das Ende von Jimmys großem Abenteuer. Da der General seine Geschichte für wahr hielt, glaubten ihm auch die Soldaten im Fort, und da der General die Botschaft für wichtig hielt, hielten sie auch die Soldaten für wichtig. Der General sagte, Jimmy sei ein tapferer Junge, und das sagten nun auch die Soldaten, sogar der Sergeant. Weil Jimmy im Lager der Teton, der Wilden und Skalpjäger gewesen war und noch lebte und sogar ein schönes Pferd als Geschenk erhalten hatte und sich das niemand vorstellen konnte, feierten ihn die Frauen im Fort als Helden und brachten ihm Kuchen und Pfefferminzstangen.

Ein Bote des Generals wurde sofort nach Alderscreek gesandt. Am nächsten Morgen brach der General mit einer Gruppe Soldaten und Jimmy nach der Siedlung auf.

Friede oder Krieg?

*D*ie Frauen der Dakota hatten viele Aufgaben. Sie mußten die Jagdbeute verarbeiten, das Fleisch bereiten und die Felle verwerten, das Essen für die Familie kochen, Vorräte für den langen, strengen Winter sammeln, die Tipis sauberhalten und Kleider nähen. Daneben fanden sie noch Zeit, Tragtaschen, Mokassins, Hemden und Leggings und Ledertaschen und all die Dinge, die man in einem Indianerhaushalt benötigte, mit bunten Mustern zu verzieren.

Die Frauen sorgten auch dafür, daß ihre Kinder mit den Gesetzen der Dakotasprache vertraut wurden, damit diese später, wenn sie erwachsen waren, in den Versammlungen des Stammes und den Ratssitzungen sprechen durften. Die Dakota waren stolz auf ihre Sprache, die schön und klangreich war, und bewahrten und hüteten sie sorgfältig.

Die Frauen waren aber auch darauf bedacht, daß ihre Kinder den Vorschriften des Stammes getreu leben lernten und daß sie zwischen gut und böse unterscheiden konnten.

Weil nun Kinder schnell vergessen und es schwierig für sie ist, sich immer daran zu erinnern, was ihre Mütter sie gelehrt hatten, deshalb erzählten die Frauen ihnen Geschichten, denn Geschichten behält man leichter im Gedächtnis als gute Lehren.

Am siebten Abend, nachdem Jimmy das Lager der Sippe Büffel verlassen hatte, erzählte Rote Wolke ihren Kindern eine dieser alten Geschichten. Tatokadan horchte aufmerksam zu, damit sie jedes der Worte ihrer Mutter im Gedächtnis behielt, um es später, wenn sie erwachsen war, ihren eigenen Kindern erzählen zu können.

Kleiner Adler saß neben dem Feuer. Sein Ohr hörte die Worte der Mutter nicht. Kleiner Adler war glücklich. Morgen würde er mit Eahtschitscha aus dem Lager reiten und mit auserwählten Kriegern aller Sippen die Friedensbotschaft Minnetonkas zu den Wasichu bringen.

Als Rote Wolke ihre Erzählung beendet hatte, verließ Kleiner Adler das Zelt und ging langsam durch das Lager. Die Nacht war lau und warm. Bei vielen Zelten waren die Lederdecken vor dem Eingang zurückgeschlagen. Kleiner Adler sah den roten Schein der Feuer in den Zelten, er hörte die Stimmen der Männer, Frauen und Kinder.

Kleiner Adler ging an den Zelten vorbei, schritt über die Wiese, auf der die Pferde weideten, und durchquerte den Amagukbach. Er stieg nicht bis zu seinem Lieblingsplatz empor, sondern nur bis zu einer kleinen Anhöhe und setzte sich dort nieder.

Der Bach glänzte im Licht der Sterne, die Lagerfeuer wirkten von hier oben wie sanftglühende, rote Punkte. Kleiner Adler saß still, die Hände auf den Knien. Er dachte an die Botschaft des Friedens, die Wauhkeon und Gute Sonne an alle Sippen der Teton ausgesandt hatten, und er dachte daran, daß Minnetonka auf das Ersuchen Wauhkeons die Ratsversammlung einberufen hatte. Und ihm, dem jüngsten Krieger, hatte man erlaubt, die alten und weisen Männer der Sippe Büffel zu dieser Ratsversammlung zu begleiten!

Kleiner Adler dachte daran, daß er nun schon zwei weiße Freunde hatte, da er doch früher geglaubt hatte, Gedanken und Taten der Wasichu seien so schwarz wie eine mond- und sternlose Nacht, und ihr Anblick brächte Tod.

»Ich werde den weißen Vater wiedersehen«, sang Kleiner Adler. »Ich werde Pahiwissa wiedersehen!« Dann wartete er schweigend auf das Kommen des Mondes. Langsam erschien am schwarzen Horizont ein schwacher Lichtschein, der rasch stärker wurde, dann erhob sich Hanhepiwi über den Rand der Erde, groß und rot wie die untergehende Sonne, stieg am Himmel empor, wurde immer kleiner, seine Farbe wandelte sich in Gelb, und endlich, als er hoch über der Prärie schwebte, war er weiß geworden. Alles war in bleiches Licht getaucht.

Kleiner Adler hörte Schritte, und als er aufsah, stand Siebenstern vor ihm. Sie trug ihr weißes Kleid. Ihr Haar war in zwei Zöpfe geflochten. Im Schein des Mondes wirkte sie so fremd wie an jenem Abend, als sie das erste Mal das Kleid getragen und sich geschmückt hatte, da alle anderen ohne Schmuck erschienen waren.

So vertraut ihm Siebenstern war, Kleiner Adler empfand doch plötzlich Scheu vor ihr.

Wäre Kleiner Adler noch ein Knabe gewesen, so hätte er sich nichts dabei gedacht, daß er und Siebenstern allein zusammen waren. Aber nun war er ein Krieger; und Knaben, sobald sie Krieger geworden waren, sollten nicht mehr allein mit Mädchen zusammensein.

Siebenstern kümmerte sich nicht darum. Sie setzte sich neben Kleiner Adler ins Gras nieder, als wären sie beide mitten im Kreis der Sippe. Und Kleiner Adler dachte nicht mehr daran, daß er weit entfernt vom Lager und von den anderen allein mit ihr war und daß nur die scheuen Tiere der Nacht ihre Gefährten waren.

Siebenstern sagte: »Großvater Wauhkeon spricht mit den Geistern und schweigt auf meine Fragen. Ich weiß, was alle im Lager wissen, möchte aber von meinem Bruder, der in das Lager Minnetonkas ritt, die Geschichte der Ratsversammlung erfahren.«

Und Kleiner Adler erzählte von dem Ritt ins Lager der Sippe Schildkröte, von den Oglala Teton, in dem Minnetonka, der Friedenshäuptling, lebte, der alle Sippenältesten zur großen Ratssitzung einberufen hatte. Kleiner Adler erzählte, wie prachtvoll es anzusehen gewesen war, als die Häuptlinge, Medizinmänner und weisen Alten und starken Krieger im vollen Schmuck um das Ratsfeuer saßen, um über Wauhkeons Friedensbotschaft zu beschließen.

Ganz hinten, in den letzten Reihen, bei den jungen Kriegern, war Kleiner Adler gesessen und hatte voll Ehrfurcht den Reden der Männer zugehört. Vier Tage hatte die Ratsversammlung gedauert, denn wer von den Dakota glaubte an einen Frieden mit den Wasichu? Hatten nicht die Wasichu das Volk der Dakota immer weiter aus ihren Jagdgebieten zurückgedrängt? Hatten sie ihnen nicht ein Stück Land nach dem anderen genommen?

Am Anfang waren nur Wauhkeon, Häuptling Gute Sonne und die Krieger der Sihasapa für den Weg des Friedens mit den Feinden eingetreten. Aber selbst von den Sihasapa hatte Einsamer Wolf geschwiegen, der seine Stimme nicht für den Frieden erheben, aber auch nicht gegen den Beschluß der Sippe sprechen wollte.

Kleiner Adler erzählte, wie geachtet Wauhkeon und Gute Sonne waren und daß der Platz des Vaters neben Minnetonka gewesen war.

Dennoch hatte sich niemand gefunden, der seine Stimme ihrem Anliegen gegeben hätte. Einer nach dem anderen der Alten und der Krieger war aufgestanden und hatte dagegen gesprochen. Als Minnetonka als letzter aufstand, um zu sprechen, wollte Kleiner Adler die Rede des Häuptlings am liebsten nicht mehr anhören.

Minnetonka hatte schon sechzig Winter gesehen, aber sein Haar war noch tiefschwarz und sein Körper kraftvoll. Er trug die Abzeichen seiner Würde, jede Feder seines Schmuckes erzählte von einer tapferen Tat, und jene Federn, an denen ein Büschel roter Pferdehaare hing, waren so zahlreich, daß Kleiner Adler sie nicht zählen konnte. Minnetonkas Büffelhautmantel war dicht mit Berichten seiner Taten auf dem Kriegspfad bemalt. Es gab keinen Zweifel, daß dieser große Kämpfer gegen den Frieden sprechen würde.

Aber da geschah das Unerwartete. Minnetonka lieh seine Stimme dem Anliegen der kleinen Minderheit und forderte die Dakota auf, den guten Weg des Friedens zu gehen. Es war eine große Rede, würdig eines großen Häuptlings.

Minnetonka war des Blutvergießens müde geworden. Er hatte mit ansehen müssen, wie die Hoffnung der Stämme, die jungen Krieger, umkamen, wie die Sippen kleiner und kleiner wurden, bei den Feinden aber für jeden Getöteten zehn neue auftauchten. »Es gibt zwei Wege, meine Brüder«, hatte er gesagt, »dies ist der eine Weg: Laßt uns gemeinsam mit unseren Frauen und Kindern den Tod suchen, laßt uns miteinander sterben, meine Brüder. Wakan Tanka wendet sich von uns ab, wenn wir die Farbe des Krieges auf unsere Körper malen.

Dies aber ist der zweite Weg, o Brüder: Laßt uns versuchen, den Weg des Friedens zu beschreiten, den guten Pfad.«

So hatte Minnetonka gesprochen. Einer der jungen Häuptlinge war aufgesprungen und hatte zornig gerufen, Minnetonka sei unter die alten Frauen gegangen. Und alle Krieger hatten ihre Zustimmung durch wilde Ho-Ho-Rufe ausgedrückt und auf die Trommeln geschlagen, um zu zeigen, daß sie dachten wie dieser. Adlerstimme, einer der Medizinmänner, hatte die Krieger zurechtgewiesen. Kannte nicht jeder die tapferen Taten Minnetonkas?

Vier Tage lang hatte die Ratsversammlung der Dakota gedauert, und erst am dritten Tag wurde die Zahl jener, die für den Frieden sprachen, gleich groß wie die jener, die den Kampf weiterführen wollten. Dann aber hatten immer mehr der Medizinmänner und der Häuptlinge ihre Stimme dem Anliegen Wauhkeons gegeben, und am vierten Tag zerbrach Minnetonka einen Pfeil zum Zeichen, daß die Teton den Weg des Friedens gehen wollten.

Kleiner Adler erzählte, wie beschlossen wurde, eine Abordnung von Kriegern aller Stämme zum Herrn der Langen Messer zu schicken und den Frieden anzubieten.

Kleiner Adler sagte nicht, daß er von der Sippe Büffel auserwählt worden war, an diesem Ritt zur Siedlung der Weißen teilzunehmen. Für ihn, den jüngsten Krieger, war das eine große Ehre, und er schwieg aus Bescheidenheit, damit Siebenstern nicht glauben sollte, er gäbe damit an.

Statt dessen fuhr Kleiner Adler fort, von dem feierlichen Tanz zu berichten, der abgehalten wurde, bevor alle wieder in ihre heimatlichen Lager zogen.

Siebenstern hatte ihr Gesicht dem Mond zugewandt, sie sagte kein Wort, als Kleiner Adler schwieg. Die Nachtschwalben sangen, und manchmal erklang der sanfte Ruf einer einsamen Schreieule.

Erst nach einer langen Weile begann Siebenstern zu sprechen: »Ich bin stolz auf dich, der auserwählt wurde, die Botschafter des Friedens in das Land jenseits des Flusses zu begleiten.« Sie sagte auch: »Ich möchte den weißen Vater kennenlernen.« Kleiner Adler antwortete: »Die Sihasapa haben die Straße des Friedens gewählt, du wirst bald zu seinen Füßen sitzen.«

Sie dachten nicht daran, wie schwach und gefährdet dieser Friede noch war und daß die Friedensbereitschaft der Dakota von ihren weißen Feinden vielleicht nicht geteilt wurde. Wie nahe daran war es gewesen, daß das vertraute Lager ihrer Sippe überfallen, verbrannt und zerstört worden wäre! Aber jeder Gedanke an künftiges Unheil war ihnen fern.

Glücklich und in Erwartung eines noch größeren Glükkes lauschten sie dem Gesang der Nachtvögel. Das Mondlicht sank auf sie nieder, lag auf ihren braunen Gesichtern und spiegelte sich in den dunklen Augen. Das weiße Kleid des Mädchens glänzte matt.

Vom Lager her klang das Lied einer einsamen Flöte. Die klare Nachtluft trug die werbenden Töne, es war, als sei der Spieler nur einige Schritte entfernt. Kleiner Adler erschauerte. Er senkte die Augen, und als er wieder aufblickte, war der Platz neben ihm leer. Siebenstern war lautlos aufgestanden und hatte ihn verlassen.

Nach einiger Zeit erhob sich auch Kleiner Adler und ging in das Lager zurück. Seine Geschwister schliefen schon, als er in das Tipi trat, nur Vater und Mutter waren noch wach. An diesem Abend konnte Kleiner Adler lange nicht einschlafen. Das Licht des Mondes fiel durch den offenen Eingang und legte sich auf die Gesichter der schlafenden Geschwister.

Kleiner Adler dachte an Siebenstern, er dachte an Minnetonka, den großen Häuptling, an seinen Freund Rotes Haar und an den weißen Vater. Mit geschlossenen Augen lag er da und träumte wachend von glücklichen Tagen.

Als der Vater ihn weckte, war es noch dunkel im Zelt. Kleiner Adler trat aus dem Tipi. Es war die Stunde zwischen Nacht und Morgen. Die Sonne war noch nicht aufgegangen, und der Himmel hatte eine eintönige Färbung. Alles sah grau aus, die Zelte, der Berg, die Wiese und die Sträucher. Es war noch kalt. Er lief über die taubedeckte Wiese und sprang in den Bach. Dann holte er sein Pferd von der Weide und führte es ins Lager. Gute Sonne und Rote Wolke warteten schon, und das Pferd wurde für den Ritt gezäumt und bepackt. Tatokadan befestigte ein Bündel weißer Federn zwischen den Ohren des Tieres am Zaumzeug.

Gute Sonne, die Mutter und Tatokadan blieben vor dem Zelt stehen, als Kleiner Adler mit Eahtschitscha aus dem Lager ritt. Bärensohn, Biberkind und Spielendes Hirschkalb begleiteten sie mit den anderen Jungen und Mädchen bis weit in die Prärie hinaus. Eahtschitscha und Kleiner Adler scherzten und lachten mit den Kindern.

Der graue Himmel wurde im Osten rot, Anpetuwi stieg feierlich empor. Ihr Licht breitete sich über dem Grasland aus, und die Prärie erwachte. Unzählige Vögel begrüßten singend den neuen Tag, Präriehunde und Erdhörnchen kamen aus ihren Höhlen hervor.

Als die Kinder ins Lager zurückliefen, trieben Eahtschitscha und Kleiner Adler die Pferde an. Am späten Abend erreichten sie den vereinbarten Treffpunkt, wo bereits Krieger aus anderen Sippen sie erwarteten.

Am nächsten Morgen trafen auch die restlichen Abordnungen ein. Die Gesandtschaft bestand aus vierundzwanzig Indianern, die sich nun auf den Weg nach Alderscreek begaben. Minnetonkas Späher hatten gemeldet, daß der General mit seinen Soldaten das Fort verlassen hatte, um in die Siedlung am Fluß zu reiten.

So kam es, daß die Bewohner von Alderscreek durch das Erscheinen von Kriegern der Dakota am anderen Ufer erschreckt wurden. Die vom grausamen und blutigen Kleinkrieg erbitterten Soldaten und Bauern kannten die Indianer nur in ihrer Kriegsbemalung. Sie kannten sie nur von Überfällen, wenn das Haus eines Siedlers verbrannt und zerstört wurde. Beim Anblick der Dakota erfüllte nichts als Haß und Bitterkeit die Herzen der Siedler, und die Soldaten umklammerten ihre Gewehre und hätten am liebsten sofort auf die Indianer geschossen. Frauen, die ihre Kinder in die Häuser einschlossen, waren keineswegs furchtsam. Viele von ihnen hatten schon gemeinsam mit ihren Männern, Brüdern oder Söhnen ein einsames Farmhaus gegen eine Schar Indianer verteidigt.

Inzwischen hielten die Dakota am jenseitigen Ufer des Flusses ihre Pferde an. Sie schauten hinüber auf die niedrigen Blockhütten mit den flachen Dächern, die von einem festen Palisadenzaun umschlossen waren. Ihnen, die die farbenprächtigen großen Tipis gewöhnt waren, erschienen die einfachen Häuser ärmlich.

Eahtschitscha, der wegen seiner Sprachkenntnisse die Führung übernommen hatte, hob die rechte Hand und gab

111

das Zeichen des Friedens. Auch die anderen hielten ihre Handflächen den Siedlern entgegen. So saßen sie einige Minuten unbeweglich auf ihren Pferden, damit die Bewohner der Siedlung sehen konnten, daß sie in friedlicher Absicht gekommen waren. Dann trieben sie die Pferde ins Wasser. Sie hatten keine Angst, in das Lager der Weißen, ihrer Feinde, zu gehen, denn sie hatten alles getan, um zu zeigen, daß sie Boten des Friedens waren. Eahtschitscha hatte in einem kunstvoll verzierten Lederbeutel die Friedenspfeife bei sich, und die Krieger hatten ihre Waffen abgelegt. Nach indianischem Recht konnten solche Friedensboten ohne Gefahr in ein feindliches Land reiten.

»Sie tragen keine Waffen, und sie haben das Friedenszeichen gegeben!« sagte Pater Lorraine. Er war, als man das Kommen der Indianer meldete, mit General Eastman auf den Palisadenzaun gestiegen und sah zu, wie die Indianer den Fluß durchquerten. Als sie näher kamen, erkannte er Kleiner Adler in der Schar. War es möglich, daß sein Wunschtraum in Erfüllung gehen sollte? War es möglich, daß die Dakota den Frieden suchten?

Pater Lorraine schloß die Augen und sah ein friedliches, blühendes Grenzland vor sich, in dem Indianer und Siedler in Eintracht nebeneinander lebten. Er sah sich selbst, wie er in die Zeltlager der Dakota ritt und ihr Freund wurde.

Inzwischen war der General zu Pater Lorraine getreten. »So hat man dem kleinen Iren im Lager der Indianer doch die Wahrheit erzählt! Minnetonka schickt Friedensboten! Wer hätte das von dem schlauen Fuchs erwartet!«

Als der General keine Antwort erhielt, blickte er in das Gesicht des Priesters und lächelte. Er kannte die geheimen Wünsche seines Freundes, legte ihm die Hand auf den Arm und fragte: »Wollen Sie nicht mit mir die Boten empfangen?«

Pater Lorraine, aus seinem Wachtraum gerissen, folgte

112

dem General, sie stiegen gemeinsam vom Palisadenzaun und traten zum Major, der vor den Siedlern und Soldaten auf dem Platz in der Mitte der Siedlung stand.

Ohne Scheu oder Furcht zu zeigen, ritten die Indianer durch das offene Palisadentor und schienen die Soldaten, die ihre Gewehre in den Händen hielten, nicht zu bemerken.

Siedler und Soldaten standen schweigend da. Außer Lorraine und dem General waren es nur Jimmy und Frank, die weder Haß noch Furcht empfanden. Jimmy war zwischen den Soldaten durchgeschlüpft und stand ganz vorne. Sein Gesicht strahlte, als er Eahtschitscha und Kleiner Adler erkannte. Für ihn war nun alles gut: Die Indianer waren seine Freunde geworden, Pater Lorraine hatte erreicht, was er wollte, und er, Jimmy, hatte mitgeholfen, den Frieden zu bewahren.

Die Indianer hielten ihre Pferde an und stiegen ab. Eahtschitscha nahm die Lederhülle von der Friedenspfeife, hielt sie in beiden Händen und trat so vor den General. Er sagte: »Das sind die Worte Minnetonkas, des Friedenshäuptlings: ›Der Fluß ist rot vom Blut derer, die starben, die Blumen und Gräser der Prärie nähren sich von den Toten, und die Mütter sind unfruchtbar, da sie um ihre Kinder weinen.‹

Minnetonka sagt: ›Laßt uns Frieden schließen, Herr der Milahanska, denn es ist Platz jenseits des Flusses für das Volk der Dakota, und es ist Platz diesseits des Wassers für das Volk der Wasichu.

Laßt uns den heiligen Vertrag schließen, daß der Fluß uns trenne. Und ich, Minnetonka, will für meine Krieger bürgen, daß sie den Fluß nicht überschreiten, und du, Herr der Milahanska, verbiete deinen Männern, den Büffel im Land der Dakota zu jagen, denn der Büffel ist es, den Wakan Tanka meinem Volk gab, damit es seinen Hunger stille.‹

Das sind die Worte Minnetonkas: ›Laßt uns diesen Vertrag schließen und laßt uns fortan Brüder sein.‹«

Eahtschitscha schwieg. Die Soldaten und Siedler schauten stumm auf den General und auf den Major.

Auch der General stand schweigend da. Wenn er die Pfeife nicht aus den Händen des Botschafters nahm, würde der Krieg weitergehen. Nahm er sie aber an, erklärte er sich mit den Bedingungen des Häuptlings einverstanden. An ihm, dem General, lag es dann, dafür Sorge zu tragen, daß Soldaten und Siedler diesen Vertrag in Zukunft hielten.

Der General wußte, daß viele der Grenzbewohner auf die gewinnbringende Büffeljagd nicht verzichten wollten, daß viele der Siedler neues Land im Westen erobern wollten. Aber er wußte auch, daß die Forderungen der Indianer gerecht waren. Und es waren die gleichen Bedingungen, die Minnetonka anführte, unter denen die Regierung und der Gouverneur ihn schon vor Monaten ermächtigt hatten, Frieden mit den Indianern zu schließen; bisher waren aber alle seine Annäherungsversuche vergeblich gewesen. Der Gouverneur wünschte keine weitverstreute Bevölkerung. Es war nicht einfach, ein Gebiet zu verwalten, das nur dünn besiedelt war. Jede weitere Ausdehnung der Grenze nach dem Westen erhöhte die Schwierigkeiten bei der Verteidigung und den anderen Aufgaben der Regierung. Es gab genug Neuland, das noch nicht erschlossen war, eine Besiedlung des Gebietes der Dakota war derzeit unerwünscht.

Der General schaute auf die Siedler, auf die jungen Männer und die alten mit den gebeugten Rücken, deren Gesichter aber noch genauso unnachgiebig waren wie die der jungen. ›Ich bin stark genug, um sie im Zaum zu halten‹, dachte er.

Er trat einen Schritt vor und nahm die Pfeife als Zeichen des Friedens aus den Händen Eahtschitschas entgegen.

Die Dakota standen unbeweglich, ihre Gesichter blieben

ruhig. Die Soldaten und Siedler aber zeigten ihre Aufregung offen. Der Major hob mit einer jähen Bewegung die Hand, als wollte er den General hindern, die Friedenspfeife anzunehmen, dann blieb er starr stehen. Jimmy strahlte über das ganze sommersprossige Gesicht.

General Eastman sagte: »Krieger der Dakota! Bringt diese Botschaft eurem großen Häuptling Minnetonka, meinem älteren Bruder: Am dritten Tag, nachdem der Mond sich wieder voll gerundet hat, werde ich ihn und die Abgesandten meines Volkes zur Stunde, da die Sonne den halben Weg zur Höhe des Mittags zurückgelegt hat, auf dem Hügel der Flüsternden Blätter mit meinen Offizieren erwarten, um den Vertrag des Friedens zu schließen. Sagt dem Häuptling, daß wir keine Waffen bei uns tragen werden zum Zeichen, daß unsere Herzen in Frieden mit den Stämmen der Dakota sind. Sagt Minnetonka, ich lasse ihn bitten, daß auch er und seine Krieger ohne Waffen kommen!«

Eahtschitscha antwortete: »Wir werden deine Worte Minnetonka sagen. Wir werden sagen: ›Der Herr der Langen Messer nahm die Pfeife aus unseren Händen. Wir sind die Träger einer guten Nachricht.‹«

Die Krieger der Dakota bestiegen ihre Pferde. Nur Kleiner Adler zögerte. Pater Lorraine trat vor: »Mein Herz freut sich, meinen Bruder wiederzusehen«, sagte er.

Kleiner Adler lächelte. Als er den anderen Kriegern folgte und an Jimmy vorüberkam, rief er: »Ho-eh-yah-pe, Pahiwissa!« Jimmy lachte vergnügt und erwiderte den Gruß.

Ohne sich ein einziges Mal umzusehen, verließen die Dakota die Siedlung, ritten zum Fluß hinunter, durchquerten ihn, und bevor die Menschen in der Siedlung aus ihrem Erstaunen erwacht waren und begriffen hatten, was geschehen war, hatte das Grasland sie wieder aufgenommen.

General Eastman war überzeugt, daß er die richtige Entscheidung getroffen hatte. Lorraine und Jimmy waren glücklich, und Frank war zumute, als sei eine große Last von ihm genommen worden. Der Major konnte seinen Unwillen nicht verbergen, er glaubte, daß sein Vorgesetzter einen schweren Fehler begangen hatte, als er sich von den Wilden Bedingungen hatte vorschreiben lassen.

Von den Soldaten dachten manche so wie der Major und manche so wie der General; es gab solche, die froh waren, daß der Krieg zu Ende war, aber wiederum andere hätten lieber weitergekämpft, denn sie meinten, nur ein toter Indianer sei ein guter Indianer!

Die Siedler und die Jäger waren bald in zwei Lager geteilt. Die ruhigen, vernünftigen Männer sagten, es sei Platz genug für sie auf dieser Seite des Flusses, und es sei besser, hier in Frieden zu leben, als neues Land zu erobern und dabei den Kopf zu verlieren.

Die anderen riefen, der General hätte sehen müssen, daß die Indianer schon am Ende ihrer Kräfte waren, sonst hätten sie nicht um Frieden gebettelt. Nun sei die Zeit gekommen, sie ein für allemal zu vernichten und so weit nach Westen zu verjagen, daß man für immer vor ihnen Ruhe habe.

Es wurden noch viele erregte Streitreden an diesem Tag gehalten. Die Frauen aber waren froh, daß endlich der Friede gekommen war.

Der Hügel der Flüsternden Blätter lag einige Wegstunden von der Siedlung am Fluß entfernt. Seine Abhänge waren mit kleinen Gruppen von Birken bewachsen, die jetzt im Frühsommer einen hübschen Anblick boten mit ihren silbergrünen Blättern und den weißgrauen Stämmen. Auf der Kuppe des Hügels war eine flache Wiese, in deren Mitte eine Quelle entsprang. An klaren Tagen konnte man von hier aus weit hinein in das Grasland jenseits des Flusses sehen.

Am Morgen des dritten Tages nach dem Vollmond im Monat Juni herrschte auf dieser Wiese reges Leben. Alles war dort versammelt, was an der Grenze Rang und Namen hatte: General Eastman, Major Hendon und die Offiziere aus Alderscreek und dem Fort, ein Abgesandter des Gouverneurs, die angesehensten Bürger, unter ihnen auch Lorraine. Die Siedler trugen ihre Festkleider und der General und seine Offiziere ihre Galauniformen.

An der Furt des Flusses, etwa eine halbe Wegstunde stromabwärts, wartete eine Abteilung Soldaten unter dem Kommando eines Leutnants auf das Erscheinen der Indianer, um sie mit allen militärischen Ehren zu empfangen und dann zum Hügel zu begleiten. Keiner der Soldaten trug eine Waffe, und auch die auf der Wiese Versammelten waren waffenlos. Major Hendon hatte vergeblich den General um eine Anweisung gebeten, daß jeder seiner Soldaten eine Pistole und ein Messer versteckt bei sich tragen sollte.

Es gab so vieles, mit dem Major Hendon an diesem Morgen nicht einverstanden war. Der General hatte darauf bestanden, sich zwei Stunden vor der Ankunft Minnetonkas auf dem Hügel zu versammeln, um die Indianer mit allen gebührenden Ehren empfangen zu können.

Das war dem Major einfach unverständlich. Minnetonka und seine Dakota waren Wilde, die nicht lesen und nicht schreiben konnten! Und sie, gebildete Amerikaner, erwarteten sie in Galauniform, geschmückt mit allen Orden und Auszeichnungen!

Am meisten war er darüber beunruhigt, daß keiner der hier Versammelten eine Waffe bei sich trug. Waren nicht die Dakota kriegerisch und listig? Würden sie nicht ihre Waffen versteckt bei sich tragen und die wehrlosen Weißen wie Schafe abschlachten? Nun, er trug einen kleinen Revolver in seiner Rocktasche, aber was nützte schließlich ein Bewaffneter gegen eine Horde Wilder?

Nur wenige unter den auf dem Hügel Versammelten sahen dem Kommen der Indianer mit so düsteren Gedanken entgegen wie der Major. Es war ein schöner Frühsommertag, der Himmel war blau mit kleinen, weißen Wolken. In den Zweigen der Birken sangen die Vögel. Die Sonntagskleider der Siedler und die blauen Uniformen der Soldaten taten ein übriges, um in allen eine freudige Stimmung zu wecken, als wäre ein großer Festtag.

Der General, der Abgesandte des Gouverneurs und die Offiziere hatten an der Quelle Platz genommen. Dahinter saßen die Siedler. Zu beiden Seiten stand je eine Reihe Soldaten.

Pünktlich zur Stunde, als die Sonne den halben Weg zur Höhe des Mittags zurückgelegt hatte, kamen die Dakota. Es waren über hundert der angesehensten Krieger. Trotz ihrer Galauniformen wirkten der General und seine Offiziere fast unscheinbar, als nun der Zug der Indianer, geführt von dem jungen Leutnant, den Hügel herauftritt. Die Häuptlinge, Krieger und Medizinmänner saßen im Schmuck ihrer wallenden Federhauben und kunstvoll bemalten Büffelmäntel aufrecht auf ihren Pferden. Ihre Kleider aus feinstgegerbtem Leder waren mit Hirschzähnen, Hirschschwanzhaaren und Stachelschweinborsten bestickt. Viele der Krieger trugen die Brustplatten aus weißgebleichten, dünnen Röhrenknochen. Alle ritten die schönsten Pferde. Die Satteldecken waren ebenfalls reich verziert, das Zaumzeug war farbenprächtig bemalt.

Die Siedler, von denen manche noch nie einen Indianer im Schmuck seiner Festkleidung gesehen hatten, trauten kaum ihren Augen; der General sagte sich, daß es ein eindrucksvolles Schauspiel war. Sogar Major Hendon vergaß für einen Augenblick seine Ängste.

Langsam und feierlich ritten die Indianer den Hügel hinauf. Als sie auf der Wiese angekommen waren, stiegen sie von ihren Pferden. Der General, der Abgesandte des Gouverneurs und die Offiziere standen auf und gingen Minnetonka entgegen. Die Soldaten salutierten, und der General grüßte die Häuptlinge und Krieger. Minnetonka erwiderte den Gruß mit einer natürlichen und unbefangenen Würde. Dann nahmen der General und die Offiziere wieder unter den Bäumen Platz, und Minnetonka und seine Häuptlinge ließen sich ihnen gegenüber auf Büffeldecken nieder. Nachdem in einer feierlichen Zeremonie die Friedenspfeife geraucht worden war, brachten junge Krieger einen braunen Hengst, nach indianischer Art aufgezäumt, Bündel edelster Felle von Tieren, die während der Wintermonate getötet worden waren, so daß das Haarkleid dicht und stark war, Büffelhäute, kunstvoll verzierte Pfeifen, Hemden und Waffen.

Der General, der mit der Sitte der Indianer, bei jedem Friedensschluß Geschenke zu überreichen, vertraut war, hatte Sorge getragen, daß er die Dakota genauso reich beschenken konnte: für Minnetonka ein Gewehr für die Büffeljagd, eine silberne Medaille mit dem Bild des Präsidenten, silberne Schmuckketten für seine Frau und Geschenke für jeden der Häuptlinge und Krieger, sorgsam ausgewählt nach den Bedürfnissen der Indianer.

Der Überreichung von Geschenken lag ein tiefer und schöner Sinn zugrunde: Diese für Indianer zeremonielle Handlung, die mit großem Ernst vorgenommen wurde, sollte als sichtbarer Beweis dienen, daß die Gedanken des Hasses aus den Herzen der bisherigen Feinde gelöscht worden waren und sie von nun an wie Brüder leben sollten.

Die Sonne stand strahlend am Himmel und schenkte ihre Wärme und ihr Licht den bisherigen Feinden, die sich nun bemühen mußten, Freunde zu werden.

Der Vertrag wurde unterzeichnet, und dann schieden beide Gruppen, die Indianer, um in das Grasland zurückzukehren, und die Weißen in ihre Siedlungen. Der Friede war geschlossen, aber noch war es ein unsicherer Friede, denn diesseits des Flusses gab es viele Männer wie Major Hendon, und jenseits des Flusses gab es Krieger wie Einsamer Wolf, die nicht daran glaubten, daß die Weißen bereit waren, einen Vertrag auch wirklich einzuhalten.

Die Prärie brennt

*E*s wurde Sommer. Der Mais stand hoch, seine Blätter waren dunkelgrün, und schon zeigte sich an den Pflanzen der Ansatz der Kolben.

Vor der Mittagshitze flüchteten Vögel und Tiere in kühle Blätterverstecke oder Erdhöhlen und die Menschen in ihre Hütten. Die Farben verloren ihre Frische, in der Prärie verdorrte das Gras.

Der Fluß war nicht mehr breit und ungestüm wie im Frühjahr, sondern zog träge dahin. Von Tag zu Tag zeigten sich neue Steine und Sandbänke an seinen Ufern. Obwohl ihn nun an manchen Stellen ein Kind durchwaten konnte, blieb er die Grenze zwischen den Dakota und den Siedlern, trotz der Geschenke der Freundschaft.

Noch war der neue Friede ungewohnt, noch war das Mißtrauen zu tief und die jahrelange Angst nicht vergessen. Noch immer nahmen die Bauern ihre Waffen mit, wenn sie auf den Feldern arbeiteten. Die Jäger horchten noch immer auf jeden Schrei eines Käuzchens, einer Eule oder eines Kojoten und fragten sich, ob es auch wirklich ein Tier war und nicht die Signale einer Indianerhorde.

Noch immer standen Tag und Nacht die Soldaten auf ihren Wachtürmen und schauten gegen Westen, in das Land der untergehenden Sonne, das Land, aus dem lautloser als der Wolf der gefährlichste aller Feinde kommen konnte.

Aber Woche um Woche verging und nichts geschah. Manchmal kamen Siedler oder Soldaten nach Alderscreek und erzählten, sie hätten eine Schar Dakota am jenseitigen Flußufer auftauchen und wieder verschwinden sehen. Sonst aber war es, als gäbe es keine Indianer.

An einem schönen Sommermorgen kletterte Jimmy auf das Dach von Franks Hütte, um eine schadhafte Stelle auszubessern. Als er fertig war, blieb er oben sitzen.

Die Sonne schien angenehm warm. Jimmy verschränkte die Arme über den Knien und schloß die Augen. Er träumte, wie so oft in den Wochen seit seinem großen Abenteuer, daß er auf seinem Pferd Tschetan in das geheimnisvolle Grasland ritt, zum Lager der Sihasapa am Amagukbach. Alle kamen ihm entgegen, der alte Medizinmann, Häuptling Gute Sonne, Rote Wolke, Kleiner Adler, die Krieger, die Frauen und Kinder. Als letzte trat die Schwester von Kleiner Adler aus dem Zelt. Pater Lorraine hatte ihm erzählt, daß sie Tatokadan, Antilope, hieß. Jimmy dachte, daß es keinen besseren Namen für sie geben könnte. Immer wieder malte er sich aus, wie sie ihn empfangen würde. Sie würde nicht wissen, was sie sagen soll, dachte er, ich aber bin ganz gewiß nicht verlegen!

Die Hitze machte den Jungen träge, er legte den Kopf auf die Knie, und unmerklich ging sein Wachtraum in den Schlaf über. Aber auch dann träumte er, daß er im Lager der Sippe Büffel sei. Tatokadan und Kleiner Adler begrüßten ihn: »Ho-eh-yah-pe, Pahiwissa!« Plötzlich war auch Lorraine da und rief: »Jimmy!«

Jimmy wachte auf. Es war nicht Einbildung, es war Wirklichkeit! Vor der Hütte standen Frank, Lorraine und neben ihnen Gute Sonne, Kleiner Adler und Tatokadan.

Jimmy riß die Augen auf und brachte vor Überraschung kein Wort heraus. »Ho-eh-yah-pe, Pahiwissa!« sagten Kleiner Adler und Tatokadan noch einmal. Da wachte er endgültig auf. Er wurde bis zu den Spitzen seiner Ohren rot, so sehr freute er sich, und wollte so schnell wie möglich vom Dach herunter. An das Blockhaus angebaut war ein Holzverschlag für Vorräte. Jimmy sprang auf den Verschlag, aber einer der Balken hatte sich unbemerkt gelockert und schnellte in die Höhe. Jimmy wurde ziemlich unsanft zu Boden geschleudert, gerade vor die Füße des Indianermädchens. Das glich nun keineswegs dem Wiedersehen mit Tatokadan, von dem er immer geträumt hatte. Nun war er verlegen, und Tatokadan lachte.

Aber es war ein fröhliches Lachen, über das er nicht böse sein konnte. Es ging Jimmy genauso wie mit dem Namen Pahiwissa, den ihm die Indianer gegeben hatten und über den er sich nicht ärgerte, obwohl Rotkopf ein arges Schimpfwort war, wenn es einer der Grenzer oder Soldaten sagte.

Er stand auf und lachte mit den anderen. Gute Sonne hatte Büffelhäute mitgebracht, für die er ein Gewehr eintauschen wollte. Pater Lorraine, Frank und Gute Sonne gingen in den kleinen Nebenraum, in dem die Gewehre aufbewahrt wurden. Jimmy blieb mit Kleiner Adler und Tatokadan im Verkaufsladen zurück.

Kleiner Adler verbarg sein Erstaunen über die fremdartigen Dinge, die in der Hütte waren. Tatokadan aber stand in der Mitte des Ladens und schaute mit großen Augen um sich. Die Sonne schien in den Raum, die eisernen Kochtöpfe, die an den Wänden hingen, glänzten. Jimmy wußte nicht, was er tun sollte. Er brachte kein Wort hervor, obwohl er sich in seinen Träumen alles genau ausgedacht hatte, was er Tatokadan sagen würde.

Ein Stück Alpaca-Samt lag auf dem Ladentisch ausgebreitet. Tatokadan hatte noch niemals so etwas gesehen! Sie berührte den Stoff mit den Fingerspitzen und zog die Hand sofort wieder zurück. Jimmy schluckte ein paarmal, nahm den schwarzen Samt und hielt ihn ihr hin. Tatokadan fuhr noch einmal über den weichen Stoff. »O waya washtay – Wie schön! Wie schön!« rief sie. Dann trat sie zu den Kochkesseln und betrachtete sie. Es war nicht schwer zu erraten, was man mit ihnen machen konnte. Tatokadan klopfte mit den Fingern an die Kessel und freute sich an dem vollen Klang.

Kleiner Adler überlegte, ob man diese Töpfe wie Rasseln und Klappern verwenden könnte. Alles andere, was sonst

die Bewunderung seiner Schwester erregte, die Pfeffer-
minzstangen, die Glasknöpfe und Glasperlen, Löffel und
Nadeln, beachtete er kaum. Aber da waren die Messer und
Äxte! Prüfend fuhr er über die scharfen Klingen. Was für
Waffen! Mit einer dieser Äxte konnte er auch den stärksten
Feind mit einem Hieb töten.

Jimmy schenkte Tatokadan sein Messer, und sie zeigte
es voll Freude ihrem Bruder. »Pila miya, Pahiwissa –
Danke, Rotes Haar!« rief sie. Sie dachte daran, wie sehr ihre
Freundinnen sie beneiden würden, wenn sie nun statt eines
spitzen Knochensplitters mit diesem scharfen Messer der
Wasichu die Felle abschaben und die Tierhäute schneiden
konnte.

Als Gute Sonne und seine Kinder die Siedlung wieder
verließen, waren sie sehr zufrieden. Gute Sonne hatte ein
schönes Gewehr erhalten, am Sattel von Kleiner Adler hing
eine Axt, und ein paar Nägel, die er in den Schaft als Ver-
zierung schlagen wollte, waren in seiner Tasche. Tatokadan
hatte einen eisernen Kochtopf bekommen und Glasperlen,
mit denen man Hemden und Leggings verzieren konnte. In
ihrem Gürtel steckte das Messer, das Jimmy ihr geschenkt
hatte.

Wieder vergingen ruhige und friedliche Wochen. Von jenem Tag an, an dem Lorraine den Häuptling Gute Sonne
und seine beiden Kinder nach Alderscreek gebracht hatte,
erschien manchmal ein Jäger der Sihasapa in der Siedlung
am Fluß, um gegen ein Bündel Büffelhäute all jene Dinge
einzuhandeln, die für eine Indianerfamilie wertvoll waren:
ein Gewehr, Munition, einen eisernen Kochtopf, ein Messer oder auch Glasperlen für die Frauen.

Da Frank stets gute Preise bezahlte und keinen der Indianer, mochte er auch noch so unerfahren sein, betrog, kamen immer mehr Sihasapa in seine Blockhütte und verließen sie zufrieden wieder.

Zuerst hatten die Soldaten jedesmal, wenn ein Indianer in der Siedlung auftauchte, ihre Waffen geholt, und die Mütter hatten ihre Kinder in die Blockhäuser gerufen. Allmählich gewöhnten sich alle daran, und die kleinen Iren und Franzosen standen neugierig vor Franks Laden, wenn wieder einer der Indianer drinnen war. Die Jungen aber beneideten Jimmy, der Frank beim Tausch der Waren helfen durfte.

Es konnte nun auch geschehen, daß einer der Bauern vergaß, sein Gewehr mitzunehmen, wenn er auf den Feldern arbeitete, und junge Mädchen wagten sich tiefer in den Wald hinein, als sie es jemals früher getan hatten. Auch jene Siedler, Soldaten und Jäger, die gegen den Friedensvertrag gesprochen hatten, waren nun nicht mehr unzufrieden. Bald gab es kaum jemanden im Grenzland, der nicht den General als weisen und klugen Mann gelobt hätte.

An einem Abend im Hochsommer stand Major Hendon auf der Böschung, die zum Fluß hinabführte. Die Sonne war schon untergegangen, und nur noch ein schmaler, roter Lichtstreifen lag am westlichen Himmel. Die Hitze des Tages war so groß gewesen, daß selbst die Abendluft nur wenig Abkühlung brachte.

Der Lärm aus der Siedlung drang nur gedämpft zu ihm. Der Major schaute hinüber in das sonnenverbrannte Land der Dakota, das ruhig und friedlich vor ihm lag, und wie an vielen Tagen vorher ertappte er sich bei dem Gedanken: ›Wie gut ist es, daß dieses Land seine Gefährlichkeit verloren hat.‹ Er hörte Schritte hinter sich, wandte sich um und erblickte Lorraine. »Ihre Freunde dort drüben scheinen Wort zu halten«, sagte er.

Die Worte des Majors hatten unfreundlich geklungen, aber Lorrain konnte doch daraus die Anerkennung spüren, die ihm der Offizier damit aussprach.

»Der Indianer, der heute zu MacCoy kam, erzählte, daß

im westlichen Grasland Bäche austrocknen, die noch nie im Sommer ohne Wasser waren«, sagte Lorraine. »Ich mache mir Sorgen wegen der Hitze und Dürre.«

Das Gras unter seinen Füßen war verbrannt und raschelte wie Laub im Herbst. ›Wenn die Dürre anhält‹, dachte Pater Lorraine, ›werden nicht nur die Siedler leiden, sondern auch die Tiere im Grasland und meine Freunde am Amagukbach!‹

Und so gingen die beiden, nicht so leichten Herzens, wie es hätte sein können, in die Siedlung zurück.

Tag für Tag ging die Sonne morgens an einem glänzend blauen Himmel auf und schickte unbarmherzig ihre Strahlen auf das vertrocknete Land. Die Prärie war nicht mehr grün, im fahlen Gras blühte keine einzige Blume mehr. Das Laub hing welk an den Zweigen der Bäume und Sträucher. Ausgetrocknete Bäche, in deren Schlammboden tiefe Risse klafften, durchzogen das Land. Verdurstete Singvögel lagen unter den Büschen, die keinen Schatten boten, und überall in der Prärie lagen die gebleichten Gerippe toter Tiere. Schwärme von Geiern kreisten über dem Grasland.

Die Dürre war im Waldgebiet, in dem die Quellen nicht alle versiegt waren, nicht so schrecklich wie in der Prärie, doch die Maispflanzen, die im Juni so kräftig gewesen waren, hatten gelbe Blätter bekommen, und die Kolben blieben klein und kümmerlich. Die Bauern beteten um Regen. Wenn aber Wolken am Himmel erschienen, lösten sie sich in der Hitze rasch wieder auf.

Dann kamen Tage, an denen die Sonne morgens in einem Dunstschleier aufging, der sie den ganzen Tag verhüllte, so daß sie schon am frühen Nachmittag seltsam rot und riesengroß am Himmel hing wie sonst nur in den Abendstunden. Die Hitze wurde unerträglich, auch die Nächte brachten keine Kühlung mehr.

Eines Abends standen schwarzblaue Gewitterwolken

wie ein riesiges Gebirge am Himmel. Die Menschen in der Siedlung atmeten auf, denn nun mußte endlich der langersehnte Regen kommen. Aber nur wenige Tropfen fielen. Dafür entzündete ein Blitz irgendwo in der Prärie das vertrocknete Gras. Zuerst war das Feuer so weit weg, daß die Siedler nur den roten Schein am Himmel sahen, als ginge die Sonne großartiger und farbenprächtiger unter, als sie es jemals getan hatte. Die rote Wand kam aber mit unheimlicher Schnelligkeit näher. Dunkle Rauchwolken verdüsterten den Himmel.

Unter der Leitung Pater Lorraines und Major Hendons gruben die Siedler und Soldaten in fieberhafter Eile tiefe Erdlöcher, in denen sie Schutz finden konnten, sollte das Feuer über den Fluß springen. Ein jäh einsetzender wolkenbruchartiger Regen löschte jedoch die brennende Prärie und rettete die Siedlung und einen breiten Streifen des Graslandes.

Pater Lorraine und Jimmy verließen noch vor Morgengrauen die Siedlung und ritten nach Westen. Jimmy hatte die ganze Nacht in Angst um Tatokadan und seine anderen Freunde am Amagukbach verbracht, denn es bestand wenig Hoffnung, daß das Feuer ihr Gebiet verschont hatte. Es war ein gespenstisches Land, dem sie entgegenritten. Von der verbrannten, schwarzen Erde stiegen Dampf und weiße Rauchschwaden auf und verhüllten die Sicht.

Bevor die beiden die verwüstete Prärie erreichten, sahen sie einen Zug Indianer auf sich zukommen.

Es war eine Gruppe Dakota auf Wanderschaft. Ihre Pferde schleppten auf V-förmigen Schlitten aus Zeltstangen alles Besitztum des Stammes, und selbst die Hunde trugen Lasten. Jimmy stieß einen Freudenschrei aus. Er hatte Kleiner Adler und Gute Sonne erkannt: Es war die Sippe der Büffel, die schon vor Tagen auf der Suche nach Wasser ihr Lager am Amagukbach, der versiegt war, verlassen hatte und so dem Präriebrand entkommen war.

Jimmy und Lorraine trieben die Pferde an und ritten ihren Freunden entgegen.

Major Hendon hatte auf die Bitte Lorraines den Sihasapa gestattet, auf dem Hügel der Flüsternden Blätter ihre Zelte aufzuschlagen, und er erlaubte ihnen, auch auf dieser Seite des Flusses zu jagen, damit sie nicht hungern mußten. Keinem Jäger oder Soldaten aber wäre es eingefallen, in das Lager der Indianer zu gehen, sich an ihr Feuer zu setzen und mit ihnen zu essen; und keiner der Bauern dachte daran, einen Dakota in seine Blockhütte zu bitten und seine Mahlzeit mit ihm zu teilen.

Für Jimmy aber hatte die schönste Zeit seines Lebens begonnen. Frank, der mehr ein Vater als ein Arbeitgeber für ihn war, erlaubte es, daß er viele Tage von der Siedlung fortblieb, um mit seinen neuen Freunden beisammenzusein.

Jimmy lernte, wie man aus einem geraden, fehlerlosen Ast einen Bogen verfertigt, der auch dann nicht bricht, wenn man ihn mit aller Kraft spannt. Er konnte bald so gute Pfeile machen wie jeder Dakotajunge. Er lernte die Künste der Jagd; er lernte, wie man lautlos geht und sich anschleicht, den Wind nützt und die Spuren deutet. Er lernte die Sprache der Dakota und war zugleich der Lehrer in der Sprache der Weißen für Gute Sonne und seine Familie. Am liebsten unterrichtete Jimmy Tatokadan. Die beste seiner Schülerinnen war aber ohne Zweifel Siebenstern. Pater Lorraine sagte sogar, Siebenstern könne schon besser lesen und schreiben als Jimmy selbst. Abends saß er im Zelt neben Kleiner Adler, Tatokadan und den Kindern am Feuer, und er nannte Rote Wolke Mutter wie die anderen.

Die Hütte jenes weißen Siedlers, die dem Hügel der Flüsternden Blätter am nächsten lag, gehörte dem irischen Bauern O'Connor. Er wohnte dort mit seinem alten Vater und seinem kleinen Mädchen. Souzette hatte eine braune Haut, dunkle Augen und Haare wie ihre französische Mutter, die bei ihrer Geburt gestorben war. Sie war so alt wie Spielendes Hirschkalb.

Souzette hatte keine Spielgefährten. Der Vater hatte wenig Zeit für sie, da er schwer arbeiten mußte, um dem Boden die jährliche Ernte abzuringen. Der einzige, mit dem das Kind spielen konnte, war der Großvater, den es sehr liebte. Weil er aber ein schweigsamer, alter Mann war, so sprachen sie nie viel miteinander, und Souzette wurde ein stilles Kind.

Manchmal fuhr der Vater nach Alderscreek, doch Souzette begleitete ihn nicht gern, obwohl es für sie die einzige Gelegenheit war, mit anderen Kindern zusammenzutreffen. Aber Souzette hatte Angst vor den Kindern in der Siedlung, die laut schrien und lärmten und sie auslachten. Souzette besaß auch nur alte Kleider, die längst alle Farben verloren hatten. Solange sie auf ihrer Farm waren, kümmerte sich Souzette nicht darum, aber vor den anderen Mädchen in der Siedlung schämte sie sich doch.

Eines Tages wollte der Vater auf einem seiner Felder arbeiten, das nahe dem Hügel der Flüsternden Blätter lag. Die Familie O'Connor hatte sich bisher nie um die Indianer gekümmert; sie waren nicht damit einverstanden gewesen, daß der Major die Sippe den Fluß überqueren hatte lassen, als aber alles weiterhin ruhig blieb, hatten sie sich an die neuen Nachbarn gewöhnt.

Vater O'Connor hängte die Tasche mit den Maisbroten und Fleischschnitten auf den Rücken seiner alten, braunen Stute, stieg selbst auf, hob Souzette in den Sattel und ritt zu seinem Feld. Souzette begleitete ihn oft; sie saß dann den ganzen Tag am Rand des Feldes, spielte mit Käfern und Blumen und wartete, bis der Vater wieder zu ihr kam.

An diesem Tag hatte Souzette bunte Glasperlen, die ihr Frank geschenkt hatte, mitgenommen. Sie rollte die Kugeln hin und her und freute sich an den bunten Farben, die in der Sonne leuchteten. Nach einiger Zeit wurde Souzette dieses Spiels müde, legte sich ins Gras und begann, die Wolken am Himmel zu zählen. Da aber der Himmel mit vielen Schäfchenwolken bedeckt war und Souzette nur bis zwanzig zählen konnte, wurde sie nie damit fertig.

Als Souzette sich wieder aufsetzte, sah sie einen Kolibri vor einer Blüte schwirren. Der Vogel war nicht größer als einer von Souzettes kleinen Fingern. Souzette hielt sich ganz still, um ihn nicht zu verjagen. Sie war sicher, daß es ein verwunschener Vogel war, und wurde traurig, weil der Großvater nicht hier war und ihn nicht sehen konnte.

Als der Kolibri zur nächsten Blüte schwirrte, folgte ihm Souzette atemlos. Der Vogel führte sie immer weiter vom Feld und ihrem Vater fort, und sie vergaß, daß es ihr streng verboten war, von dem Platz wegzugehen, wo der Vater sie zurückgelassen hatte. Plötzlich war der Kolibri im Gebüsch verschwunden. Jetzt erst blickte Souzette sich um. Sie wußte nicht, woher sie gekommen war. Von dort drüben, wo der Haselbusch wuchs? Aber nein, hier war der Haselbusch, an dem sie vorbeigekommen war! Es war aber auch dieser nicht. Alle Büsche sahen gleich aus!

Wilde Pflaumenbäume, Pappeln und Espen umgaben die kleine Lichtung, auf der Souzette stand. Im Gras standen Schierlingsstauden. Ein kleiner Tümpel war mit Wasserlilien bedeckt.

Als Souzette so dastand, trat ein Indianermädchen unter den Bäumen hervor. Es war so groß wie Souzette, und ganz bestimmt war es nicht älter. Das Indianermädchen trug ein braunes Lederkleid, in der Hand hielt es eine farbig bemalte Holzpuppe.

Die Kinder standen still und sahen einander an. Souzette hatte noch niemals ein Dakotakind gesehen, und es war das erste Mal, daß die kleine Indianerin ein weißes Mädchen traf.

Zuerst wollten beide fortlaufen, aber dann taten sie es doch nicht. Es war Spielendes Hirschkalb, der Souzette begegnet war. Spielendes Hirschkalb hatte Tatokadan und Siebenstern begleitet, die im Wald nach Kräutern und Wurzeln suchten.

Spielendes Hirschkalb streckte ihre Puppe dem fremden Kind entgegen und lächelte. Es war eine schöne Puppe. Roter Adler hatte ihr Augen, Nase und Mund aufgemalt, und Tatokadan hatte aus einem Stück Antilopenleder ein Kleid genäht. Souzette nahm die Puppe zögernd aus den Händen des Indianerkindes.

»Washtaydo?« fragte Spielendes Hirschkalb, und das hieß soviel wie: »Ist das nicht besonders schön?« Souzette verstand die Worte nicht, aber ihr gefiel die Puppe. Sie streichelte sie und wiegte sie. Dann gab sie die Puppe zurück und holte aus ihrer Tasche die Glaskugeln. Sie hielt sie in der Hand und ließ die Sonnenstrahlen darauf fallen, so daß die Steine ihre farbigen Blitze aussandten und wie etwas sehr Kostbares aussahen. »O waya washtay!« rief Spielendes Hirschkalb.

Damit war die Freundschaft geschlossen. Die beiden Mädchen setzten sich ins Gras. Souzette schüttelte die Glaskugeln dicht an den Ohren der neuen Freundin, und Spielendes Hirschkalb lauschte gebannt dem geheimnisvollen Klingeln, das Souzette den bunten Steinen entlockte.

Was erzählten sie sich? Jedes sprach eine andere Sprache. Aber sie verstanden sich. Souzettes neue Freundin schrie nicht so laut wie die Kinder in der Siedlung, und sie lachte nicht über das alte Kleid, sondern nahm bewundernd den verblichenen Stoff in die Hände.

Nach einiger Zeit wurden die Kinder hungrig und suchten nach Beeren. Sie sahen Schmetterlingen zu, die über das Gras flatterten, dann gingen sie zum Tümpel und warfen Steine in das moorige, schwarze Wasser. Als ihnen dieses Spiel langweilig geworden war, kehrten sie zur Puppe zurück, die im Gras lag. Sie setzten sich wieder und spielten mit den Glaskugeln.

Während die Kinder fort waren, war eine Viper aus dem Gebüsch geglitten und auf einen flachen Stein gekrochen, um sich in der heißen Sonne zu wärmen. Solange Souzette und Spielendes Hirschkalb sie nicht störten, waren sie nicht in Gefahr, aber sie saßen so nahe, daß sie die Schlange leicht reizen konnten.

Tatokadan und Siebenstern waren einige hundert Meter entfernt tiefer im Wald und suchten nach Kräutern. Ihre Tragbeutel waren schon fast voll, sie waren zufrieden mit ihrer Ausbeute. Als Kleiner Adler, der ein fettes Baumwollschwanzkaninchen in einer Schlinge erbeutet hatte, zu ihnen kam, bat ihn Tatokadan, zum Tümpel zu gehen und Spielendes Hirschkalb zu holen, die sie dort zurückgelassen hatten.

Kleiner Adler warf das tote Kaninchen über die Schulter und ging zum Tümpel. Als er die Lichtung erreichte, sah er die kleine Schwester und ein fremdes weißes Kind, und er sah die Viper auf dem Stein, neben dem die Kinder spielten.

Kleiner Adler blieb stehen und legte das Kaninchen vorsichtig ins Moos. Er wagte nicht zu rufen und die Schwester zu warnen, aus Angst, daß eine hastige Bewegung die Mädchen in Lebensgefahr bringen würde. Lautlos lief er ein paar Schritte näher, dann zog er sein Messer, warf es nach der Schlange und tötete sie.

Im selben Augenblick, als Kleiner Adler aus dem Wald lief und sein Messer warf, kam O'Connor auf die Lichtung. Er hatte, als er zum Rand des Feldes zurückgekehrt war, Souzette vermißt, sie zuerst gerufen in der Hoffnung, daß sie irgendwo im Gras oder im Schatten eines Strauches schlafen würde. Aber Souzette hatte nicht geantwortet, und O'Connor entdeckte die Spur, die ihre Füße im Gras hinterlassen hatten.

Souzette war fortgegangen, ohne ihn zu fragen! O'Connor war bestürzt. Welche Gefahren konnten einem so kleinen Mädchen begegnen, wenn es allein im Wald umherlief? War nicht das Lager der Indianer nahe, und wußte nicht jeder, daß ihnen nicht zu trauen war? Oder Souzette begegnete einem Puma oder einem Bären?

O'Connors Hände wurden schweißnaß. Er lief der Spur nach. Als er auf die Lichtung trat, sah er Souzette neben dem Indianermädchen im Gras sitzen, und er sah, wie ein Indianerjunge aus dem Wald lief, den Arm hob und ein Messer auf die Kinder schleuderte. O'Connor wußte nichts von der Viper, er glaubte, daß der Indianer Souzette töten wollte. ›Gott verdamme den General, den Major und alle jene, die diesen schlechten Frieden geschlossen hatten und den Wilden erlaubt hatten, den Fluß zu überqueren!‹

O'Connor hatte keine Schußwaffe bei sich, aber im Gürtel trug er wie jeder Grenzer ein Messer. Er hätte aber auch ohne Waffe jeden angegriffen, der Souzette ein Leid zufügen wollte. Er schrie, zog das Messer und wollte sich auf Kleiner Adler stürzen.

Aber da lief Souzette auf ihn zu, lachte, rief vergnügt »Daddy!« und streckte ihm die Puppe entgegen, die ihr Spielendes Hirschkalb geschenkt hatte. Und O'Connor sah die tote Schlange und begriff, was geschehen war.

Souzette war unversehrt! O'Connor beugte sich nieder, hob sie auf, drückte sie an sich und küßte sie so heftig, daß Souzette beinahe erschrak, denn ihr Vater war immer karg mit Zeichen seiner Liebe.

Kleiner Adler und Spielendes Hirschkalb standen ruhig da. Die Wasichu waren nicht leicht zu verstehen! Zuerst gebärdete sich dieser weiße Mann wie ein Wilder, wollte sich mit dem Messer auf Kleiner Adler stürzen, und nun benahm er sich wie ein kleines Kind und weinte und lachte zugleich. Kein Indianer hätte vor Fremden seine Gefühle so offen gezeigt, und außerdem gab es keinen Grund zur Aufregung! Kleiner Adler hatte die Schlange getötet, wer weiß, ob überhaupt eine Gefahr bestanden hatte, ob die Viper nicht friedlich weitergeschlafen hätte und die Mädchen, ohne sie zu stören, fortgegangen wären.

Endlich beruhigte sich O'Connor. Er stellte Souzette auf den Boden, nahm sie bei der Hand und ging auf Kleiner Adler und Spielendes Hirschkalb zu. Der Indianerjunge hatte schließlich sein kleines Mädchen vor einer Gefahr beschützt, und wenn er auch nur ein Wilder war, so dachte O'Connor doch, daß es seine Pflicht war, ihm dafür zu danken.

Er wußte nicht, wie er es tun sollte. So sagte er nur verlegen, er sei ihm dankbar, daß er die Schlange getötet hätte. Kleiner Adler verstand kaum eines der Worte des Iren. Sie standen einander gegenüber, der untersetzte Bauer mit dem von der schweren Arbeit gebeugten Rücken und der daneben fast zierlich wirkende Dakotajunge mit dem aufrechten, sehnigen Körper. Beide wußten nichts miteinander anzufangen. O'Connor fand, er hätte nun dem Wilden genug Anerkennung bewiesen und wollte wieder zu seinem Feld zurückkehren, und Kleiner Adler wollte in den Wald zu Siebenstern und Tatokadan gehen.

Die beiden kleinen Mädchen aber waren mit einer so raschen Trennung nicht einverstanden. Es war doch vorhin so schön gewesen, miteinander zu spielen! Souzette lief von der Hand des Vaters fort zu Spielendes Hirschkalb. »Daddy«, rief sie, »sie sollen bei uns bleiben. Ich möchte mit ihnen spielen!«

O'Connor blieb unschlüssig stehen. Souzette war so ganz anders heute, als er es gewohnt war. Kam sie sonst mit anderen Kindern zusammen, versteckte sie sich immer. Jetzt waren ihre Wangen gerötet, und ihre Augen glänzten. Er hatte niemals daran gedacht, daß Souzette sich Spielgefährten wünschen könnte und daß sie sich vielleicht in seiner und des Großvaters Gesellschaft einsam fühlen würde.

Beinahe wurde er ärgerlich, daß sie ausgerechnet mit einem Indianerkind zusammensein wollte. Am liebsten hätte er sie fest bei der Hand genommen und, ohne Widerrede zu dulden, mit sich fortgezogen.

Aber da waren ihre roten Wangen, ihre blitzenden Augen und das fröhliche Lachen, das er bisher so selten gehört hatte! Über seiner schweren Arbeit hatte er vergessen, daß Souzette ein Kind war! So wollte er ihr diesen einen Wunsch nicht abschlagen und lud die Indianer mit einer Handbewegung ein, ihm zu folgen. Er sagte auch ein paar freundliche Worte, als er sah, daß der Junge zögerte.

Kleiner Adler ging es nicht anders als dem Iren. Er spürte, daß der Weiße ihn ohne Freude, ja widerstrebend einlud, und er war viel zu stolz, um es zu ertragen, sich nur geduldet zu fühlen. Aber er folgte ihm um der kleinen Schwester willen. Sie gingen zum Feld zurück, voran O'Connor, dann die beiden kleinen Mädchen, die sich an der Hand hielten, und als letzter Kleiner Adler, der das tote Kaninchen vom Waldrand geholt hatte.

Die Stute graste friedlich neben dem Feld. In den Augen von Kleiner Adler, der die wilden, kräftigen Pferde der Prärie gewöhnt war, schien es ein recht armseliges Tier zu sein. Überhaupt waren die weißen Leute schwer zu verstehen. Lebten sie nicht in einem Land, das ihnen alles bot, was ein Mensch zum Leben braucht? Und doch, anstatt zu jagen, arbeiteten die weißen Männer auf ihren Feldern, wühlten die Erde auf und schleppten Wasser, bis ihre Rükken gebeugt waren. Kleiner Adler verstand die Wasichu wirklich nicht!

O'Connor wiederum sah voll Stolz auf seine hochgewachsenen Maispflanzen, für die er während der Dürre unermüdlich Wasser vom Fluß geholt hatte. Er blickte geringschätzig auf den Indianerjungen in seinen Kleidern aus Tierhäuten. ›Es sind doch nur arme Wilde‹, dachte er beinahe mitleidig. ›Seit Hunderten von Jahren leben sie in diesem wunderbaren Land, und nichts haben sie getan, um die Wildnis zu besiegen! Wie Bär und Wolf leben sie vom Töten und kleiden sich in Tierhäute!‹

Weil er sich diesem wilden, unwissenden Volk überlegen fühlte, empfand O'Connor plötzlich mehr Freundlichkeit dem Dakotajungen gegenüber. Er holte seine Tasche, packte das mitgenommene Essen aus und lud die beiden Indianer ein.

Kleiner Adler setzte sich gegenüber O'Connor nieder und aß, was dieser ihm anbot, weil es unhöflich gewesen wäre, Gaben zurückzuweisen.

Die beiden kleinen Mädchen wußten nichts von den Gedanken des Vaters und des Bruders. Das, was das andere besaß, schien ihnen kostbarer als der eigene Besitz: Souzette bewunderte das Kleid aus Antilopenleder, und Spielendes Hirschkalb hatte noch nie so etwas Seltsames gesehen wie Souzettes alten Rock.

Als sie sich trennten und O'Connor mit Souzette heimritt und Kleiner Adler und Spielendes Hirschkalb zu Tatokadan und Siebenstern zurückkehrten, hatte Souzette die Holzpuppe in der Hand und Spielendes Hirschkalb die gläsernen Steine in ihrer Gürteltasche.

Der Überfall

*D*ie Siedler am Fluß sagten, O'Shea sei nicht mehr richtig im Kopf. Seit dem Abenteuer mit dem Bären wurde er immer sonderbarer.

Pater Lorraine hatte ihm damals in der Blockhütte, sobald der Ire wieder bei Bewußtsein war, alles, was geschehen war, erzählt. Lorraine hatte ganz ruhig gesprochen und dem Iren keine Vorwürfe gemacht. O'Shea hatte das Gesicht zur Wand gedreht und so getan, als hörte er nicht zu.

Ein paar Tage später hatte ihn Lorraine über den Fluß zu einem Farmer gebracht, dessen Frau ihn gesund pflegte. Eines Nachts aber war O'Shea ohne Abschied und Dank aus dem Haus geschlichen, und seither mied er die Bewohner der Grenze und sprach mit niemandem.

Er war nicht mehr wie früher ganze Tage lang betrunken in der Siedlung. Nur manchmal stahl er sich in Franks Laden und tauschte dann gegen ein paar Felle Whisky ein. An einer einsamen Stelle am Fluß saß er dann oft viele Stunden, die Whiskyflasche neben sich, die er langsam leer trank. Wenn die untergehende Sonne den Himmel über dem Grasland rot gefärbt hatte, stand er auf, rief sein Pferd und ritt hinein in den Wald.

Manchmal begegnete ihm einer der Bauern, trat zu ihm und grüßte ihn. Da O'Shea stets wortlos fortritt, ohne den Gruß zu erwidern, unterließ man es bald, ihn anzusprechen, und mied ihn, wie er die Menschen an der Grenze mied.

Einige Wochen nach dem Brand in der Prärie ritt O'Shea eines Abends aus der Siedlung fort. Er hatte nichts zu trinken, denn seit langem war er nicht mehr auf der Jagd gewesen, und Frank hatte sich schließlich geweigert, ihm Whisky zu geben.

Das von der Dürre versengte Land begann sich langsam zu erholen. Zwischen den fahlen Grasbüscheln stachen junge Triebe hervor, das Laub an den Bäumen und Büschen hing nicht mehr welk an den Zweigen, sondern war wieder frisch und grün geworden. .

O'Shea hatte die Zügel nur lose in der Hand. Er lenkte sein Pferd nicht. Es war ihm gleichgültig, wohin ihn das Tier führte.

Als es Nacht wurde, blieb das Pferd auf einer kleinen Lichtung stehen. O'Shea stieg ab und setzte sich ins Gras. Der Himmel war rein vom Dunst. Die Sterne schienen. Er starrte hinauf und versuchte zu begreifen, warum er sich so elend fühlte. Das Blut pochte in seiner Wunde am Kopf, und er fuhr sich mit den Händen ins Haar und fühlte die Narbe. ›Der verdammte Bär‹, dachte er, ›er hat mir meinen ganzen Kopf zerschlagen!‹ Er warf sich zu Boden und vergrub das Gesicht im Gras. Plötzlich fürchtete er, verrückt zu werden. Er blieb ruhig liegen, schloß die Augen und versuchte, an nichts mehr zu denken. Aber gerade jenen Augenblick in seinem Leben, an den er am wenigsten erinnert werden wollte, sah er vor sich: Er sah den jungen Indianer, den er hatte töten wollen, wie dieser ihm Wasser zum Trinken brachte und seine Wunden verband.

O'Shea stöhnte. Er dachte an alle Indianer, die er getötet hatte, Kinder, Frauen und Männer. Er wußte nicht mehr, wie viele es waren, aber jetzt schien es, als sei der Wald ringsum voll von ihnen, als stünden sie stumm da und schauten ihn an.

Der Ire richtete sich auf und sah verstört um sich. Er war allein! Sein Blick fiel auf die zerbeulte Satteltasche, aus der die Whiskyflasche herausragte. Er stand auf, trat zu seinem Pferd, zog die Flasche heraus, öffnete sie und setzte sie an seinen Mund. Aber es rann nicht ein einziger Tropfen Flüssigkeit auf seine Zunge. Die Flasche war leer!

Mit einem Fluch schleuderte er sie fort und schlug sein

Pferd mit der Faust auf den Kopf, daß es zurückwich. »Du verdammtes Tier!« schrie er.

In diesem Augenblick hörte er das Knacken von Zweigen und den Hufschlag von Pferden, zwar vom Moosboden gedämpft, aber für ihn, der in der Wildnis aufgewachsen war, doch deutlich unterscheidbar von allen anderen Geräuschen des nächtlichen Waldes. Mochte der Ire auch in einer noch so jämmerlichen Gemütsverfassung sein, im Augenblick der Gefahr erwachte der Instinkt des erfahrenen Jägers. Im Nu hatte er sein Gewehr ergriffen und Deckung hinter seinem Pferd genommen.

Es waren zwei Reiter, die aus dem Dunkel des Waldes kamen. Sie hoben die Hände, um ihre friedliche Absicht zu zeigen, und einer rief: »Freunde, gute Freunde, Alter!«

O'Shea kannte die beiden. Es waren Brüder, Joe und Rusty, die als Händler und Büffeljäger herumzogen. Vor einigen Jahren waren sie aus dem Osten gekommen, und man erzählte sich, daß sie dort wegen eines Mordes gesucht würden. Aber da niemand Genaues wußte, duldete man, daß sie in der Siedlung ihre Tauschgeschäfte machten. Jeder aber war froh, wenn sie wieder fortritten, und kein Farmer gewährte ihnen gerne Unterkunft. Sie waren streitsüchtig, und wenn sie getrunken hatten, war es besser, ihnen aus dem Weg zu gehen.

O'Shea war es gleichgültig, was man von ihnen erzählte, aber da sie ihn einmal auf einem gemeinsamen Jagdzug betrogen hatten, wollte er nichts mit ihnen zu tun haben. Er senkte sein Gewehr und rief ihnen unfreundlich zu, er wüßte nicht, wann sie jemals Freunde gewesen seien. Sie sollten sich zum Teufel scheren!

Die Brüder hielten ihre Pferde an. Joe versuchte ein beschwichtigendes Lächeln. »Zum Teufel werden wir alle eines Tages kommen«, antwortete er, »aber dafür möchten wir uns doch noch ein bißchen Zeit lassen, nicht wahr, Rusty?«

Der andere nickte. »O'Shea«, fuhr Joe fort, »du wirst uns doch nicht einen Spaß aus alten Zeiten nachtragen? Wir wollen nichts anderes als ein bißchen Gesellschaft an einem langen Abend.« Bevor O'Shea antworten konnte, hatte Joe eine Flasche aus der Satteltasche gezogen. »O'Shea, du wirst doch nicht alte Freunde abweisen, die mit dir trinken möchten?«

Das Gewehr des Iren senkte sich, sein Blick richtete sich gierig auf die Whiskyflasche in Joes Hand. Er setzte sich ins Gras, legte das Gewehr neben sich und ließ es wortlos geschehen, daß die Brüder von ihren Pferden stiegen und sich neben ihm niederließen. Joe reichte ihm die Flasche, und O'Shea setzte sie an den Mund. Mit geschlossenen Augen trank und trank er. Die Brüder saßen neben ihm. Im fahlen Licht der Sterne wirkte ihr Grinsen unheimlich.

»Trink«, murmelte Joe, »trink, Alter!«

Und O'Shea trank. Die Welt begann sich wieder für ihn in die gewohnte Ordnung zu fügen. Es gab keine stummen, toten Indianer mehr, die zwischen den Bäumen standen und ihn anstarrten. Das Bild des Jungen, der ihn vor dem Bären gerettet hatte, verschwand. Der Whisky wärmte ihn. Sein Kopf schmerzte nicht mehr. Er sah die Brüder neben sich wie durch einen leichten, roten Schleier. Rusty kniete am Boden und entfachte ein kleines Feuer.

O'Shea lachte. Was zum Teufel ging es ihn an, daß man sich von ihnen erzählte, sie hätten einen Menschen um eines kleinen Streites willen erschlagen? Sie hatten ihm Whisky gebracht, und sie hatten die Gestalten aus dem Wald fortgetrieben. Alles war wieder so geworden, wie es sein sollte. Er konnte wieder zu dem nächtlichen Himmel aufschauen, ohne sich so elend zu fühlen wie ein winselnder Welpe, der von der Hündin zum ersten Mal allein gelassen wird.

Joe stocherte mit einem Zweig in der Glut, so daß die Flammen hoch aufstoben. Er rückte näher an den Iren heran.

»Mein Bruder und ich, wir haben dich seit vielen Tagen gesucht. Ja, O'Shea, alter Freund, wir zwei, die noch niemandem nachgelaufen sind, haben das bei dir getan!«

Der Ire grinste. Er hielt die Whiskyflasche in der Hand und streichelte sie. »Das glaubt dir der Teufel nicht, Joe, und ich auch nicht!«

»Dieser Friede, O'Shea«, flüsterte Joe heiser, »dieser verdammte Friede mit den rothäutigen Mördern, was sagst du dazu, he?«

Der zu rasch getrunkene Alkohol hatte den Iren schläfrig gemacht. Sein Kopf wurde schwer, er konnte sich nur noch mit Mühe aufrecht halten. »Dieser Friede sei verflucht«, lallte er.

Joe nickte. Seine Stimme wurde plötzlich hart. »Wer einen Indianer tötet, begeht einen Mord, wer in ihrem Land die Büffel jagt, ist ein Dieb!« Er sprang auf, begann zu fluchen und ballte die Fäuste. »Dieser elende Hund von einem General! Als Rusty und ich den Fluß überquerten und mit Büffelhäuten zurück ins Fort kamen, nahm er uns nicht nur die Häute fort, die Arbeit von drei verdammten langen Wochen, er drohte, uns einzusperren! Mich und meinen Bruder, wegen dieser dreckigen Indianer!«

Er rückte näher an den Iren heran. »Auch du, O'Shea, darfst nicht mehr über den Fluß, um Indianer zu jagen und Gold zu suchen!«

O'Shea hätte antworten können, daß ihm die Lust zu beidem vergangen sei, aber er zog es vor zu schweigen, zuckte die Achseln und starrte ins Feuer.

Joes Stimme war ruhig und freundlich geworden: »Rusty und ich, wir haben beschlossen, dem General einen Strich durch die Rechnung zu machen. Der Krieg wird wieder beginnen, O'Shea! Wir werden O'Connors Haus niederbrennen, wenn er nicht zu Hause ist, sein Vieh stehlen, und wir werden alles genauso tun, wie es eine Indianerhorde macht. Jeder wird glauben, die Rothäute vom Hügel der

Flüsternden Blätter wären es gewesen, man wird sie gefangennehmen und bestrafen, und, beim Teufel, die Dakota werden sich die Kriegsfarben wieder ins Gesicht schmieren. Was sagst du, Alter?«

Der Ire schien plötzlich wieder nüchtern geworden zu sein. Kurz angebunden antwortete er: »Ich sage, es ist ein verdammt schlechter Plan. Du und dein Bruder, ihr könntet dabei eure eigene Haut verlieren.«

»Ich kenne die Siedler, und ich kenne Major Hendon«, sagte Joe mit einem harten Lachen. »Wenn die Spuren von unbehuften Indianerponys und ein paar Pfeile zurückbleiben, wird niemand mehr den Indianern glauben, wenn sie sagen, sie wüßten nichts davon!«

Der Ire schüttelte den Kopf. »Es ist ein verdammt schlechter Plan!«

»Es ist ein verdammt guter Plan, alter Freund. Und du sollst uns dabei helfen. Wir haben uns zwar schon von den Indianern ein paar unbeschuhte Ponys geborgt«, Joe lächelte hämisch, und O'Shea wußte, daß die Pferde gestohlen worden waren, »Ponys haben wir also, aber für alles andere, Pfeile, Mokassins und all die Kleinigkeiten, die wir beachten müssen, dazu brauchen wir dich! Niemand hat soviel Erfahrung wie du, was dieses Zeug betrifft. Du mußt uns helfen! O'Shea, es gibt Whisky und Geld dafür, soviel du haben willst!«

In den Augen Joes lag ein lauernder Ausdruck, als er ihm die Hand entgegenhielt: »Schlag ein, Partner!«

O'Shea saß so aufrecht, als spürte er den Alkohol nicht mehr. Er antwortete mühsam: »Ich will damit nichts zu tun haben. Und ich rate euch, dort sind eure Pferde, reitet fort!

Reitet fort!« schrie er plötzlich. Das Blut stieg ihm in den Kopf. Joe rückte nur näher und reichte ihm wieder die Whiskyflasche. O'Shea konnte nicht widerstehen und trank. »Die Leute erzählen«, sagte Joe, »daß du ein Indianerfreund geworden bist?«

O'Shea blickte wütend auf. Bevor er antworten konnte, fiel Rusty ein: »Die Leute sagen, Gott segne den alten O'Shea, er ist endlich fromm geworden, und der Pater, du solltest den Pater hören, O'Shea!« Rusty lachte. Er lachte so sehr, daß die Tränen ihm übers Gesicht liefen.

Joe stieß den Bruder an. »O'Shea«, sagte er, »wie war es, als du den Dakotabalg vor dem Bären gerettet hast?«

Das Gesicht des Iren färbte sich dunkelrot, in der frisch verheilten Wunde pochte das Blut. Er sprang auf. Er war so betrunken, daß er kaum stehen konnte. Das Feuer und die Gesichter der Brüder gingen ineinander über, er konnte nichts mehr unterscheiden, es war, als seien die Köpfe in Flammen getaucht. O'Shea stierte die beiden an. Er konnte die Zunge kaum bewegen, jedes Wort bereitete ihm Mühe. »Verdammte Lügner, alle!« stöhnte er. »Alles verdammte Lügner!« Er riß das Messer aus dem Gürtel und umklammerte mit beiden Händen den Schaft. »Ich bringe sie um, alle, und den verfluchten Dakotajungen dazu . . .« Die Gesichter und das Feuer begannen vor seinen Augen auf und ab zu tanzen. Er konnte sich nicht mehr auf den Beinen halten. Er sank nieder, das Messer fiel aus seiner Hand.

Die Brüder waren, als der Ire das Messer zog, ein wenig abgerückt und hatten die Hände an ihre Revolvertaschen gelegt. Jetzt grinsten sie zufrieden und setzten sich wieder dicht neben ihn. Joe hielt ihm den Whisky hin.

»So ist es also nicht wahr, daß du ein Freund der Rothäute bist?« fragte er.

O'Shea hatte nicht mehr die Kraft, die Flasche an den Mund zu führen. Sein Kopf schwankte. »Ich hasse sie«, stieß er hervor.

»Dann«, sagte Joe, »bist du also bereit, uns zu helfen?«

Der Ire nickte schwerfällig.

Die nächsten Tage waren für die drei mit eifriger Tätigkeit ausgefüllt. O'Shea fertigte Bogen, Pfeile und Tomahawks an und nähte Mokassins, die sie statt ihrer Schuhe tragen wollten.

Dann war alles vorbereitet, und sie mußten nur noch darauf warten, bis O'Connor mit seiner Familie das Haus verlassen würde, um in die Siedlung zu fahren. Joe und Rusty ritten jeden Morgen aus ihrem Lager in einem versteckten Seitental des Flusses fort und kehrten erst in den Nachtstunden zurück, um tagsüber O'Connor zu überwachen und seine Gewohnheiten auszukundschaften. Der Ire begleitete sie nie, er saß am Ufer des kleinen Baches, der durch das Tal floß, und sah teilnahmslos den Spielen der Mückenschwärme zu. Da die Brüder ihn reichlich mit Alkohol versorgten, war er stets betrunken.

Endlich kam der Abend, an dem die Brüder in das Tal zurückkehrten und sagten, daß O'Connor mit dem Großvater und Souzette am nächsten Morgen mit ihrem Wagen nach Alderscreek fahren würde.

In jener Nacht schlief der Ire kaum, er lag lange mit offenen Augen da. Es war ihm alles gleichgültig geworden. Er fühlte kein Mitleid mit der Familie, die ihm und den Brüdern nichts Böses getan hatte und deren Heim sie zerstören wollten.

Vor Sonnenaufgang, als die Dämmerung die nächtliche Welt mit grauer Farbe überzog, erhoben sich die Brüder von ihrem Lager und weckten den Iren. Es war kalt, der Boden war naß vom Tau der Nacht. Vom Bach stiegen Morgennebel auf.

Die drei Männer aßen schweigend ein paar Bissen Brot und Fleisch. Sie zogen die Mokassins an und sattelten die Pferde, ihre eigenen und die Indianerponys. Nachdem alle Spuren, die ihre Anwesenheit in dem Tal hätten verraten können, sorgfältig beseitigt waren, bestiegen sie die Ponys. Ihre eigenen Pferde hielten sie am Zügel.

Joe führte. Sie ritten hintereinander im Bett des Baches,

in dem das Wasser die Spuren der Pferde verwischte. Als die den Fluß erreichten, lenkten sie die Pferde ins seichte Uferwasser.

Sie ritten schweigend. Die Sonne war aufgegangen, das Leben am Fluß war erwacht. Wildenten flogen auf, ein Otter tauchte unter, und eine Schar Hirsche floh von der Tränke. Es wurde warm.

Nach einigen Stunden erreichten die drei Männer jene Stelle, bei der sie den Fluß verließen. Wieder wählten sie ein Bachbett, in dem sie zu einem versteckten Dickicht ritten. Dort stiegen sie ab und banden ihre eigenen Pferde fest.

Sie setzten den Weg im Bachbett auf den Indianerponys fort und nahmen alles mit sich, mit dem sie einen Indianerüberfall vortäuschen wollten. Als sie weit genug vom Versteck ihrer Pferde entfernt waren, bogen sie ab und ritten geradewegs auf die Hütte des Bauern zu.

Um die Mittagszeit erreichten sie ihr Ziel. Auf einem kleinen Hügel, von dem sie, hinter Gebüsch versteckt, unbemerkt das Haus beobachten konnten, hielten sie an und warteten. Aber nichts bewegte sich.

Die Tür der Hütte war geschlossen, kein Rauch stieg auf. Im abgegrenzten Weideland grasten Kühe und Schafe.

Joe trieb sein Pferd an, hob die Hand und winkte den Gefährten, ihm zu folgen. Sie ritten den Hang des Hügels hinunter und umkreisten ein paarmal die Hütte. Als die Spuren ihrer unbehuften Ponys in genügender Anzahl sichtbar waren, stiegen Joe und Rusty von den Pferden und begannen, die Hütte zu plündern. O'Shea ging mit Pfeilen und Bogen zum Pferch. In jenem Teil der Weide, wo die Tränke lag, hatte O'Connor ein Stück abgezäunt, in dem er seine kleine Herde sammeln konnte. Dorthin trieb O'Shea die Kühe, und als alle Tiere drinnen waren, schloß er das Holzgatter. Die kleine Herde stand nun zum Forttreiben bereit.

Es waren nur ein paar Kühe. O'Connor besaß keine wertvollen Tiere. Aber die Kühe waren sorgsam gebürstet und sauber und rein gehalten. Die Kälber kamen zutraulich zum Zaun, wo O'Shea stand, und steckten ihre Köpfe durch die Latten.

In einem Winkel des Pferchs grasten die Schafe. O'Shea spannte den Bogen; er war auch damit ein ausgezeichneter Schütze, und die getroffenen Tiere sanken lautlos zusammen. Die anderen Schafe weideten weiter, ohne zu erschrecken. Als der Ire zum dritten Mal den Bogen hob, kam eines der jungen Lämmer zu ihm und stieß mit der weichen Schnauze an seine Hüfte; es war gewohnt, daß ihm die Menschen Futter brachten.

O'Shea ließ den Bogen sinken. Das Lamm begann, ihm zutraulich die Hand zu lecken.

Er blickte auf die toten Tiere, die mit einem Pfeil im Körper im Gras lagen. Das genügte, um den Verdacht auf die Indianer zu lenken. Er hatte keine Lust mehr, die anderen Schafe zu töten.

Er öffnete das Holzgatter und jagte die erschrockenen Schafe ins Freie, in den angrenzenden Buschwald, wo er sie mit Steinwürfen immer weiter trieb, bis sie sich verstreut hatten und nicht mehr zu sehen waren.

Der Gedanke, daß er Joe, der ihm befohlen hatte, alle Schafe zu töten, einen Streich gespielt hatte, machte ihn vergnügt. Er begann, leise ein Lied zu pfeifen, plötzlich tat es ihm leid, daß er die Hütte und den Schuppen der Familie O'Connor anzünden mußte. Die Frauen aus der Siedlung hatten ihm, wenn er nach Alderscreek gekommen war, stets gezeigt, daß sie ihn verachteten. O'Connors Frau aber hatte das nie getan, sondern ihm sogar einmal angeboten, mit ihrer Familie gemeinsam zu essen. Das war freilich schon vor vielen Jahren gewesen.

O'Shea zuckte die Achseln. O'Connors Frau war lange tot, und ihr Mann kümmerte ihn nicht.

›Aber ich könnte‹, dachte er, ›wenn die Brüder mit den

Kühen fort sind, nur den Schuppen anzünden.‹ Um die Siedler in Wut zu bringen, genügten geraubte Kühe, ein paar getötete Schafe und ein Schuppen, der niedergebrannt war! Außerdem war die Hütte ausgeraubt, und überall gab es Spuren von mokassinbekleideten Füßen. Es war nicht notwendig, auch die Hütte niederzubrennen.

Dieser Gedanke machte O'Shea so fröhlich, wie er es seit Monaten nicht gewesen war. Er konnte sich an den Indianern rächen für die vermeintliche Demütigung, die er durch den Jungen erlitten hatte, aber er konnte gleichzeitig O'Connor einen Dienst erweisen.

Joe und Rusty hatten inzwischen alle Habe, die Wert besaß, aus dem Haus geschleppt und auf die Pferde gebunden.

Joe fragte den Iren, ob alles in Ordnung sei. O'Shea erwiderte grinsend, die Schafe seien in den Wald geflohen, er habe sie aber gejagt, und nun lägen überall verstreut die von Pfeilen getöteten Tiere. Joe blickte ihn mißtrauisch an. Ein O'Shea, der lachte und fröhlich war, kam ihm verdächtig vor, er hätte es vorgezogen, wenn der Ire mürrisch und grob gewesen wäre wie sonst immer. Aber es war keine Zeit, sich darüber Gedanken zu machen.

Alles war bereit: der Boden war mit Spuren von Indianerponys und Mokassins bedeckt, eine indianische Satteldecke lag, als hätte man sie vergessen, unter einem Haselbusch.

Noch einmal zählte Joe dem Iren alles auf, was er tun mußte: die Reisigbündel an den Wänden der Hütte und des Schuppens aufstapeln und sie anzünden; zum Versteck der Pferde zurückreiten, den Weg im Bachbett benützen, damit keine Spuren zurückblieben; mit den Pferden zum vereinbarten Treffpunkt reiten, wo ihn die Brüder erwarten würden, deren Aufgabe es jetzt war, die Kühe in die Nähe des Indianerlagers zu treiben. Joe mischte den Anweisungen allerlei freundliche Andeutungen bei wie etwa: Wenn der Ire sich unterstehen sollte, sie zu verraten oder im Stich zu lassen, würde er ihm bei lebendigem Leibe die Füße in ein Feuer halten.

Joe hatte den Iren bei den Schultern gepackt und schüttelte ihn. O'Sheas Fröhlichkeit war wieder vergangen. Er fühlte sich plötzlich schwach, seine Knie zitterten, er konnte Joe nicht in die Augen blicken. Er haßte ihn, aber er begann, sich vor ihm zu fürchten. Und diese Furcht war größer als sein Haß. Er war bereit, alles zu tun, was die Brüder ihm befahlen. Er würde das Haus anzünden! O'Connor konnte es wieder aufbauen, es war ja nur eine armselige Blockhütte!

Als ihn Joe losließ, begann er, die Reisigbündel an den Wänden des Hauses aufzuschichten. Die Brüder nahmen ihre Waffen und stiegen auf die Pferde. Joe befahl O'Shea, die Kühe aus dem Pferch herauszutreiben.

Als der Ire gerade das Holzgatter öffnen wollte, erschien ein Mann auf dem Pfad, der von der Hütte zum Fluß führte.

Es war Großvater O'Connor.

Großvater O'Connor war nicht mit zur Siedlung gefahren. Er war alt, und er war müde, und das Treiben in der Siedlung machte ihm keinen Spaß mehr. Sein Rücken schmerzte, wenn er im schlechtgefederten Wagen saß, der auf dem holprigen Pfad hin und her rüttelte; nachher konnte er stets stundenlang kaum gehen. Nein, Großvater O'Connor war froh, wenn er daheimbleiben durfte, um das Haus zu hüten und die Tiere zu betreuen.

Und seitdem Souzette in dem kleinen Indianermädchen eine Freundin gefunden hatte, wollte auch sie nicht mehr mit in die Siedlung fahren. Souzette spielte lieber mit den Dakotakindern als mit den kleinen Mädchen der Siedler. So waren Großvater O'Connor und Souzette daheim geblieben, und am Morgen war Tatokadan gekommen und hatte Spielendes Hirschkalb mitgebracht.

Es war ein so vergnügter Vormittag gewesen! Gemeinsam hatten sie die Tiere gefüttert, und Souzette und Spielendes Hirschkalb waren dann bei den Schafen im Pferch geblieben. Tatokadan aber hatte sich zu dem alten Mann gesetzt und sich von ihm in der schwierigen Sprache der Weißen unterrichten lassen.

Souzette war es dann gewesen, die nicht im Haus zu Mittag essen wollte, sondern am Fluß unten. Alle waren von dem Vorschlag begeistert gewesen. Großvater O'Connor packte süßes Brot, kaltes Fleisch und Maisfladen in einen Beutel und wanderte mit den Kindern zum Fluß. Sie setzten sich ins Gras unter einen alten Weidenstrauch und aßen alles auf, das Fleisch, die Maisfladen und das Brot. Die Vögel sangen, und die Sonne schien warm. An einen Pfahl angebunden hing das Boot der Familie O'Connor und schaukelte sanft hin und her. Tauchenten zogen vorüber, und eine Schar der kleinen, blauflügeligen Krickenten kam angestrichen und ließ sich im Schilf nieder.

Ein Waschbär lief zum Fluß und begann, im seichten Uferwasser unter den Steinen und im Sand nach Fröschen, Krebsen und kleinen Fischen zu jagen. Sein buschiger Schwanz hatte sechs dunkle Ringe, und quer über sein Gesicht trug er eine schwarze Fellmaske. Er stand im seichten Uferwasser und tastete mit den Vorderpfoten im Schlamm und im Sand nach Beute. Hatte er einen Frosch oder einen Fisch gefangen, tauchte er ihn zuerst ins Wasser, bevor er ihn ins Maul steckte. Die Kinder und der alte Mann saßen ganz still, um das Tier nicht zu erschrecken.

Als es nach einiger Zeit fortlief, war Souzette traurig, aber der Großvater versprach ihr, einmal einen jungen Waschbären zu fangen, den sie zähmen durfte. Dann sagte der Großvater, nun sei es Zeit, zum Haus zurückzugehen. Souzette und Spielendes Hirschkalb aber fanden im Gras unter einem Busch versteckt kleine, gelbe Blumen, die sie pflücken wollten. Tatokadan half ihnen dabei.

So kam es, daß Großvater O'Connor als erster die Brüder und O'Shea zu Gesicht bekam, als er langsam zur Hütte zurückwanderte.

Er sah die Fremden vor dem Haus, aber bevor er begriff, was vorging, hatte Joe seinen Bogen gespannt. Joe rühmte sich, mit Pfeil und Bogen zielsicher wie ein Indianer zu sein. Der alte Mann fiel lautlos zu Boden und blieb auf dem Weg liegen, die Arme ausgestreckt, das Gesicht im Sand.

O'Shea, der sich gerade nach Steinen bückte, um damit die Kühe aus dem Pferch zu treiben, richtete sich auf und schaute entsetzt auf den Toten. Seine Hände wurden schweißnaß. Das hatte er nicht gewollt! Er hatte es nicht gewollt, daß Großvater O'Connor getötet wurde! Er schleuderte die Kiesel fort, die er in der Hand hielt, aber nicht auf die Kühe, sondern auf Joes Pferd, das sich erschreckt aufbäumte und seinen Reiter abwarf.

Joe wollte aufspringen, aber bei dem Sturz vom Pferd hatte er sich den Knöchel verstaucht. Er sank stöhnend nieder. Sein Bruder rannte zu ihm.

Joe verfluchte sein Pferd. Er hatte nicht bemerkt, daß der Ire es gereizt hatte. Wütend rief er O'Shea zu, er solle zu dem Alten gehen und ihm mit dem Tomahawk den Schädel einschlagen, um sicher zu sein, daß er auch wirklich tot war. Und O'Shea, der gerade vorher über den Mord empört gewesen war, befolgte den Befehl. Es war, als hätte er keinen eigenen Willen mehr und könnte nichts anderes tun als das, was ihm die Brüder, die er haßte, befahlen. Er stapfte zu dem Toten, den Tomahawk in der Hand.

Als die Kinder auf dem Pfad daherkamen, sah O'Shea sie zuerst nicht. Die Mädchen hatten Stimmen gehört, Souzette hatte geglaubt, es sei der Vater, der früher heimgekommen sei. Souzette und Spielendes Hirschkalb liefen Tatokadan voran.

Diesmal war es Rusty, der den Bogen hob. Aber der Ire behinderte seine Sicht. Er war auch kein so guter Schütze wie sein Bruder. Er traf Spielendes Hirschkalb an der Schulter, ein zweiter und dritter Pfeil verfehlten das Ziel.

Auch O'Shea hatte nun die Kinder bemerkt. Er sah, wie Spielendes Hirschkalb niederfiel und Souzette wie erstarrt dastand, ohne sich zu rühren oder davonzulaufen. Ein größeres Indianermädchen stürzte sich auf die Kinder, riß die Kleine an sich, faßte Souzette an der Hand und floh zum Fluß zurück.

Der Ire war stehengeblieben. Großvater O'Connor lag zu seinen Füßen; er war tot. O'Shea hörte Joe fluchen und schreien: »Bring die Bälge um, schlag die Bälge tot, du verdammter Schuft!« Aber erst, als Joe seine Pistole gezogen hatte und die Kugeln knapp neben dem Iren einschlugen, begann er gehorsam, den Kindern nachzulaufen.

Als Tatokadan hörte, daß ihr Verfolger ganz nahe hinter ihr war und es für sie keine Hoffnung mehr gab, den Fluß zu erreichen und mit dem Boot zu fliehen oder im Wald ein Versteck zu finden, legte sie Spielendes Hirschkalb zu Boden, stellte sich vor sie hin und befahl Souzette weiterzulaufen. Sie zog ihr Messer aus dem Gürtel und erwartete den Weißen, um ihr Leben und das der beiden Kinder zu verteidigen.

Souzette verstand nicht gleich, was Tatokadan ihr sagen wollte. Sie blieb stehen und weinte fassungslos. Als O'Shea auf dem Weg auftauchte, schrie sie vor Entsetzen. Sein Gewand war schmutzig und zerrissen. Das rote Haar hing ihm wirr und struppig auf die Schultern, der verfilzte Bart bedeckte das halbe Gesicht. Die Augen waren trüb und die Lider angeschwollen. Für Souzette sah er aus wie ein böser, furchterregender Geist. Sie versteckte ihr Gesicht in Tatokadans Kleid.

O'Shea aber hob den Tomahawk nicht. Was er nun tat, konnte er sich selbst nicht erklären. Er sagte zu Souzette: »Schrei nicht, dummes Ding! Niemand tut dir was. Wo habt ihr euer Boot?«

Souzette klammerte sich nur fester an Tatokadan. Tatokadan aber begriff plötzlich, daß der rotbärtige Mann kein Feind mehr war, sie hatte auch seine Frage nach dem Boot verstanden. Sie wies mit der Hand auf die Weiden am Flußufer.

Als sie Spielendes Hirschkalb aufheben wollte, rief der Ire ihr in der Sprache der Dakota zu, sie solle sich um Souzette kümmern. Dann nahm er Spielendes Hirschkalb in die Arme und lief dem Fluß zu. Tatokadan folgte, Souzette an der Hand.

Warum gefährdete O'Shea sein eigenes Leben, um ein kleines, weinendes Kind und zwei Dakotamädchen zu retten? Er haßte das Kind, das er trug, und er hätte Tatokadan am liebsten mit dem Beil den Kopf eingeschlagen. Er wollte nicht helfen, und doch tat er es. Er wußte, daß er sich selbst in große Gefahr brachte. Der Plan der beiden Brüder war nur dann gelungen, wenn es keine Zeugen gab. Und sie würden ihn genauso töten, wie sie Großvater O'Connor getötet hatten. O'Shea aber hatte keine Waffen außer dem Beil. Sein Gewehr und Bogen und Pfeile lagen bei der Hütte.

Der verstauchte Knöchel würde Joe nicht am Reiten hindern. Er würde sie bald eingeholt haben, wenn sie versuchten, nach Alderscreek oder zum Lager der Indianer zu fliehen. Es gab nur eine Hoffnung: das Boot zu erreichen und den Fluß stromabwärts zu rudern. Stromabwärts aber war nichts als unbesiedelte Wildnis. Alderscreek und das Fort lagen stromaufwärts, doch wenn sie stromaufwärts ruderten, waren sie langsamer als die Brüder auf ihren Pferden.

Wenn sie aber mit der reißenden Strömung fuhren, konnten sie hoffen, einen Vorsprung zu gewinnen und später, an einer Stelle, wo das Ufer dicht bewachsen war, ihr Boot zu verbergen und versuchen, die Brüder zu täuschen und zu Fuß nach Alderscreek zurückzugehen.

Spielendes Hirschkalb hatte keine Angst vor dem Mann

mit dem wirren, roten Bart. Auch Großvater O'Connors Bart war ihm bis zur Brust heruntergehangen, und keiner hatte schönere Spiele gewußt als er. Spielendes Hirschkalb hatte von Weißen nichts Böses erfahren, und jene, die sie kannte, waren immer freundlich zu ihr gewesen. Ihre Wunde schmerzte, aber sie fühlte sich geborgen in den Armen des Fremden. Spielendes Hirschkalb schmiegte ihr Gesicht an die Brust des Iren.

Noch nie hatte ein Indianerkind sich zutraulich an ihn geschmiegt! Ja, es hatte noch kein Kind im Grenzland gegeben, das so etwas getan hatte. O'Shea wurde so wütend, daß er zu fluchen begann. Jedes Kind in Alderscreek wäre erschrocken darüber, aber Spielendes Hirschkalb verstand die Flüche nicht, sie fürchtete sich nicht und lächelte den Iren an.

Sie kamen zum Fluß. Da lag das Boot und schaukelte friedlich. Das Licht der Sonne glänzte auf dem Wasser, bunte Enten spielten im Schilf. Unter dem Weidenstrauch, wo die Kinder mit Großvater O'Connor gesessen waren, hatte das Gras sich noch nicht aufgerichtet.

Tatokadan lief dem Iren voraus und band das Boot los. Sie nahm ihm Spielendes Hirschkalb aus dem Arm, legte sie ins Boot und hob auch Souzette hinein. Dann half sie O'Shea, das Boot ins tiefere Wasser zu schieben, stieg mit ihm ein und nahm sofort eines der Paddel. Gemeinsam stießen sie das Boot durch einen schmalen Binsenstreifen in die Strömung hinaus.

Als sie das offene Wasser erreicht hatten, erschien Rusty am Ufer und starrte ihnen fassungslos nach. Er schrie, O'Shea solle zum Ufer rudern und was zum Teufel er vorhätte. O'Shea antwortete nicht, er tauchte das Paddel nur tiefer und kräftiger ins Wasser, und Rusty begann zu verstehen, was vorgegangen war.

Er lief ins seichte Uferwasser und hob fluchend das Gewehr. Noch waren die Flüchtenden in Schußweite. Sie hörten das Pfeifen der Kugeln, rund um das Boot spritzte das Wasser auf.

»Hinlegen!« befahl O'Shea; er drehte sich so, daß er ein schlechtes Ziel bot, und paddelte wie verrückt. Tatokadan drückte Souzette auf den Boden des Bootes nieder und half dann dem Iren, das Boot aus dem Bereich von Rustys Kugeln zu bringen.

Ein Schuß streifte O'Sheas rechtes Ohr, er spürte, wie ihm das Blut am Hals herunterrann. Der Ire verwünschte sich innerlich. Was hatte er getan! Hier saß er, waffenlos bis auf ein Kriegsbeil, im Boot; er hatte sein Pferd und seine bescheidenen Besitztümer verloren. Vor ihm lag eine unbesiedelte Wildnis, und zwei Männer, gefährlicher als Wölfe, waren auf seiner Fährte. Wenn Joe und Rusty sich jemals wieder sicher fühlen wollten, mußten sie O'Shea und seine Schützlinge zum Schweigen bringen. Joe und Rusty würden auf ihren Pferden im seichten Uferwasser rasch vorankommen. Er aber, O'Shea, hatte kein Gewehr und keine Pistole, und er hatte drei Kinder am Hals!

Souzette kauerte im Boot und schluchzte leise. Ihrem Großvater war etwas Schreckliches zugestoßen, und nun ruderte sie dieser fremde Mann immer weiter vom Haus weg.

Als sie außer Schußweite waren, zog Tatokadan mit einer raschen, geschickten Bewegung den abgebrochenen Pfeil aus der Schulter ihrer Schwester. Spielendes Hirschkalb hielt ganz still. Die Wunde fing von neuem zu bluten an. Tatokadan riß einen Streifen aus Souzettes Hemd, stillte das Blut und verband die Schulter. Sie wies auf O'Shea und sagte in gebrochenem Englisch zu Souzette: »Guter Mann – guter Mann!«, und Souzette beruhigte sich.

O'Shea mußte wider Willen anerkennen, wie tüchtig und furchtlos das Indianermädchen war. Bei ihren Worten »guter Mann« spuckte er verächtlich ins Wasser. Er konnte sich nicht erinnern, daß man ihn jemals einen guten Menschen genannt hatte, und er wußte auch, daß er es nicht war.

Spielendes Hirschkalb hatte viel Blut verloren und konnte vor Schwäche kaum den Kopf heben. Sie sah mit großen Augen auf den Weißen. »Guter Mann!« wisperte auch sie.

O'Shea hätte am liebsten laut gelacht. Es war wirklich zu lächerlich! Ohne daß er es selbst merkte, milderte sich aber der finstere Ausdruck seines Gesichts ein wenig.

Die Strömung trug das Boot rasch dahin. O'Shea beobachtete aufmerksam das Ufer. Er hoffte, bald eine Stelle zu finden, wo sie das Boot verstecken und unbemerkt an Land gehen konnten, um zu versuchen, die Brüder zu täuschen und nach Alderscreek zurückzugehen, während Joe und Rusty noch immer entlang des Flusses nach ihnen suchten.

O'Shea wagte nicht, ein Versteck auf der Uferseite der Siedler zu suchen, obwohl dort immer wieder Gebüsch bis an den Fluß heranreichte und es nicht schwierig gewesen wäre, das Boot zu verbergen. Er fürchtete, daß Joe gerade jenes Ufer, an dem Alderscreek lag, besonders genau nach Spuren untersuchen würde. Wenn er mit den Kindern den Weg durch das Grasland wählte, konnte es vielleicht sogar geschehen, daß sie auf eine streifende Indianerschar stießen, unter deren Schutz sie sicher die Siedlung erreichen konnten.

Aber so eifrig O'Shea nach einem geeigneten Versteck Ausschau hielt, es nützte nichts. Die Prärie erstreckte sich bis an den Fluß, nur hier und da mit dürftigen Sträuchern und Baumgruppen bewachsen, die nicht genügend Schutz boten.

Am späten Nachmittag fuhren sie noch immer an Wiesenland vorbei, das sich kaum veränderte. Enten, Wildgänse und andere Wasservögel flogen in Scharen auf, Hirsche ästen am Ufer. Das Licht der scheidenden Sonne glänzte auf den Wellen. Langsam wurden ihre Strahlen schwächer, sie senkte sich dem Rand der Erde zu. Der Himmel wurde rot. Die Dämmerung kam.

Souzette war eingeschlafen. O'Shea und Tatokadan paddelten schweigend. Der Ire hatte dem Mädchen in seiner kurzangebundenen Art erklärt, was er zu tun beabsichtigte. Sonst hatten sie kein Wort miteinander gesprochen.

Immer weiter trug der Fluß sie fort in ein unbewohntes, einsames Land. Endlich, als der erste blasse Stern am Himmel erschien, hielt O'Shea das Boot an. Der Fluß machte einen weiten Bogen, am rechten Ufer mündete ein kleiner Bach, der aus dem Grasland kam. Weidensträucher wuchsen hier, und das Gras stand hoch. Sie ruderten das Boot ans Ufer, das mit Kieseln bedeckt war, und stiegen aus. Nicht einmal Joe würde hier Spuren entdecken können!

Tatokadan weckte Souzette. Dann nahm sie Spielendes Hirschkalb in die Arme und befahl Souzette, ihr zu folgen. Sie gingen im Bachbett. Souzette war müde und hungrig, aber sie verstand, daß sie Tatokadan folgen mußte, und stapfte tapfer hinter ihr her. Als letzter ging O'Shea. Er hatte das Boot hochgehoben und trug es verkehrt über dem Kopf.

Als sie so weit gegangen waren, daß sie das Rauschen des Flusses nicht mehr hören konnten, versteckte O'Shea das Boot in einem dichten Gebüsch. O'Shea wußte zwar, daß man ihre Spuren, sobald sie das Bachbett verließen, deutlich sehen konnte, hoffte aber, daß die Brüder auf dieser Uferseite nicht so gründlich nach ihnen suchen würden.

Es war Nacht geworden, und der schwarze Himmel war bedeckt mit Sternen. »Weiter!« befahl O'Shea. Er sah plötzlich, wie bleich Tatokadans Gesicht war, und dachte daran, daß sie, ohne ein einziges Mal zu rasten, mit ihm das schnelle Rudertempo durchgehalten hatte. Er nahm ihr das kleine Indianermädchen ab.

Tatokadan lächelte dankbar. Der Fremde war zwar immer unfreundlich, und sein Gesicht mit dem wirren Bart sah düster aus, aber Tatokadan vertraute ihm. Sie wußte nichts von Joe und Rusty und ihren Plänen, aber sie ahnte, daß der, der jetzt ihr Beschützer war, früher genauso ein Feind wie die anderen gewesen war. Wäre sie ein weißes Mädchen gewesen, so hätte sie wahrscheinlich begonnen, den Iren auszufragen. Aber sie war gewohnt, keine Neugier zu zeigen und keine Fragen zu stellen. Sie nahm Souzette an der Hand und folgte dem Iren.

Da keine Wolke und kein nächtlicher Nebel das Licht der Sterne verhüllte, konnten die Flüchtlinge den Weg genau erkennen. Die Präriewiesen waren in einen grauen Schimmer gehüllt, der die Sicht bis zum fernen Horizont freigab. Der Himmel schien unendlich groß zu sein; sie fühlten sich klein und verlassen in dem riesigen, nächtlichen Raum.

Sie sprachen kein Wort. Wie schwarze Schatten liefen Tiere an ihnen vorbei, Kojoten, Antilopen und Füchse. Schreieulen stießen ihre sanften Rufe aus. Fledermäuse strichen lautlos über sie hin. Souzette wurde bald so müde, daß sie kaum weitergehen konnte. Sie schlief fast im Gehen und hing immer schwerer an der Hand Tatokadans. Einmal stolperte sie und schlug sich das Knie blutig. Da beugte sich Tatokadan nieder, nahm Souzette in ihre Arme und trug sie.

Der Ire sah sich kein einziges Mal um. Es verdroß ihn wieder, daß er das kleine Indianermädchen tragen mußte, und er vermißte seinen Whisky.

Als sie schon viele Stunden gegangen waren, öffnete Spielendes Hirschkalb die fiebrigen Augen. Sie lächelte und sagte: »Guter Mann!« Ihre Stimme war kaum hörbar gewesen, ober O'Shea hatte die Worte verstanden. Er hielt seine Last behutsamer in den Armen als vorher, schaute sich nach Tatokadan um und sagte so freundlich wie möglich: »Noch eine Stunde, Mädchen, dann können wir rasten!«

O'Sheas Angst war nicht unbegründet. Joe und Rusty hatten in großer Eile ihr Werk bei der Hütte O'Connors vollendet, das Haus angezündet und die Kühe, die sie nun nicht mehr wegtreiben konnten, mit Pfeilschüssen getötet. Trotz der Schmerzen in dem verletzten Fuß hatte Joe sein Pferd bestiegen.

Als Joe und Rusty die Verfolgung aufnahmen, suchten sie nicht nur auf der einen Seite nach Spuren. Rusty ritt am Prärieufer, und im Spurenlesen war er ebenso erfahren wie sein Bruder.

Gefangene der Langen Messer

*O'*Connor kehrte früher von Alderscreek zurück, als Joe und Rusty angenommen hatten. Er war auf dem Heimweg sehr vergnügt, ließ die Stute so schnell traben, wie es auf dem schlechten Weg möglich war, saß in seinem grobzusammengefügten Wagen, und trotz des stetigen Rüttelns und Stoßens pfiff er die Melodien irischer Volkslieder. Er hatte es so lange nicht mehr getan, daß er sich beinahe wunderte, sich noch an die längst vergessen geglaubten Weisen zu erinnern.

O'Connor war zufrieden mit seinem Handel in Franks Laden. Er hatte alles kaufen können, was er dringend brauchte, auch die warme Jacke für Großvater, die der sich schon so lange gewünscht hatte, weil er an den langen Abenden im Herbst immer fror. Das Guthaben hatte sogar noch für ein Stück blauen Kattuns gereicht.

Mit dem Stoff war O'Connor zur Witwe Derrick gegangen, die ein kleines Holzhaus im letzten Winkel von Alderscreek bewohnte. Mary Derricks Mann, ein Jäger und Händler, war vor Jahren auf einer ihrer gemeinsamen Fahrten gestorben und hatte sie kinderlos und ohne einen Penny in Alderscreek zurückgelassen.

Mary Derrick half den Frauen, wenn sie krank waren oder Kinder bekamen, und sie nähte Sonntagskleider für die Frauen und Kinder in der Siedlung.

O'Connor hatte den Stoff bei ihr gelassen und das Versprechen erhalten, daß er bei seinem nächsten Besuch in Alderscreek das fertige Kleid für Souzette mitnehmen könnte, an Hals und Ärmel mit weißen Spitzen verziert. Aber das war nicht alles gewesen. Witwe Derrick hatte ihn zum Essen eingeladen, und obwohl er seit dem Tod seiner

Frau noch nie bei einer der Siedlerfamilien zum Essen geblieben war, hatte er die Einladung der Witwe angenommen. Er hatte es nicht bereut.

O'Connor lächelte vergnügt, wenn er an die Stunden bei Witwe Derrick dachte. Ihr Zimmer war so gemütlich gewesen! Alles war einfach und sauber. An den Fenstern hingen selbstgehäkelte Vorhänge, und in einer Vase hatte ein Strauß Blumen gestanden. Schon seit langem hatte ihm ein Essen nicht so gut geschmeckt! Noch jetzt fühlte er sich fröhlich, leicht und beschwingt. Und nun würde er früher heimkommen als erwartet, er würde Großvater mit der warmen Jacke überraschen und Souzette mit dem Versprechen, daß sie ein neues Kleid bekommen würde.

Wahrscheinlich würde er wieder die Indianermädchen in seinem Haus vorfinden. Aber seit einiger Zeit war ihm das nicht mehr so unangenehm wie am Anfang. Er mußte sich auch eingestehen, daß es in seinem Heim gemütlicher geworden war, seitdem Tatokadan und Spielendes Hirschkalb kamen, um mit Souzette zu spielen. Tatokadan hatte weiche Felle und buntbemalte Lederdecken gebracht. Wenn der Indianerjunge die Schwester begleitete, kam er nie mit leeren Händen, sondern ließ stets ein Geschenk zurück, einen fetten Präriehund oder ein Kaninchen.

O'Connor pfiff vergnügt vor sich in. Die Wilden waren nicht so wild, wie er stets geglaubt hatte, zumindest nicht diese Kinder. Er hatte nichts mehr dagegen, daß sie mit Souzette spielten. O'Connor pfiff noch immer, als er an der Gruppe Pappeln vorbeifuhr, die neben dem Weg wuchsen, knapp bevor man zu seinem Haus kam.

Plötzlich verstummte er, er richtete sich auf, die Zügel fielen aus seiner Hand. Sein Hof war niedergebrannt! Die Flammen waren erloschen; nur manchmal stieg aus einem verborgenen Brandherd, der noch weiterglühte, eine kleine Fahne Rauch empor. Die Balken ragten verkohlt und schwarz aus der Asche.

Die Stute war jäh stehengeblieben, als scheute sie vor dem Brandgeruch. O'Connor stand einen Augenblick wie erstarrt auf dem Wagen, dann packte er sein Gewehr, sprang ab und stürzte auf die niedergebrannte Hütte zu. Er sah die Spuren auf dem Boden, er sah die toten Tiere mit Pfeilen in ihren Körpern, die Schafe und die Kühe, die er mit so viel Liebe aufgezogen hatte. Eine vergessene indianische Decke lag unter einem Strauch.

O'Connor sank neben den verkohlten Trümmern auf die Knie nieder und schlug die Hände vors Gesicht. O Gott, als er so vergnügt in Alderscreek gewesen war, hatten die Indianer sein Haus überfallen und den schutzlosen alten Vater und sein kleines Kind getötet! O'Connor weinte nicht und er schrie nicht, aber sein Körper wurde von einem lautlosen, quälenden Schluchzen geschüttelt.

O Gott, warum hatte er die Mörder selbst in sein Haus gebracht! Hatte er nicht von Anfang an gewußt, daß sie keine Menschen waren, sondern schlimmer als wilde Tiere!

O'Connor stand schwankend auf und schaute verstört um sich. Er hatte die Leichen des Großvaters und Souzettes nicht gesehen! Man hat sie verbrannt, dachte er, man hat sie in das brennende Haus geworfen! Er riß eine der Zaunstangen aus und begann, die verkohlten Trümmer durchzuwühlen. Asche und Ruß wirbelten auf, sein Gesicht und sein Gewand wurden schwarz, die Augen schmerzten und begannen zu tränen. Er versengte sich Schuhe und Kleider und verbrannte sich die Hände, als er die noch glühenden Balken in die Höhe hob.

Er fand keine Überreste der Leichen. Souzette und der Großvater lebten noch! Sie waren in den Wald geflüchtet, als die Räuber kamen, und wagten jetzt nicht, ihr Versteck zu verlassen! Der Schweiß brach O'Connor am ganzen Körper aus, und als er sich mit seinen vor Erregung zitternden Händen die Haare aus dem Gesicht streifte, verschmierte er den Ruß. Ganz gewiß lebten Souzette und der Großvater noch! Sie lebten, sie mußten leben!

Er begann zu rufen: »Souzette . . . Souzette . . . Großvater . . . Souzette . . .« Aber alles blieb still, und niemand antwortete.

Er lief vom Haus weg, zuerst zum Wald, immer rufend und noch voll verzweifelter Hoffnung, daß sie ihn hören würden, und dann den Weg zum Fluß hinunter. Dort war es, wo er seinen Vater fand.

Der Tote lag noch so, wie er gefallen war, die Arme ausgebreitet und das Gesicht zu Boden.

O'Connor starrte auf den alten Mann; das graue Haar stand dicht um den Kopf, wie er es seit Jahren an seinem Vater gewöhnt war; das verwaschene Leinenhemd, die geflickte Hose und die selbstgemachten, groben Schuhe, alles war unverändert, aber die von der Todesstarre steifen Gliedmaßen sahen so seltsam unwirklich aus, als sei es nicht der vertraute alte Mann, der da am Weg lag, sondern ein Fremder.

Ein Stöhnen entrang sich dem Bauern. Er hob den Toten auf, legte ihn sanft auf den Rücken und schloß die noch offenstehenden Augen. Das Gesicht des Großvaters erhielt dadurch einen friedlichen Ausdruck, als schlafe er nur. In der Brust steckte ein mit bunten Federn geschmückter Pfeil, der beim Niederfallen des Großvaters gebrochen war. Ein nicht allzu großer Fleck getrockneten Blutes umgab den geknickten Schaft.

O'Connor zog die Jacke aus und deckte den Toten zu. Dann stand er auf. Er ging langsam, mit gebeugtem Kopf, den Weg zum Fluß weiter, um seine tote Souzette zu suchen. Aber er fand Souzette nicht. Er suchte am Fluß, im Wald, kehrte wieder zum Haus zurück und wühlte in den verkohlten Trümmern. Einmal war er sicher, daß auch Souzette tot war, dann wieder glaubte er, daß sie irgendwo im Wald kauerte, verschreckt und verstört, und es nicht wagte, sich zu zeigen. Er rief nach ihr, bis seine Stimme heiser geworden war.

Als die Dämmerung hereinbrach, gab er seine Suche auf. Er kauerte sich neben sein Haus auf einen Balken, der vom Brand verschont geblieben war, und blickte mit tränenlosen Augen auf sein zerstörtes Heim, auf die glühenden Trümmer, das zerstampfte Gras, die Leichen der Tiere und auf den toten Vater, den er zum Haus getragen hatte. Die braune Stute war mit dem Wagen zum Haus getrabt und stand geduldig neben ihm.

Plötzlich begriff O'Connor, daß die Räuber, die sein Haus überfallen hatten, seine Souzette mitgenommen haben mußten, tot oder lebendig. Er sprang auf und griff nach dem Gewehr. Das Lager der Indianer! Wie hatte er das vergessen können!

Seine Finger umklammerten den Gewehrkolben so fest, daß ihm die Nägel brachen. Schmerz und Zorn waren übermächtig, er konnte nicht mehr klar denken.

Einmal sah er sich, wie er im Lager der Indianer sein geraubtes Kind fand, dann wieder wollte er alle ihre Kinder töten, wie sie seine Souzette getötet hatten.

Er schwankte zu seinem Pferd und band es vom Wagen los. Mühsam, wie ein Betrunkener, stieg er auf, und ohne nochmals einen Blick auf den toten Vater und das zerstörte Haus zu werfen, trieb er die Stute an.

O'Connor war ein Bauer und kein Jäger. Er hatte die Spuren, die zum Fluß führten, nicht beachtet und das Boot nicht vermißt. Nichts wies darauf hin, daß eine Indianerschar in Richtung des Lagers der Sihasapa-Sippe gezogen war! Einem erfahrenen Jäger hätten vielleicht so manche Zeichen zu denken gegeben und Zweifel an diesem indianischen Überfall erweckt. Aber O'Connor war kein Jäger, und seine Verzweiflung machte ihn unfähig, klar zu denken.

Er ritt in Richtung des Indianerlagers, in dem die ahnungslosen Sihasapa soeben ihre nächtlichen Feuer löschten und die Kinder unter ihren Felldecken zu schlafen begannen.

O'Connors Blick war verstört, das Gesicht von Ruß und Asche bedeckt, die Augen waren rot unterlaufen. So fand ihn eine kleine Truppe Soldaten, die von einem Erkundungsritt auf dem Weg zur Siedlung waren. Ihr Führer war ein alter Sergeant, der stets gegen Indianer gekämpft hatte und der den Friedensschluß mißbilligte, da er an ein friedliches Zusammenleben mit den Wilden nicht glaubte.

Der Sergeant hielt O'Connor davon ab, in das Lager der Sihasapa zu reiten. Es wäre noch immer Zeit gewesen, den Irrtum aufzuklären, die Spuren zu untersuchen und gerecht zu prüfen, ob die Sihasapa wirklich für diesen Überfall verantwortlich gemacht werden konnten. Aber für den Sergeanten und seine Soldaten war das, was vorgefallen war, genau das, was sie befürchtet hatten.

Der Sergeant sandte einen seiner Soldaten, der das schnellste Pferd besaß, nach der Siedlung, um dem Major zu berichten, daß die Indianer, denen man gestattet hatte, auf dem Hügel der Flüsternden Blätter ihr Lager aufzuschlagen, das Haus O'Connors in dessen Abwesenheit überfallen, ausgeraubt und niedergebrannt hatten. Er meldete, daß sie den alten Mann getötet hatten und daß der Leichnam der kleinen Tochter nirgends zu finden sei; daß die Indianer sie wahrscheinlich geraubt hatten, vielleicht, um sie später zu töten oder um sie, wie es manchmal geschehen war, wie eine Indianerin aufzuziehen.

Auch der Major glaubte, was man ihm berichtete, weil er es ebenfalls im Geheimen befürchtet hatte. Ohne zu prüfen, verurteilte er die Indianer und gab ihnen keine Gelegenheit, ihre Unschuld zu beweisen.

In den frühen Morgenstunden, vor Sonnenaufgang, als die Sihasapa noch in tiefem Schlaf lagen, drangen die Soldaten in das Lager ein. Die Sippe Büffel hatte keine Wachen aufgestellt, da sie nichts Böses befürchteten. Die Soldaten umstellten die Zelte und entwaffneten und fesselten die ahnungslosen Sihasapa, bevor diese begriffen, was geschehen war. Man trennte die Frauen und Kinder von den Männern und Jungen und trieb sie zu zwei Haufen zusammen, jeweils umgeben von schwerbewaffneten Soldaten.

Keiner war entkommen, der Major war zufrieden. Er ließ O'Connor kommen und einen seiner Soldaten, Clarence Casey, der die Sprache der Dakota verstand.

O'Connor hatte die ganze Nacht nicht geschlafen. Als er diejenigen sah, die, wie er glaubte, sein glückliches Leben zerstört hatten, ergriff ihn wieder der blinde Zorn und unfaßbarer Schmerz. Er wollte sich auf Gute Sonne stürzen, aber die Soldaten hielten ihn zurück.

»Bringt Eure Anklage vor, O'Connor!« befahl der Major. Clarence Casey übersetzte die wirren Worte des Verzweifelten. Gute Sonne, der in der ersten Reihe der Gefangenen stand, antwortete ruhig und voll Würde, daß er von allem, was O'Connor sagte, nichts wisse. Er sei mit dem Mann traurig, dessen Haus überfallen worden war. Er sei aber selbst zutiefst beunruhigt, denn seine eigenen Kinder seien in der Hütte des weißen Mannes gewesen, in der sie schon viele Tage und Nächte verbracht hätten.

Gute Sonne sagte, der Herr der Langen Messer möge die Sihasapa losbinden, da die Geschenke des Friedens überreicht worden seien, die jedem Dakota heilig waren.

»Es ist Friede zwischen deinem und meinem Volk«, sagte Gute Sonne, »vertreibe die Wolke, die dein Angesicht verhüllt. Laß uns gemeinsam jene Räuber suchen, in deren Händen auch meine Töchter sind.«

Clarence Casey übersetzte, doch der Major erwiderte mit harten Worten, daß die Dakota Lügner, Wortbrüchige und Mörder seien. Er lasse ihnen einen Tag und eine Nacht Zeit, ihm zu gestehen, was mit dem kleinen Mädchen geschehen sei. Falls sie weiterhin leugneten, würde er am nächsten Abend jede Stunde einen der Gefangenen hängen lassen, als ersten den Häuptling, bis die Indianer die Wahrheit bekennen würden.

Hätte der Major die Sihasapa nicht Lügner und Wortbrüchige genannt und ihnen nicht angedroht, ihren Häuptling aufzuhängen, so wäre es vielleicht Guter Sonne möglich gewesen, den Major von der Unschuld der Sippe zu überzeugen. Was der Soldat aber übersetzte, waren die schwersten Beleidigungen, die einem Indianer zugefügt werden konnten. Wären die Männer nicht gefesselt und wehrlos gewesen, hätten sie den Major getötet. Die Erregung der Indianer, die wilden Rufe, die sie ausstießen, bekräftigten wiederum den Major in seinem Glauben, daß sie den gemeinen Überfall verübt hätten.

Er befahl, die Sippe der Sihasapa, auch die Frauen und Kinder, in die Siedlung zu bringen, und ohne den Indianern auch nur einen Blick zu gönnen, wandte er sich von ihnen ab und wies seine Soldaten an, wie der Transport der Gefangenen und ihrer Pferde vor sich gehen sollte.

Zurück blieben die leeren Tipis, alles sah so aus, als wären die Bewohner nur einen Augenblick weggegangen, um bald wiederzukehren. In den Feuern glomm die Glut; die Farben, die Roter Adler am Abend bereitet hatte, standen neben den Holzpuppen, die er hatte verzieren wollen.

Die Soldaten zogen mit ihren Gefangenen zum Fluß hinunter. Nur Wauhkeon, Kleiner Adler und Siebenstern fehlten. Wauhkeon hatte am Abend das Lager verlassen, um mit dem Großen Geheimnis in der Einsamkeit zu sprechen. Kleiner Adler und Siebenstern aber hatten Pater Lorraine auf einem seiner Krankenbesuche begleitet. Der Priester nahm Siebenstern oft mit sich, da sie besser als er die Geheimnisse der Heilpflanzen kannte und er von ihr lernen wollte.

Mit der den Indianern eigenen Würde schritten die Sihasapa nun, da niemand ihre Worte anhörte und sie ihr Geschick nicht ändern konnten, gelassen zwischen den Soldaten, obwohl auch ihnen der Glaube an den Frieden mit den Weißen grausam zerstört worden war.

Rote Wolke ging unter den Frauen, auf dem Rücken die Tragwiege, in der die kleine Tochter schlief. An der Hand führte sie Biberkind. Neben ihr schritt Bärensohn und schaute die weißen Soldaten trotzig und herausfordernd an. Einsamer Wolf hatte recht gehabt und nicht der Vater und der Bruder! Man konnte keinen Frieden mit den Weißen halten! Kein Wasichu hielt sein Wort, sie waren Verräter und doppelzüngig. Bärensohn wünschte sich, erwachsen und stark und ein Krieger zu sein! Er hätte diesen Mann, der den Vater beschimpft hatte, getötet und seinen Skalp genommen!

Rote Wolke hatte die Worte des Herrn der Langen Messer gehört und die Drohung nur zu gut verstanden. Wenn das Kind des weißen Mannes nicht gefunden wurde, mußte sie zusehen, wie man ihren Mann tötete. Und sie wußte nicht, was mit ihren Töchtern geschehen war, die ebenso spurlos verschwunden waren wie die Tochter des Weißen, um derentwillen man die Sihasapa so hart bestrafen wollte. Das einzige, was sie tröstete, war der Gedanke, daß Kleiner Adler nicht unter den Gefangenen war.

Wenn doch der weiße Vater hier wäre, dachte Rote Wolke. Er, der ihren Knaben vom Tod gerettet hatte, dessen Herz nicht falsch und dessen Zunge nicht gespalten war, konnte dieses Unrecht, das man ihrem Volk zufügte, nicht geschehen lassen!

Der Zug kam zum Fluß hinunter und zog dann auf dem von Karren ausgefahrenen, holprigen Weg zur Siedlung weiter. Der Major, der bisher an der Spitze geritten war, hielt sein Pferd an und ließ die Gefangenen an sich vorbeiziehen. Keiner der Sihasapa würdigte ihn auch nur eines Blickes, und der Major sah hochmütig auf die braunen Gestalten herab. Nachdem fast alle Gefangenen an dem Major vorbeigegangen waren, warf sich plötzlich einer der Krieger auf den Major, riß ihn vom Pferd, schwang sich selber hinauf, stieß den schrillen Kriegsschrei der Dakota aus und trieb das Pferd in den Fluß.

Es war Einsamer Wolf. Alles war so schnell geschehen, daß die Soldaten starr vor Staunen standen und im ersten Augenblick keiner daran dachte, auf den Flüchtenden zu schießen oder ihn zu verfolgen.

Nur Clarence Casey hob, ohne auch nur eine Sekunde zu zögern, sein Gewehr. Aber die Kugel, die Einsamer Wolf treffen sollte, ging harmlos in die Luft. Bärensohn hatte den Soldaten wie eine Katze angesprungen, klammerte sich an ihn, riß ihm das Messer aus dem Gürtel und stach auf ihn ein. Clarence Casey fluchte, das Messer hatte seine Hand getroffen, als er es abwehren wollte.

»Verdammt!« Er schlug dem Indianerjungen das Messer aus der Hand und versuchte, ihn abzuschütteln. Bärensohn wehrte sich mit allen Kräften. Clarence Casey wurde zornig. Er hatte den fliehenden Indianer verfehlt, und er wußte, was es bedeutete, wenn es einem aus der Schar gelang, zu den Sippen in der Prärie zu entkommen. Außerdem schmerzte ihn der tiefe Schnitt an der Hand, und alles wegen dieses Jungen hier! Clarence Casey hob das Gewehr und wollte Bärensohn mit dem Kolben niederschlagen.

Aber er tat es nicht. Rote Wolke war aus der Reihe der Frauen geeilt, um ihren Sohn zu schützen.

Clarence Casey war als Kind von einer Sippe der Dakota geraubt worden und hatte einige Zeit mit ihnen gelebt, bevor ihn sein Vater befreien und zurückholen konnte. Rote Wolke erinnerte ihn plötzlich an die indianische Frau, die ihn damals wie eine Mutter umsorgt hatte. Er erinnerte sich daran, wie sie ihn getröstet hatte, als er in den ersten Tagen in fassungsloser Angst im Tipi gekauert war und nach seinen Eltern geweint hatte. Ein Junge, nicht älter als dieser hier, der ihn angegriffen hatte, war sein Spielgefährte gewesen. Clarence ließ das Gewehr sinken.

»Nimm deinen Jungen«, sagte er in der Sprache der Dakota zu Rote Wolke, »aber sorge dafür, daß er es nicht wieder macht, sonst . . .«, er schaute Bärensohn drohend an, »werden wir ihn an Händen und Füßen binden und ihn nie wieder freilassen.«

Bärensohn erwiderte trotzig den Blick, folgte aber dann seiner Mutter zurück in die Reihen der Frauen und Kinder.

Rote Wolke dachte: ›Dieser weiße Mann hätte meinen Sohn töten können und hat es nicht getan!‹

Der Soldat Casey aber wünschte, das alles wäre nicht geschehen; er wünschte, daß die Hütte O'Connors noch heil und unzerstört dastünde, daß der alte Mann noch lebte und die kleine Souzette nicht verlorengegangen wäre.

Inzwischen ging es um sie herum keineswegs friedlich zu. Die Soldaten hatten, nachdem sie zuerst einen Augenblick wie betäubt und tatenlos dagestanden hatten, nach ihren Gewehren gegriffen, und es war ein Wunder, daß weder Einsamer Wolf noch das Pferd getroffen wurden.

Einsamer Wolf hatte das Pferd, fast flach auf dessen Rücken liegend, um so wenig wie möglich von den Kugeln gefährdet zu sein, in den Fluß getrieben. Seine Handgelenke waren wundgescheuert von den Fesseln, die er zerrissen hatte. Als er am anderen Ufer angekommen war, richtete er sich im Sattel auf, drehte sich um und stieß den schrillen Kriegsruf der Dakota aus. Dann jagte er auf dem Pferd des Majors hinein in das Land der Indianer, um den Verrat der Weißen allen zu melden.

Der Major befahl zehn Soldaten, die die besten Pferde hatten, unter der Führung des Sergeanten den geflohenen Indianer zu verfolgen und ihn tot oder lebendig zurückzubringen. Wenige Minuten nachdem Einsamer Wolf den Fluß durchritten hatte, taten es auch seine Verfolger, aber Einsamer Wolf hatte das schnellere Pferd, das Grasland war seine Heimat, und er kannte jeden Hügel und jeden Wasserlauf.

Der Major wußte das, er wußte auch, was es bedeutete,

wenn die Stämme der Dakota wieder den Krieg beginnen würden. Trotzdem glaubte er, recht gehandelt zu haben. Nicht er und seine Soldaten hatten den Frieden gebrochen, nein, die Indianer waren es gewesen. Der Kampf mit ihnen ließ sich nicht vermeiden.

Schweigend befahl der Major den Weitermarsch, und schweigend kamen die Soldaten diesem Befehl nach. Die Flucht des Dakota hatte ihnen zum Bewußtsein gebracht, daß der Krieg mit den Indianern wieder ausgebrochen war.

Joe und Rusty hatten richtig eingeschätzt, daß die Bewohner der Grenze nur allzuleicht bereit waren, den alten Haß gegen die Indianer von neuem zuzulassen. Der Major ritt nicht zum zerstörten Haus O'Connors, um dort zu prüfen, ob die Anklage gegen die Sihasapa gerecht war. Er schickte seine Soldaten hin, aber nur, um nach Spuren von Souzette zu suchen. Er sandte Boten aus, um alle Siedler zu warnen, und Boten ritten nach dem Fort und den kleinen Stützpunkten der Truppen entlang der Grenze.

Die kurze Zeit des Friedens war vorüber.

Die Flucht

Am zweiten Tag ihrer Flucht durch das Grasland kamen der Ire und seine Schützlinge in das Gebiet der verbrannten Prärie. Es war ein gespenstisches Land, durch das sie gingen. Verkohlte Baumstrünke streckten ihre schwarzen Äste gegen den Himmel, Steine lagen geborsten am Boden, an manchen Stellen hatten Sturm und Regen die verbrannte Erde blank gefegt, dann wiederum sanken sie knöcheltief in zusammengekrustete Asche ein. An vielen Stellen hatte das Gras aber wieder zu sprießen begonnen.

Es war ein heißer Tag, und die Sonne stand seit dem frühen Morgen an dem von keinem Dunst getrübten Himmel. Vergeblich hatte O'Shea am vergangenen Abend nach Wolken Ausschau gehalten, und vergeblich hatte er gehofft, daß die Hitze sich nachts in einem Gewitter lösen und der Regen ihre Spuren löschen würde.

Seit Mittag des vorigen Tages waren sie an keiner Quelle und keinem Bach mehr vorbeigekommen. Ihre Lippen waren aufgesprungen, der Gaumen war trocken und dürr. Die heiße Luft schmerzte beim Atmen. Weil O'Shea es nicht wagte, sich Zeit zu nehmen, einen Präriehund zu fangen und zu braten, blieben sie ohne Essen.

Die Rastpausen, die der Ire erlaubte, waren nur kurz. Sie gingen meist, ohne ein Wort zu sprechen, mit gesenkten Köpfen. Ihre Kleider waren mit Staub bedeckt, Souzettes Füße waren wund, sie war so erschöpft, daß Tatokadan sie immer wieder tragen mußte. Am Abend und am Morgen hatte Tatokadan die Schulterwunde der kleinen Schwester neu verbunden und heilende Kräuter aufgelegt, die sie am Weg gesammelt hatte. Trotzdem hatte Spielendes Hirschkalb hohes Fieber.

Hätten die Fliehenden gewußt, daß ihre List die Brüder nicht getäuscht hatte und daß in jenem Tal, durch das sie nach Sonnenaufgang gewandert waren, eben Joe und Rusty auf ihren Pferden ankamen und der deutlich sichtbaren Spur folgten, vielleicht hätten sie allen Mut verloren, weiterzugehen, und sich hingesetzt, um ihr Schicksal zu erwarten. So aber, da sie noch Hoffnung hatten, zogen sie weiter und ertrugen Hunger, Durst und Erschöpfung.

In der Nacht hatte der Ire ein paarmal ernstlich daran gedacht, die Kinder im Stich zu lassen und zu Tatokadan zu sagen, der Teufel möge sich ihrer annehmen, er habe es satt, sein Leben aufs Spiel zu setzen für zwei Dakotamädchen und für den Balg eines irischen Bauern. Je länger er aber mit ihnen zusammen war, um so mehr vergaß er, daß er nur widerwillig zu ihrem Beschützer geworden war.

Die Sonne stieg höher am Himmel, die vier einsamen Gestalten warfen keine Schatten mehr. Der Ire blickte hinauf zu dem unbarmherzigen, blauen Himmel, an dem keine Wolke sichtbar wurde, und fragte sich, wie lange sie wohl noch imstande sein würden, ohne Wasser weiterzugehen. Er sah sich nach Tatokadan um, die wieder einmal Souzette tragen mußte. Sie nannte ihn den »Bruder-der-rotes-Haar-im-Gesicht-hat«, und daß sie ihn Bruder nannte, belustigte den Iren. Sie mußte ebenso erschöpft sein, aber wenn sie dem Blick des Iren begegnete, lächelte sie, und wenn Souzette zu weinen anfing, fand sie immer ein paar freundliche Worte und beruhigte die Kleine.

Am Nachmittag blieb Tatokadan plötzlich stehen, wies nach Westen und sagte: »Mein Bruder-der-rotes-Haar-im-Gesicht-hat, wir alle sind durstig. Laß uns dorthin gehen und trinken.«

Zuerst glaubte der Ire, daß Hitze und Durst Tatokadan verrückt gemacht hätten. Aber dann begriff er, was sie meinte. Wo sie hinwies, wuchs das frische Gras dichter und stärker, es war, als zöge sich eine grüne Linie durch das Grau und Braun der verbrannten Landschaft. Nur an einer Quelle, wo es genug Feuchtigkeit gab, konnte das Gras so üppig wachsen.

Daß er das nicht selbst sofort gesehen hatte! Er hielt Spielendes Hirschkalb fest in den Armen und lief auf die grüne Insel zu.

Tatokadan hatte recht gehabt! Hier sprang eine Quelle aus dem Boden, das Gras wuchs dicht und sattgrün. Ein Bach floß hinab in ein kleines Tal, das kaum noch Spuren der Zerstörung zeigte. Eschen und Weidenbüsche hatten frische Triebe angesetzt, es war, als spürte man die Hitze hier nicht so sehr.

O'Shea legte Spielendes Hirschkalb ins Gras, kniete sich nieder, tauchte das Gesicht in das kühle Wasser und trank. Als er endlich genug hatte und sich aufrichtete, sah er, daß Tatokadan Souzette trinken ließ, anschließend das Gesicht der verwundeten Schwester wusch und ihr mit der hohlen Hand Wasser einflößte. Dann erst trank sie selbst.

›Sie hat wirklich ein hübsches, braunes Gesicht, und ihre Augen gefallen mir‹, dachte der Ire. Er war so vergnügt, daß er Souzette beim Kinn faßte, über ihr Haar strich und sagte: »Nun, kleines Ding!« Aber Souzette fürchtete sich vor ihm und lief zu Tatokadan. O'Shea schaute ihr böse nach und murmelte einen Fluch, vergaß aber seinen Ärger schnell. Das Wasser hatte alle Müdigkeit von ihm genommen, er fühlte sich viel besser als zuvor.

Spielendes Hirschkalb lag im Gras, hatte die Augen geschlossen und schien eingeschlafen zu sein. So weit O'Shea sehen konnte, nirgends zeigte eine kleine Staubwolke am Horizont an, daß dort Reiter waren. O'Shea beschloß, hier zu bleiben und zu versuchen, einen Präriehund oder ein Kaninchen zu fangen.

Tatokadan war neben den Iren getreten und schaute

ebenfalls prüfend zurück. Aber nichts war zu sehen als eine Herde ziehender Antilopen in der Ferne und zwei ruhig schwebende Präriefalken.

Tatokadan sagte: »Wenn mein Bruder-der-rotes-Haar-im-Gesicht-hat hier bleiben will, werde ich Kräuter für die Schwester suchen.«

Der Ire antwortete, daß in diesem Tal der beste Platz für eine Rast sei. Er füllte sich die Taschen mit handlichen Kieselsteinen und stapfte fort.

Die Quelle floß in einen seichten Tümpel inmitten des Tales. Vor dem Brand hatte hier eine Gruppe Bäume gestanden; die gestürzten, verkohlten Stämme lagen wirr durcheinander am Ufer. Zwei große Felsblöcke ragten daraus hervor. Nachdem sich Tatokadan vergewissert hatte, daß Spielendes Hirschkalb eingeschlafen war, ging sie zu dem Tümpel hinunter. Dort hoffte sie, jene Kräuter zu finden, die sie auf die Wunden legen wollte, damit das Fieber den Körper der Schwester verließ.

Sie hatte Souzette zugelächelt, die neben Spielendes Hirschkalb müde im Gras saß, und in ihrem schlechten Englisch erklärt, daß sie bald zurückkommen würde. Kaum war sie fort, begann Souzette sich zu fürchten. Ihre kleine Spielkameradin hatte die Augen geschlossen, und es war so still, daß Souzette ihren eigenen Atem hören konnte. O'Shea war fort und auch Tatokadan. Sie hatten Souzette allein gelassen! Ein Wolf konnte kommen oder einer der bösen Männer! Souzette sprang auf und lief Tatokadan nach, so schnell sie nur konnte.

Tatokadan sagte ein wenig vorwurfsvoll: »Warum bleibst du nicht bei Spielendes Hirschkalb?« Souzette brachte kein Wort heraus, hielt sich an Tatokadans Kleid fest und folgte ihr, glücklich, daß sie nicht mehr allein war.

Hat ein Jäger Fleisch für viele Tage, so springen sicher ganze Scharen von Präriehunden vor seinen Füßen herum. Kaum aber ist er auf sie angewiesen, sieht er nicht einmal eine vorwitzige Nasenspitze aus einem der Erdlöcher herausgucken!

O'Shea fand keinen Präriehund, und er sah kein Kaninchen. Nicht einmal ein Erdhörnchen lief ihm über den Weg. Er ging lautlos und achtete sorgfältig darauf, auf keinen abgebrochenen Zweig zu treten, und der Wind wehte in seine Richtung. Dennoch zeigte sich kein Tier. Der Ire wurde unruhig. Er war dem Lauf des Baches gefolgt, der aus dem Tümpel herausfloß, und schon so weit von der Quelle fort, daß er seine Schützlinge nicht mehr sehen konnte. Er wagte nicht weiterzugehen und blieb stehen. Es war ganz ruhig.

Man hätte vergessen können, daß man auf der Flucht war und in Lebensgefahr! O'Shea atmete tief die frische Luft ein; entlang des Baches war es nicht so drückend heiß wie in der offenen Prärie. Er hielt einen handlichen Kieselstein in der Hand und zögerte umzukehren. Wenn er ohne Beute zur Quelle zurückkehrte, mußten sie hungrig weitergehen. Um Tatokadans willen tat es ihm leid. Das gestand er sich zwar nicht ein, denn wie konnte er zugeben, plötzlich um ein Indianermädchen Sorge zu tragen. Als er schon umkehren wollte, lief ein junges Kaninchen aus einem Gebüsch und begann, im fetten Ufergras nach Nahrung zu suchen. Der Ire tötete das Tier mit einem einzigen Steinwurf, hob es an den Ohren auf und schwang es vergnügt hin und her.

»Du gottverdammtes Biest!« sagte er zu dem toten Kaninchen. Da er nicht wußte, wie er seiner Freude sonst Ausdruck verleihen sollte, fluchte er kräftig weiter, als er zur Quelle zurückging.

Plötzlich war in der friedlichen Stille ein Laut zu hören, der nicht zu den gewohnten Lauten der Prärie paßte. O'Shea blieb stehen und lauschte verwundert. Es klang wie das Brausen eines riesigen Wasserfalles in der Ferne oder wie das Nachgrollen eines Gewitters.

Der Ire stand atemlos da, das seltsame Dröhnen machte ihm angst. Er kniete nieder, legte das Ohr auf den Boden und spürte, wie die Erde bebte. Eine Herde Gabelantilopen floh durch das Tal, dicht an ihm vorbei, ohne auf ihn zu achten. O'Shea wußte, was das bedeutete. Einen Augenblick war er so von wildem Schreck erfüllt, daß er wie betäubt knien blieb. Es war eine Büffelherde, die in Panik geraten war.

Wassermangel, Hitze und Durst versetzten die Tiere oft in einen reizbaren Zustand, und eine Kleinigkeit genügte, daß sie blindlings über die Ebene jagten und über alles hinwegstürmten.

O'Shea sprang auf. Sein Körper war mit Schweiß bedeckt, das Kaninchen entfiel seinen Händen. Mit jeder Sekunde schwoll das Grollen an. Das Gefühl, in dem Tal eingeschlossen zu sein, so daß er die Gefahr erst dann erblicken konnte, wenn eine Flucht unmöglich war, erfüllte ihn mit Schrecken.

Wenn er nur sein Pferd hier gehabt hätte! Der Brand hatte alle großen Bäume vernichtet, er sah sich vergeblich nach einer geschützten Stelle um.

Dann fielen ihm die Kinder ein. Er war nun dem Tümpel so nahe, daß er Tatokadan und Souzette sehen konnte. Tatokadan schien so wie er auf das fremde, unbekannte Geräusch zu lauschen. Jetzt schien auch sie es zu begreifen. Sie gab ihm mit der Hand Zeichen und schrie ihm irgend etwas zu, das er nicht verstand. Gleichzeitig packte sie Souzette bei der Hand und lief auf die andere Seite des Tümpels.

Da begriff der Ire, was sie ihm sagen wollte. Jenseits des Tümpels, auf den zwei großen Felsblöcken, konnten sie den Ansturm der Büffel getrost erwarten. O'Shea war es, als könne er plötzlich wieder leichter atmen. ›Gott verdamm' mich‹, dachte er, ›aber was für ein schrecklicher Tod wäre das gewesen, von den Büffeln niedergetrampelt zu werden!« Er rannte wie gehetzt zu dem sicheren Zufluchtsort. Auf halbem Weg fiel ihm Spielendes Hirschkalb ein, die schutzlos neben der Quelle lag.

Tatokadan bahnte sich mit Souzette an der Hand mühsam im Gewirr und Gestrüpp der verkohlten Bäume den Weg zu den Felsblöcken. ›Wenn ich nicht ihre Schwester rette‹, dachte O'Shea, ›wird sie Souzette auf den Felsen heben und dann zur Quelle laufen, und es wird zu spät sein, und die Büffel werden sie töten.‹ Der Gedanke, daß sich das Indianermädchen in Gefahr begeben würde, war ihm unerträglich.

Das Dröhnen wurde immer stärker, die Erde zitterte. O'Shea hatte nun keinen Zweifel mehr, daß die Büffelherde auf das Tal zustürmte. Wenn sie nicht ihre Richtung änderte, würde sie in wenigen Minuten darüber hinwegstampfen. Der Ire wandte sich um und lief den Hügel hinauf, fort von dem einzigen Zufluchtsort.

Auf dem halben Weg zur Quelle wußte er, daß er es niemals schaffen würde, Spielendes Hirschkalb zu holen und mit ihr den sicheren Felsen zu erreichen. Niemand hätte ihm einen Vorwurf machen können, wenn er jetzt umgekehrt wäre. Tatokadan würde verstehen, daß es ihm nicht möglich gewesen war, ihre Schwester zu holen. Die Büffel kamen schneller näher, als er angenommen hatte. Da er das Kind nicht mehr retten konnte, wer würde es nicht verstehen, wenn er sich selbst rettete? Jeder würde sagen, er habe recht gehandelt! Er hatte seinen guten Willen gezeigt, er hatte sich der Gefahr ausgesetzt, aber es war zu spät gewesen.

Obwohl O'Shea an all das dachte und seine Dummheit verfluchte, kehrte er nicht um, sondern lief geradeaus weiter. Hätte ihn jemand gefragt, warum er es tat, so hätte er keine Antwort geben können. Er wußte es nicht; genausowenig, wie er es erklären konnte, warum er mit den Kindern geflohen war, anstatt sie zu töten.

Spielendes Hirschkalb lag mit weitaufgerissenen Augen an der Quelle. Als der Ire sie aufhob, spürte er, wie ihr kleiner Körper zitterte. Er wollte mit seiner leichten Last zum Tümpel hinabrennen, war aber erst wenige Schritte von der Quelle entfernt, als eine dunkle Mauer aus gewaltigen Leibern am Rand des Tales erschien. Es war eine riesige Herde Büffel.

Staub wirbelte auf, die Erde zitterte, und das Dröhnen der Hufe machte O'Shea fast taub.

Ein Weidenstrauch und eine kleine Erdmulde war alles, was sich hier zum Schutz bot. O'Shea kauerte sich in die Mulde, und er beugte sich über den Körper des Kindes, damit es nichts von dem Schrecken sehen sollte, der sich ihnen näherte. »Hab keine Angst«, sagte er rauh. Spielendes Hirschkalb antwortete, und da sein Gesicht dem ihren so nahe war, verstand er ihre Worte trotz des schrecklichen Dröhnens. »Ich bin bei meinem guten Vater.« Das Kind hatte keine Angst, weil es bei ihm war!

In seinem ganzen Leben hatte ihm nur seine Mutter Liebe entgegengebracht. Sie war gestorben, als er kaum zehn Jahre alt gewesen war, und er hatte später nie mehr an sie gedacht. Jetzt aber fielen ihm längst vergessene Bilder wieder ein: das kleine Blockhaus, die Mutter, die sich allein abmühte und schwer arbeitete, um für ihren Jungen genug zu essen zu haben.

Und es geschah, daß angesichts eines schrecklichen Todes der Ire sich glücklich und geborgen fühlte, als sei es wieder so wie in jenen Tagen, als er ein kleiner Junge war und seine Mutter abends, wenn er sich vor der Dunkelheit fürchtete, an seinem Bett saß und wartete, bis er eingeschlafen war.

Er betete nicht. Er hatte so viele Jahre nicht mehr an Gott gedacht. Aber er erinnerte sich, daß seine Mutter jeden Abend aus der Bibel gelesen hatte, und plötzlich wünschte er sich, daß er ein besseres Leben geführt hätte.

Er beugte sich schützend über das Kind, das keine Angst hatte, weil es bei ihm war, und erwartete ruhig die rasende Herde und ihre unbarmherzigen Hufe.

Die verräterische Spur

Gegenüber der Siedlung, auf einem flachen Hügel, hatten die Bauern aus Brettern und Latten Umzäunungen errichtet, um ihre Tiere, wenn sie von den Weiden geholt wurden, zusammentreiben zu können.

Dorthin wurden die Sihasapa gebracht, in den einen Pferch die Frauen und Kinder und in den anderen die Männer. Auch Wauhkeon war von einer Abteilung Soldaten, die nach ihm gesucht hatten, als Gefangener in die Siedlung gebracht worden.

Soldaten mit schußbereiten Gewehren hielten Wache, und Erkundungstruppen wurden ausgesandt, die entlang des Flusses patrouillierten und weiter nach Souzette suchten.

Die Bewohner der Siedlung gingen verstört herum. Sie hatten sich an die Sippe auf dem Hügel der Flüsternden Blätter gewöhnt, hatten die Indianer nicht mehr beachtet. Und doch waren diese scheinbar so friedlichen Indianer Räuber und Mörder! Wie viele der einsamen Hütten mochten sie schon überfallen haben! Es war unfaßbar! Die Frauen und Männer in Alderscreek verstanden nicht mehr, wie sie ihnen jemals hatten trauen können, wie sie ihnen jemals nach dem großen Brand Aufnahme in ihr Land hatten gewähren können. Die Siedler sagten bittere Worte gegen Pater Lorraine, weil er es gewesen war, der um Hilfe für die Indianer gebeten hatte, als sie ihr Jagdgebiet durch das Feuer verloren hatten.

Während sich die aufgeregten Menschen in der Siedlung nicht beruhigen konnten, saß Major Hendon mit den Offizieren in seinem Blockhaus. Gute Sonne, die Hände gebunden, stand aufrecht vor ihnen. Nichts in seinem Gesicht verriet seine Erregung.

Der Tod, den ihm der weiße Mann androhte, bedeutete keinen großen Schrecken für ihn. Er war von Kindheit an darauf vorbereitet, Sterben als etwas Natürliches anzusehen, als etwas Unabwendbares. Trotzdem war Gute Sonne von großer Traurigkeit erfüllt. Vergeblich würden die Krieger der Dakota gegen den Feind, der mächtiger war als sie, kämpfen. Immer mehr zusammengedrängt, ihres Landes beraubt und ohne die riesigen Büffelherden würden Hunger und Not die Bundesgenossen der Wasichu werden. Die langsam aufkeimende Hoffnung auf ein Ende der Feindschaft war zerstört worden. Der Baum seines Volkes würde vielleicht nie wieder in Blüte stehen!

Aber auch der Major war nicht glücklich. Bleich und angespannt, mit zusammengepreßten Lippen, starrte er auf das unbewegliche Gesicht des Häuptlings. Noch immer waren die Soldaten, die den geflohenen Indianer verfolgten, nicht zurückgekommen, und der Major wußte, was es bedeutete, wenn Minnetonka die Stämme der Dakota zum Kampf aufrufen würde, bevor es möglich war, Verstärkung durch Truppen an der Grenze zu bekommen.

Der Major grub seine Fingernägel in die Handballen. Es konnte nicht sein, daß dieser Indianer vor ihm nicht den Überfall verübt hatte! Und wenn er es selbst nicht getan hatte, so schützte er Angehörige seiner Sippe durch sein Schweigen. Aber er mußte sprechen, er mußte gestehen! Nicht nur um Souzette O'Connors willen, um sie, wenn sie noch lebte, aus den Händen der Wilden zu befreien. Das Verbrechen mußte bestraft werden, er mußte Minnetonka beweisen können, daß der Friede von den Indianern gebrochen worden war und nicht von den Weißen. Vielleicht konnte dann ein neuerlicher Krieg doch verhindert werden. Denn nun hatte der Major Angst vor seinem eigenen Entschluß bekommen, Angst vor der Verantwortung, die er tragen mußte.

So mußte Clarence Casey immer wieder übersetzen,

daß der Major den Häuptling am Abend des nächsten Tages hängen lassen würde wie einen Dieb und Mörder, wenn er nicht gestehen würde, was geschehen sei.

Gute Sonne hatte zuerst ruhig geantwortet, daß keiner seiner Sippe schuldig sei. Da aber der Major stets von neuem seine Anschuldigungen wiederholte, antwortete der Häuptling auf seine Fragen nicht mehr und schwieg.

Clarence Casey hatte sich schon seit langem nicht mehr so unbehaglich gefühlt. Er haßte es plötzlich, die Worte des Majors zu übersetzen, und er dachte: ›Dieser Indianer schaut nicht so aus, als würde er lügen. Und was ist dann, wenn wir im Unrecht sind?‹

Gute Sonne wurde abgeführt, und der Major ließ Wauhkeon bringen.

Als der Medizinmann eintrat, konnten weder Hendon noch seine Offiziere sich eines Gefühls der Ehrfurcht erwehren. Das Gesicht des alten Mannes schien über den Knochen nur die braune, lederartige Haut zu tragen. Der Blick war geradeaus gerichtet, ohne die Soldaten auch nur im geringsten zu beachten. Es war, als sähen seine Augen weder den Major noch die Offiziere. Die Wände des Blockhauses schienen vor ihm zurückzuweichen, um seinen Blick ungehindert in Weiten gehen zu lassen, die nur für ihn sichtbar waren.

Als Wauhkeon eingetreten war, schwiegen alle. Dann aber schüttelte der Major ärgerlich die Befangenheit ab und stellte an ihn die gleichen Fragen wie an Gute Sonne. Clarence Casey übersetzte, und er gebrauchte die höflichen Worte, die ein junger Indianer anwendet, wenn er mit einem der Alten des Stammes spricht. Längst hatte er diese vergessen gehabt, doch jetzt kamen sie in sein Gedächtnis zurück.

Wauhkeon antwortete nicht, der Ausdruck seines Gesichts blieb unverändert. Er stand so still und reglos, daß es den anderen Menschen in dem kleinen Raum scheinen mußte, als sähe und höre er nicht, was um ihn vorging.

Der Major verlor plötzlich die Nerven, er begann zu schreien und zu drohen, daß er nicht nur Gute Sonne, nein, auch Wauhkeon töten lassen würde!

Der Major war aufgesprungen und dicht an Wauhkeon herangetreten. Wieder war es, als sähe ihn der alte Mann nicht; er hob nur die Hand und zog den Büffelmantel enger um die Schultern.

Der Major mußte zweimal befehlen, bevor Clarence Casey seine Worte übersetzte, und dann tat er es nur stockend und zögernd. Wauhkeon aber schwieg.

Schließlich ließ Major Hendon den alten Mann zu den anderen Gefangenen bringen und blieb zurück, erregter als zuvor.

Jimmy hatte die Kinder ausgelacht, die am Morgen erzählt hatten, daß die Indianer auf dem Hügel der Flüsternden Blätter Räuber und Mörder seien und Souzette O'Connor geraubt hätten. Aber dann sah er, daß die Soldaten ihre Wachtposten am Ufer bezogen, daß die Bauern die Siedlung verließen und ihre Tiere von den Weiden holten, er sah die Unruhe, die alle erfaßt hatte. Offiziere liefen herum, erteilten Befehle und gaben keine Antwort, wenn man sie fragte.

Jimmy konnte das alles nicht fassen und schlich mit gesenktem Kopf durch die Siedlung. Wenn doch Pater Lorraine und Frank hier gewesen wären! Aber der Pater war auf einem Krankenbesuch, und Frank war mit einem Jäger fortgeritten, um dessen Felle zu besichtigen. Jimmy konnte niemanden um Rat fragen.

Er erinnerte sich aller Freundlichkeiten, die ihm die Sippe Büffel erwiesen hatte. Er dachte an Tatokadan, wie sie ihm am ersten Abend im Zelt von Guter Sonne das Essen angeboten hatte. Der Gedanke an Tatokadan trieb das Blut in seine Wangen, er mußte die Zähne aufeinanderbeißen, um ruhig zu bleiben.

Der Major würde auch Tatokadan gefangennehmen lassen! Jimmy würde den Soldaten umbringen, der ihr ein Leid zufügte! Er ballte die Fäuste.

Eine Gruppe junger Leute stand vor Franks Haus. Die Burschen riefen, man solle das ganze Gesindel töten. Das hätte man nun davon, daß man gut zu ihnen gewesen sei! Die Mädchen nickten und sagten, nie und nimmer hätte man den Rothäuten erlauben dürfen, den Fluß zu überqueren.

Für Jimmy war das zuviel. Blaß vor Erregung, so daß die vielen Sommersprossen in seinem Gesicht aussahen wie rote Punkte, die man auf seine Haut gemalt hatte, sprang er einen der Burschen an, schlug mit geballten Fäusten auf ihn ein und stammelte mit von Tränen fast erstickter Stimme, sie sollten still sein, es sei alles nicht wahr und sie seien Lügner.

Wäre nicht die Witwe Derrick vorbeigekommen, so wäre Jimmy von den empörten jungen Männern verprügelt worden. Mary Derrick aber wies mit ihrer ruhigen, festen Stimme die Streitenden zurecht und sagte, daß sie sich schämen sollten, sich in solch einer Zeit zu schlagen und zu raufen.

»Sie haben es nicht getan, Mrs. Derrick!« rief Jimmy. »Sie haben es bestimmt nicht getan!« Er faßte die Witwe bei der Hand und sagte flehend: »Nicht wahr, Sie glauben es auch nicht? Es ist eine Lüge. Es ist eine Lüge ...« Er stockte, denn er mußte sich auf die Lippen beißen, um nicht anzufangen zu weinen.

Mrs. Derrick schaute ihn niedergeschlagen an. »Ich weiß nicht, ob sie es getan haben oder nicht. Aber das weiß ich, daß diese Eile nicht gut ist. Man sollte prüfen und dann erst richten. Aber wir hassen und fürchten uns zugleich, das ist das Schlimme.«

»Aber Sie hassen sie doch nicht?« fragte der Junge.

Die Witwe schüttelte den Kopf. »Nein, ich hasse sie

nicht. Ich bin nur traurig. Wenn sie es getan haben, geschah es, weil sie unwissende Wilde sind. Arme Heiden!«

»Das sind sie nicht!« widersprach Jimmy eifrig. »Sie beten wie wir zu Gott, nur haben sie für ihn einen anderen Namen.«

»Pater Lorraine wird nicht einverstanden sein mit dem, was du da sagst, Jimmy!«

»Er nennt sie nie Heiden, Mrs. Derrick«, antwortete Jimmy fest.

Als die Indianer von den Soldaten gebracht wurden, lief Jimmy sofort auf den Hügel zum Pferch, in dem die Frauen und Kinder gefangengehalten wurden. »Tatokadan!« rief er, aber sie kam nicht zu ihm. Tatokadan war nicht unter den Gefangenen.

Nur Bärensohn sprang auf und lief zum Zaun. »Die Wasichu haben zwei Gesichter, und ihre Zunge ist gespalten wie die der Schlangen.« Er sagte noch viele Dinge, die böse waren, und er rüttelte vergeblich an den Pfosten, die ihn hinderten, Jimmy anzuspringen. Als Rote Wolke hinzutrat und ihm mahnend die Hand auf die Schulter legte, stammelte er: »Ich hasse dich, Pahiwissa!« und lief wieder fort.

Rote Wolke hatte die Tragwiege in den Armen. »Du mußt meinem Sohn verzeihen, Pahiwissa«, sagte sie. »Sein Herz ist traurig, und er weiß nicht, was er spricht. Keiner unserer Sippe hat die Hütte des Weißen niedergebrannt. Aber die Wasichu glauben uns nicht.«

»Ich glaube euch!« versicherte Jimmy. »Ich weiß, daß ihr es nicht getan habt! Aber wo ist Tatokadan?« Plötzlich machte es ihm angst, daß sie nicht hier war. ›Sie ist tot! Man hat sie getötet!‹ dachte er. Ihm war, als hörte sein Herz auf zu schlagen.

Nur wie aus weiter Ferne hörte er die Stimme von Roter Wolke, als sie ihm erzählte, daß sie in großer Sorge um ihre zwei Töchter sei, die in der Hütte des weißen Mannes gewesen waren, als sie niedergebrannt worden war.

Jimmy sah die Traurigkeit im Gesicht von Roter Wolke, und es rührte ihn zutiefst, daß sie kein Wort der Klage gegen die Wasichu sprach, die ihren Mann töten wollten und von denen irgend jemand auch ihren beiden Kindern ein Leid zugefügt haben mußte. Jimmy war plötzlich ganz sicher, daß es Angehörige seines eigenen Volkes gewesen waren, die O'Connors Haus überfallen hatten. Es gibt auch bei uns Banditen, dachte er. Keiner aus der Sippe der Büffel würde den Töchtern des Häuptlings ein Leid antun.

»Ich verspreche dir«, sagte er zu Rote Wolke, »daß ich so lange suche, bis ich Tatokadan und Spielendes Hirschkalb gefunden habe. Und dann werden die Soldaten einsehen, daß es nicht die Sihasapa waren, die den Frieden gebrochen haben, und alles wird wieder gut.«

So mühsam sich Jimmy in der Sprache der Dakota ausdrücken konnte, so unbeholfen die Worte waren, die er fand, war es Roter Wolke doch, als könnte sie wieder ein wenig Hoffnung schöpfen. Der Junge trug in seinem sommersprossigen Gesicht einen so entschlossenen Ausdruck, daß sie nicht anders konnte, als ihm zu vertrauen.

»Mein Sohn!« sagte Rote Wolke, und Jimmy wurde rot vor Freude. Er erfuhr von ihr, daß Kleiner Adler und Siebenstern mit Pater Lorraine fortgeritten waren, und versprach, sie warnen zu lassen, damit sie nicht bei ihrer Rückkehr ebenfalls gefangengenommen wurden.

Dann ging Jimmy zum Pferch, in dem die Krieger waren. Keiner von ihnen sprach ihn an. Sie standen oder saßen in jener starren, in sich versunkenen Haltung, die sie von der Umwelt abzuschließen schien. Inmitten der Krieger saß Gute Sonne mit gekreuzten Beinen auf dem Boden. Er sah nicht aus wie ein Mann, der seinen Tod erwartete. Wenn er in die Einsamkeit ging, um zu fasten und zu beten, mochte sein Gesicht den gleichen Ausdruck tragen.

Jimmy ging mit gesenktem Kopf fort.

Die Soldaten, die Wache hielten, hatten ihn gewähren lassen, als er mit den Frauen sprach, denn sie kannten ihn und mochten ihn gut leiden. Als er sich zum Gehen wandte, rief ihn einer an: »Jimmy, was hast du mit ihnen geredet?«

»Nichts Besonderes«, antwortete Jimmy mit gleichgültiger Stimme, beeilte sich aber dann fortzukommen, bevor sie ihn ausfragen konnten.

Als Jimmy Roter Wolke versprochen hatte, Tatokadan und Spielendes Hirschkalb zu suchen und Kleiner Adler und Siebenstern zu warnen, war ihm alles sehr einfach erschienen. Als er jedoch zu Franks Haus zurückging, wurde ihm bewußt, wie schwierig seine Aufgabe war, obwohl er genau wußte, zu welchen Hütten Pater Lorraine geritten war.

Es war nicht nur wichtig, Kleiner Adler und Siebenstern zu warnen, ebenso wichtig war es, daß Pater Lorraine erfuhr, was vorgefallen war, und so schnell wie möglich zurückkehrte. Wenn Jimmy ihm aber entgegenritt, verlor er wertvolle Zeit, und wer wußte, ob er nicht zu spät kam, Tatokadan zu retten? Wenn Tatokadan in der Gewalt jener Banditen war, durfte Jimmy nicht länger zögern. Sie hatten Großvater O'Connor getötet und würden sich bestimmt nicht davor scheuen, auch die Kinder zu töten, wenn es ihnen nützlich erschien.

›Bisher hat man sie nicht getötet‹, dachte Jimmy, ›sonst hätten die Soldaten die Leiche der kleinen Souzette gefunden. Vielleicht konnten sie fliehen und sich verstecken? Aber wenn sie geflohen sind, warum sind sie dann noch nicht in Alderscreek?‹

Wäre doch Frank hier!

Aber Frank war nicht hier, und Jimmy mußte allein entscheiden. Er begann zu beten: »Gott, hilf mir!« Dann fiel ihm plötzlich die Witwe Derrick ein. Sie war die einzige, die einen klaren Kopf bewahrt hatte. Er lief zu ihrem Haus und öffnete atemlos die Tür. Mary Derrick stand am Herd und hob die Finger an den Mund. »Er schläft«, wisperte sie.

Jimmy verstand nicht, was sie meinte. Sie wies auf die Tür, die in den Nebenraum führte. »O'Connor! Ich habe ihm zu essen gegeben, und er wurde ruhiger. Jetzt ist er endlich eingeschlafen.«

Der Junge schaute die Witwe erstaunt an. Mary Derrick war nicht wie die anderen Frauen. Sie kümmerte sich nicht darum, was die Leute sagen würden, sondern tat immer das, was ihr gut schien. Jimmy war sicher, daß er sich ihr anvertrauen konnte. »Mrs. Derrick, was ich Ihnen jetzt sage, darf niemand wissen. Und ich muß Sie um etwas bitten, von dem nicht alle hier denken werden, daß es das Richtige ist.«

»Wenn es etwas Unrechtes ist, Jimmy, dann ist es besser, du sagst es mir nicht; dann müßte ich nämlich um der anderen willen reden.«

»Es ist kein Unrecht«, sagte Jimmy, »Pater Lorraine und Frank wären sicher damit einverstanden.« Die Witwe setzte sich und nickte Jimmy aufmunternd zu. Er holte tief Atem und mußte ein paarmal schlucken, bevor er ruhig sprechen konnte. Er erzählte, was er von Roter Wolke erfahren hatte und daß er zur niedergebrannten Hütte O'Connors reiten wollte, um nach Souzette und den beiden Indianermädchen zu suchen.

Mary Derrick unterbrach ihn. »Wenn O'Connor und die Soldaten keine Spur von Souzette gefunden haben, wie kannst du dann glauben, etwas zu sehen, was die anderen nicht gesehen haben?«

»O'Connor und die Soldaten haben doch von Anfang an geglaubt, daß es die Indianer gewesen sind!« rief Jimmy. »Sie haben bestimmt nicht nach Spuren gesucht, ob es vielleicht andere waren. Ich aber weiß, daß es die Indianer nicht gewesen sind. Mir fällt vielleicht etwas auf, was den Soldaten nicht aufgefallen ist!«

Mrs. Derrick nickte. Sie war zwar nicht so fest überzeugt wie Jimmy, daß die Indianer schuldlos waren; wenn ihre Unschuld aber tatsächlich erwiesen wurde, war es das Beste, was geschehen konnte.

»Rote Wolke hat noch nie gelogen, und sie kann gar nicht lügen, Mrs. Derrick!« beteuerte Jimmy. Dann fuhr er fort, daß Pater Lorraine mit Kleiner Adler und Siebenstern fortgeritten sei, zu den Burnetts, den Fullers und zu Jim Haycox. »Ich habe Rote Wolke versprochen, Siebenstern und Kleiner Adler zu warnen. Aber ich kann Pater Lorraine nicht entgegenreiten, Mrs. Derrick! Wenn Tatokadan mit den zwei kleinen Mädchen geflohen ist, braucht sie Hilfe, und wenn man sie gefangengenommen hat, ist es noch viel wichtiger, daß jemand kommt, der sie befreit.«

Mrs. Derrick gab keine Antwort. Sie dachte an die Indianerfrau, die nicht wußte, ob ihre zwei Töchter noch am Leben waren, und deren Mann man morgen abend töten wollte. Sie fragte sich, ob eine Indianerin ebenso litt, wie sie selbst gelitten hatte, als ihr Mann gestorben war.

»Man kann«, sagte Jimmy flehend, »ja auch nur daran denken, daß Pater Lorraine unbedingt alles wissen muß, damit er so schnell wie möglich zurückkommt. Die Indianer vertrauen ihm, villeicht kann er alles wiedergutmachen.«

Mrs. Derrick schaute Jimmy an. »Gut, ich werde den Pater verständigen!«

Jimmy wäre ihr am liebsten aus Freude um den Hals gefallen und hätte gesagt: »Sie sind wunderbar, Mrs. Derrick!«, aber er brachte kein Wort heraus.

Mrs. Derrick stand auf, nahm die Schürze ab, hielt plötzlich inne und sagte: »Aber ich kann O'Connor nicht allein lassen! Wenn er aufwacht, braucht er mich!«

Als sie sah, wie niedergeschlagen Jimmy sofort wurde, fuhr sie fort: »Ich weiß einen Ausweg! Du kennst doch den alten Larry, der am Fluß wohnt? Ich habe ihn vor vier Jahren gepflegt, als er krank war, und ich weiß, daß er alles tun wird, worum ich ihn bitte. Mach dir keine Sorgen, Jimmy! Ich geh' jetzt gleich zu Larry und sag ihm, daß er Pater Lorraine warnen soll.«

»Danke, Mrs. Derrick!« stammelte Jimmy.

Als er schon an der Tür war, rief ihn die Witwe noch einmal zurück. Sie legte die Hände auf seine Schultern und sagte: »Wenn Souzette und die Dakotamädchen wirklich von Weißen entführt worden sind, kann es gefährlich für dich werden, Jimmy! Diese Männer haben Großvater O'Connor getötet. Weißt du auch, was du tust?«

»Ja, Mrs. Derrick«, antwortete Jimmy fest.

Sie sah ihn mit einem kaum spürbaren Lächeln an: »Ist diese Tatokadan ein gutes Mädchen, Jimmy?«

Er wurde rot, schaute verlegen zu Boden, blickte dann der Witwe gerade ins Gesicht und sagte: »Es gibt kein Mädchen in der Siedlung, das so gut ist wie sie!«

»Wenn du das glaubst, Jimmy, dann reite zu O'Connors Hütte! Gott schütze dich!«

Jimmy lief fort. Er war sicher, daß er Souzette und Tatokadan und Spielendes Hirschkalb finden würde. Dann würde er sie heimbringen, und alles würde wieder gut werden.

Jimmy ertappte sich dabei, daß er ein Lied pfiff. Die Sonne schien so strahlend, der Himmel war so blau, und die Wolken waren von so schönem Weiß. Nein, es war nicht möglich, daß es wieder Krieg gab. Es konnte nicht sein!

Er steckte Maisbrot und Fleisch in die Tasche und das Messer und die Pistole in den Gürtel. Am Morgen hatte er sein Pferd von der Weide geholt. Es stand in dem kleinen Verschlag und begrüßte ihn mit freudigem Wiehern. Jimmy legte sein Gesicht an Tschetans Hals und streichelte die dichte Mähne. Er dachte: Bald habe ich keine anderen Freunde mehr als mein Pferd. Dann bin ich ganz allein!

Beinahe hätte er sich verlassen und schwach gefühlt, aber dann dachte er daran, wie wichtig seine Aufgabe war und daß Tatokadan seine Hilfe brauchte. Er band sein Pferd los, führte es zum Fluß hinunter und tat so, als brächte er es zur Tränke. Wäre es ein Tag wie jeder andere gewesen, hätte ihn sicher einer der Soldaten oder eine der Frauen angesprochen, aber jetzt achtete niemand auf ihn. Alle waren viel zu sehr von ihren eigenen Sorgen erfüllt, um für den Jungen auch nur einen Blick übrig zu haben. Jimmy war froh darüber. Er kam unbemerkt zum Fluß, ließ Tschetan trinken, stieg auf und lenkte ihn in den Wald hinein. Nachdem er ein Stück stromaufwärts geritten und weit genug von der Siedlung entfernt war, wandte er sein Pferd und ritt in einem großen Bogen an der Siedlung vorbei und dann weiter, zurück zum Fluß, auf dem Weg zur Hütte O'Connors.

Jimmy kannte das Gebiet genau, er hatte keine Angst, sich zu verirren, obwohl er den Weg, der von der Siedlung zur Hütte führte, nicht benützte, um nicht auf einen Trupp der Soldaten zu stoßen, die entlang des Flusses patrouillierten.

Unter den Bäumen war es kühl und schon am frühen Nachmittag dämmrig, als sei die Sonne im Untergehen, da die dicht ineinander verstrickten Zweige das Licht abhielten.

Jimmy trieb sein Pferd an. Er streichelte die dichte Mähne und erzählte ihm, warum er noch vor dem Abend zur Hütte O'Connors kommen müsse. Es sei wichtig, noch vor Einbruch der Dunkelheit die Spuren zu prüfen. Für Tatokadan und die beiden kleinen Mädchen konnte jede Stunde entscheidend sein. Es war, als verstünde ihn sein Pferd. Es spitzte die Ohren, lauschte auf die vertraute Stimme und wählte seinen Weg durch das Dickicht des Waldes, als trabte es auf einem gewohnten Pfad.

Jimmy kam zum Hof O'Connors, als die Sonne bereits

im Untergehen war und die Wolken am Himmel über dem Grasland sich rot gefärbt hatten. Im Schutz der Bäume hielt er sein Pferd an, und erst als er sicher war, daß sich niemand bei der Brandstätte befand, ritt er näher.

Im Pferch weideten die Schafe, die die Soldaten wieder eingefangen hatten. Von den verkohlten Trümmern der Hütte stieg kein Rauch mehr auf, schwarze Balken ragten aus der Asche. Die toten Kühe waren auf einen Haufen zusammengetragen worden. Ein paar Geier erhoben sich mit schweren Flügelschlägen, als der Junge näher kam.

Am liebsten wäre Jimmy umgekehrt und so schnell wie möglich wieder fortgeritten. Aber er preßte die Lippen aufeinander, faßte seine Pistole und stieg ab. Er durfte keine Zeit verlieren. Noch war es hell genug, um Spuren deuten zu können, aber vielleicht schon in einer halben Stunde würde es zu dunkel sein. Rings um die verbrannte Hütte gab es zu viele Spuren von O'Connor, von den Soldaten, ihren Pferden und den Kühen. Jimmy sah ein, daß es sinnlos war, hier nach Anhaltspunkten zu forschen.

Dann fiel ihm der Pfad auf, der zum Fluß führte. Dort sah er zum erstenmal deutlich die Fußabdrücke jener Männer, die das Haus überfallen hatten. Jimmy stand still. Er spürte, wie sein Herz plötzlich wild schlug. Oh, er wünschte, der Major und einer seiner Offiziere wären hier, dann würde er, Jimmy, ihnen sagen, wie dumm und voreilig es gewesen war, sofort die Indianer zu beschuldigen. Ja, das waren die Spuren von mokassinbekleideten Männerfüßen! Aber Jimmy kannte die Spuren der Indianer; er hatte oft die Abdrücke ihrer Füße im Sand am Fluß gesehen. Diese Spuren hier stammten nie und nimmer von den Sihasapa! Die Sihasapa hatten schmale, lange Füße, diese Abdrücke aber waren breit und plump.

Jimmy lief zum Haus zurück und holte ein Stück verkohltes Holz. Dann schnitt er von einem Birkenstamm breite Rindenstreifen ab und zeichnete mit der Kohle das

Abbild der Fußabdrücke auf. Als er fertig war, rollte er die Rinde sorgfältig zusammen und steckte sie in die Tasche. Allen in der Siedlung konnte er jetzt beweisen, daß die Sihasapa unschuldig waren! Der Major sollte den Fußabdruck jedes Kriegers mit diesen Spuren vergleichen, und er würde erkennen, wie falsch er gehandelt hatte!

Die Hände des Jungen zitterten vor Aufregung. Er mußte bis morgen abend diese seine Entdeckung in der Siedlung gemeldet haben, bevor der Major seine Drohung wahr machte und den Häuptling aufhängen ließ. Aber wie sollte er bis dahin Tatokadan gefunden haben! Er zwang sich, ruhig zu bleiben. Er würde schon einen Ausweg finden!

Jimmy folgte den Spuren hinunter zum Fluß. Er kam an der Stelle vorüber, an der Großvater O'Connor, von dem Pfeil getroffen, niedergefallen war. Und dann fand er, zwar sehr verwischt und undeutlich, die Spuren der Mädchen. Jimmy war kein erfahrener Jäger und kein Indianer, der aus wenigen Anzeichen, geknickten Ästen und zertretenen Gräsern lesen konnte, was vorgegangen war, doch war er ein kluger Junge, im Waldland aufgewachsen, und die Angst um die Menschen, die er liebte, machte ihn hellsichtiger und empfänglicher, als er es vielleicht unter gewöhnlichen Umständen gewesen wäre.

›Sie sind mit Großvater O'Connor vom Fluß gekommen‹, dachte er, ›und als der alte Mann getötet worden war, flohen sie zurück zum Fluß. Die Männer aber, die das Haus überfallen hatten, folgten ihnen nach.‹ Jimmy ging schneller; es wurde rasch dunkel, der Himmel hatte die Farben des Sonnenunterganges verloren und färbte sich grau.

Jimmy wußte, daß O'Connor ein Boot besaß, das an einem Pflock im seichten Uferwasser angebunden war. Als er zum Fluß kam, vermißte er es sofort. Das Wasser hatte jede Spur gelöscht, aber Jimmy glaubte zu wissen, was geschehen war. Er blickte dem Fluß nach, der so ruhig und still dahinströmte. Dorthin, in diese unbewohnte Wildnis, waren Tatokadan und die Kinder geflohen, weil sie keinen anderen Ausweg gewußt hatten.

Die erste Regung Jimmys war, aufs Pferd zu steigen und stromabwärts dem Boot und den Verfolgern nachzureiten, er wußte aber, daß es sinnlos war. In der Dunkelheit konnte er keine Spuren sehen, er konnte nicht danach Ausschau halten, wo das Boot am Ufer angelegt hatte.

Tschetan war ihm gefolgt und weidete im saftigen Ufergras. Jimmy führte ihn ein Stück stromabwärts zu einer versteckten Stelle, band ihn mit einem langen Riemen fest, der ihm genügend Freiheit zum Weiden gab, und legte sich ins Gras. Der Himmel war jetzt blauschwarz, die ersten Sterne flimmerten. In einem Zweig über ihm sang ein verspätetes Rotkehlchen sein Abendlied, Scharen von Fledermäusen, diese geheimnisvollen Geister der Dämmerung, huschten mit lautlosem Flügelschlag über das schwarzgewordene Wasser.

Der Junge konnte nicht schlafen. Er schaute hinüber in das Grasland, dem die Nacht jede Begrenzung genommen hatte, weil der schwarze Horizont die Trennungslinie zwischen Erde und Himmel nicht mehr erkennen ließ. Immer mehr Sterne erschienen am Himmel, ihr Licht wurde heller und kräftiger.

Jimmy sprang auf. Er konnte nicht hier liegen bleiben und warten, bis es Morgen wurde. Diese einzige Stunde war ihm wie eine lange Nacht erschienen. Er hätte es niemandem erklären können, warum er jetzt sein Pferd losband, es bestieg, es über den Fluß trieb und geradewegs in das Grasland hineinritt, weil er plötzlich ganz sicher war, daß Tatokadan mit den Kindern dorthin geflohen war.

Wie ein Schlafwandler ritt Jimmy immer weiter fort vom Fluß, bis er nur noch ein kleiner, verlorener Punkt in dem nächtlichen Land ohne Grenzen war.

Nehmt unser Leben

*P*ater Lorraine hatte die Freundschaft und Zuneigung Siebensterns gewonnen. Und er war stolz darauf.

Die Enkelin des alten Donnervogel hatte etwas Besonderes an sich. Wenn er in ihr Gesicht mit den klugen Augen blickte, hatte er das Gefühl, ihr Vertrauen gewonnen zu haben, sei ein Geschenk.

Die Zuneigung von Kleiner Adler oder Tatokadan zu gewinnen war viel weniger schwierig gewesen. Kleiner Adler war so einfach, so offen und selbstverständlich in seiner Liebe zu dem Pater. Siebenstern hatte es ihm nicht so leicht gemacht. Wochenlang war sie ihm mit großer Zurückhaltung begegnet. Eines Tages aber war sie zu ihm gekommen, hatte sich neben ihn gesetzt und gesagt: »Kleiner Adler hat einen wahren Freund gefunden!«

Die Enkelin des Medizinmannes hatte Lorraine die Geheimnisse der Kräuter gelehrt, die heilende Kraft besaßen, und ihm die Plätze gezeigt, wo man sie finden konnte.

Pater Lorraine, Kleiner Adler und Siebenstern hatten die Krankenbesuche beendet und ritten nun heimwärts. Als sie zu der Stelle kamen, wo der Pfad aus dem Wald zum Fluß führte, sahen sie Larry auf einem Baumstrunk sitzen. Der alte Mann sprang auf, trat auf sie zu und ergriff Lorraines Zügel. Sein Gesicht war so bleich, daß der Priester dachte, er sei krank geworden, vom Pferd sprang und fragte: »Ist dir nicht gut, Larry?«

Der Alte schüttelte den Kopf. Er sah zärtlich auf die beiden jungen Indianer. Larry hatte viele Jahre bei den Dakota gelebt, und er liebte die Indianerkinder, denen er Spielzeug geschnitzt hatte und die dafür immer dankbar gewesen waren.

Larry war einfältig, und die Siedler hatten oft keine Geduld mit ihm. Die Indianer aber hatten ihn nie spüren lassen, daß er nicht ganz klug im Kopf war. Eigentlich hatte Larry in seinem ganzen Leben außer den Indianern nicht viele andere Freunde gehabt. Nun war er alt, er hörte schlecht, und die Siedler sagten, er sei ein bißchen blöde. Die Kinder in der Siedlung lachten ihn aus, und er war einsam geworden, er, der Kinder doch so liebte! Witwe Derrick hatte ihn daher nicht lange bitten müssen, er war sofort bereit gewesen, die beiden jungen Indianer zu warnen.

»Pater«, sagte er, »schicke die zwei da fort in die Prärie! Nimm sie nicht mit nach Alderscreek!«

Lorraine schaute den Alten mitleidig an und wollte ihn beruhigen, denn er glaubte, daß es nur eine seiner verrückten Ideen wäre. Aber Larry sagte mit einer klaren Stimme, die nichts von Verwirrtheit zeigte: »Schick sie fort, Pater, sonst bringt man sie um! Schick sie fort! Es wird Krieg, es wird Krieg werden, Pater!«

Kleiner Adler und Siebenstern verstanden nicht alles, was der Alte sagte, begriffen aber den Sinn seiner Worte.

Lorraine faßte Larry an der Hand und fragte eindringlich: »Wer hat dir gesagt, daß Krieg wird?«

»Mrs. Derrick war bei mir, Pater! Sie müssen gleich in die Siedlung reiten, das hat Mrs. Derrick gesagt! Die Soldaten sagen, die Indianer hätten Großvater O'Connor getötet und das Haus angezündet. Sie wollen den Häuptling aufhängen, wenn er nicht gesteht, wo die kleine Souzette ist. Aber wie soll er sagen, wo sie ist, wenn er es selber nicht weiß!«

Und der Alte erzählte, wie man die Indianer gefangengenommen hatte und wie einer von ihnen ins Grasland geflohen war und daß bestimmt wieder die Kriegstrommeln geschlagen würden!

Larry wiederholte getreu die Botschaft der Witwe, nur die Geschichte mit Jimmy ließ er aus, da sie ihm nicht wichtig erschien. Jimmy war ein Junge wie alle anderen Jungen in der Siedlung, und seine Abenteuer kümmerten Larry nicht.

Der Priester sprach kein Wort, als Larry seine Botschaft beendet hatte. Hatte nicht die Sonne so hell geschienen und das Lied der Vögel so süß geklungen? Lorraine und seinen beiden Schützlingen schien es, als hätte sich alles verändert, als seien die Vögel verstummt und als sei die Sonne glanzlos geworden.

Weil Lorraine nicht antwortete, wurde der alte Mann unruhig. »Pater«, rief er ängstlich, »schick die Kinder ins Grasland! Das habe ich Mrs. Derrick versprechen müssen!«

Kleiner Adler sagte: »Ich fliehe nicht. Ich bleibe bei meiner Sippe!«

Pater Lorraine wachte aus seiner Benommenheit auf und legte die Hand auf die Schulter seines jungen Freundes. »Larry hat recht«, sagte er. »Es ist sinnlos, wenn ihr beide euch in Gefahr begebt. Ich will versuchen, den Major zur Vernunft zu bringen. Wartet bei Larrys Hütte! Wenn ich bis zur Stunde, da die Sonne den halben Weg zur Zeit der langen Schatten zurückgelegt hat, noch keinen Boten senden konnte, dann ist das ein Zeichen, daß ich den Major nicht umstimmen konnte. Dann flieht ins Grasland zu den anderen Sippen.«

Pater Lorraine sollte keinen Erfolg haben. Bevor er die Siedlung erreichte, waren die Soldaten, die Einsamer Wolf verfolgt hatten, zurückgekehrt. Männer und Pferde waren staubbedeckt und erschöpft. Drei der Soldaten waren verwundet, einer von ihnen war schwer verletzt.

Aus Verfolgern waren sie zu Verfolgten geworden. Irgendwo im Grasland mußte Einsamer Wolf auf andere Indianer gestoßen sein. Als die Soldaten in ein Tal ritten, wurden sie von einem Hagel von Pfeilen und dem schrillen Kriegsruf der Dakota empfangen. Um nicht aufgerieben zu werden, hatten sie wenden und fliehen müssen. Nun waren sie hier, erschöpft und mit düsteren Gesichtern. Die Frauen der Siedler schauten voll Mitleid auf den schwerverletzten Soldaten, als man ihn in das Haus des Majors trug, und Angst um ihre Familien erfüllte sie.

Die Männer aber preßten die Lippen aufeinander und ballten die Fäuste. Und da geschah es, daß alle auf einmal fest überzeugt waren, man müßte den Häuptling als abschreckendes Beispiel sofort aufhängen. Niemand hätte nachher sagen können, wer es zuerst gedacht und zuerst ausgesprochen hatte, aber plötzlich sagten es alle in der Siedlung, und alle dachten es, und sie kamen vor dem Blockhaus des Majors zusammen und schrien, daß man den verdammten Indianer sofort hängen solle. Wenn man warte, zeige man nur seine Schwäche, man müsse den Rothäuten rechtzeitig angst machen.

Die Siedler machten sich bereit, auf den Hügel zu stürmen, um selbst das Urteil zu vollstrecken, sollten sich die Soldaten weigern, es zu tun. Der Major und seine Offiziere sahen sich plötzlich dem Ausbruch der Wut einer aufgeregten Menge gegenüber, gegen den sie machtlos waren.

Als Lorraine ankam, hörte niemand auf ihn. Ein paar der ärgsten Schreier riefen, er sei auch so ein verdammter Freund der Indianer, und man müsse ihn einsperren, damit er kein Unheil anrichten könne.

Pater Lorraine kämpfte sich den Weg durch die aufgebrachten Menschen bis zum Major durch, der bleich vor seinem Blockhaus stand und auf die Menge starrte. Vergeblich suchte Lorraine die Siedler zu beruhigen, keiner schien ihn zu hören. ›Sind das meine Leute‹, dachte er voll Bitterkeit, ›die gutmütigen Iren und die freundlichen Franzosen, die fleißigen Frauen?‹ Er kannte sie nicht wieder, Vernunft und ruhige Überlegung hatten sie verlassen, und nur noch Angst und Haß schienen sie zu beherrschen.

»Sie können das nicht zulassen, Major!« schrie er.

»Soll ich auf meine eigenen Leute schießen?« fragte der Major. »Um einem Indianer das Leben zu retten? Ich war es nicht, der den Frieden gebrochen hat.«

»Es ist Mord, für den Sie verantwortlich sind!« rief Pater Lorraine.

Er reckte sich hoch auf, hob die Hände und schrie, um die lärmende Menge zu übertönen: »Freunde, hört auf mich! Freunde . . .«

Aber niemand achtete auf seine Worte.

Larry war mit den beiden Dakota allein bei seiner Hütte zurückgeblieben. Auf den Fersen sitzend, die Hände auf den Knien, blickte Siebenstern gegen Westen, wo Anpetuwi, die lebenspendende Sonne, am Abend untergehen würde.

Kleiner Adler saß neben ihr. Sie sprachen kein Wort. Schweigend warteten sie auf den Boten des weißen Vaters.

Einige Meter entfernt hockte Larry vor seiner Hütte.

Alle Aufregung des Alten war vergessen, er war glücklich, daß wieder wie in den vergangenen Tagen junge Leute bei ihm waren. Besonders das Mädchen gefiel ihm, und er betrachtete es zärtlich. Mädchen waren ihm immer lieber gewesen als Jungen, weil sie sanfter waren. Es machte ihn traurig, daß Siebenstern so ernst war, und er überlegte, was er tun könnte, um sie aufzuheitern.

Er stand auf, ging in die Hütte und suchte unter seinen Schätzen nach einem Geschenk. Er besaß eigenartig geformte Steine und Wurzeln, die er im Wald sammelte, und kleine Holzpuppen, die er bunt bemalt hatte. Er nahm die schönste Puppe, humpelte ins Freie und legte sie vor Siebenstern ins Gras.

Aber Siebenstern sah ihn nicht an. Sie schien nicht zu bemerken, daß Larry ein Geschenk gebracht hatte. Der alte Mann war bestürzt. Gefiel ihr die Puppe nicht? Aber den Indianerkindern hatten seine Puppen doch immer gefallen! Dann aber lachte er. Er hatte vergessen, daß die zwei bereits einen weiten Weg hinter sich hatten. Sie waren bestimmt hungrig. Er humpelte in die Hütte zurück und brachte Maisfladen und einen gebratenen Fisch.

Dann blieb er vor Siebenstern stehen und schaute sie halb ängstlich und halb erwartungsvoll an. Endlich hob sie den Blick, dankte ihm und sagte, daß sie nicht hungrig seien. Sie strich mit den Händen über die Puppe und lächelte ihn dabei an. Larry traten die Tränen in die Augen. Er liebte dieses Mädchen! Er mußte ihr Blumen bringen!

Unter den Sträuchern wuchs Salbei. Larry sammelte einen Arm voll Zweige und schüttete sie vor Siebenstern ins Gras. Sie nahm wortlos ein paar der Salbeizweige und steckte sie sich ins Haar.

»Meine Schwester weiß, was ich denke«, sagte Kleiner Adler. Siebenstern nickte.

Den Blick in die Ferne gerichtet, fuhr Kleiner Adler fort: »Der weiße Vater will uns ins Grasland schicken, damit uns keine Gefahr von den Wasichu droht.«

Und wieder schwiegen sie.

»Die Sonne hat den halben Weg zur Stunde der langen Schatten zurückgelegt«, sagte Kleiner Adler. »Komm, laß uns tun, was wir tun müssen.«

»Ich habe mein Herz geprüft, ich bin bereit«, antwortete Siebenstern. Sie bat den alten Mann, ihr Asche von seinem Herd zu bringen, »denn«, so sagte sie, »Kleiner Adler und ich, wir wollen die Farbe des Opfers auf unser Gesicht malen und zu den Weißen gehen und sie bitten, unser beider Leben als Sühne für den Tod des alten Mannes anzunehmen, damit der Friede erhalten bleibe.«

Wäre Larry vernünftig gewesen, so hätte er alles versucht, die beiden auf das Törichte ihres Tuns aufmerksam zu machen. Er hätte ihnen gesagt, daß es vergeblich sei und ein sinnloses Opfer. Aber er war einfältig, und er hatte lange Jahre bei den Indianern gelebt; der Gedanke an eine solche Sühne, die Unschuldige darbrachten, war ihm vertraut und selbstverständlich.

So kam es, daß in Alderscreek, als die Aufregung der Siedler am größten war und sie sich anschickten, auf den Hügel zu stürmen, um Rache an den Indianern zu nehmen, Kleiner Adler und Siebenstern durch das Palisadentor traten.

Kleiner Adler war nackt bis auf das Lendentuch, er hatte Gesicht und Oberkörper mit Asche bestrichen. Siebenstern hatte den Gürtel ihres Kleides gelöst und trug die Salbeizweige im Haar. Auch ihr Gesicht war mit Asche bestrichen.

Ohne ein Wort zu sprechen, gingen sie ruhig auf die Menge zu. Und die Siedler, von dem seltsamen Anblick beeindruckt, hörten zu lärmen auf, wichen zurück und gaben den beiden jungen Indianern den Weg frei. Kleiner Adler und Siebenstern gingen bis zur Mitte des Platzes. Dort blieben sie stehen.

Mit seiner klaren Knabenstimme sagte Kleiner Adler: »Heilig ist das Versprechen, mit dem der Friede geschlossen wurde. Laßt uns nicht wieder den Pfad des Krieges beschreiten. Nehmt unser Leben, weiße Brüder, da eure Herzen nach Rache hungrig sind. Nehmt unser Leben, aber tötet nicht den Frieden mit dem Volk der Dakota!«

Bevor Lorraine übersetzen konnte, war Clarence Casey aufgesprungen und wiederholte laut auf englisch, was Kleiner Adler gesagt hatte.

Die Männer und Frauen, die gerade vorhin noch voller Haß gewesen waren und geglaubt hatten, nur durch den Tod der Indianer diesem Haß Genüge zu tun, standen stumm da.

O'Connor hatte nicht mitgeschrien, als die aufgebrachten Siedler den Tod des Häuptlings der Indianer verlangt hatten. Er lehnte an einem Verandapfosten vor der Hütte der Witwe Derrick und schaute dem Aufruhr wie unbeteiligt zu.

Mrs. Derrick stand neben ihm, entsetzt und aufgebracht. ›Wenn er ein Mann ist‹, dachte sie, ›muß er dem Pater helfen! Mein Gott, er kann doch nicht einfach zusehen, wie man einen Menschen ermordet!‹

Aber O'Connor rührte sich nicht. Nachdem der Soldat Casey die Worte des Indianerjungen übersetzt hatte, rief sie: »O'Connor, jetzt ist es an Ihnen zu handeln! Um Ihretwillen ist all das geschehen. Um Ihretwillen wollen diese Kinder ihr Leben hingeben! Wollen Sie, daß die Kinder dieser Wilden besser sind als wir?«

O'Connor antwortete nicht. Sein Gesicht war ausdruckslos. Dann aber ging er schwerfällig wie ein Traumwandler auf den Platz zu und blieb vor den beiden Dakota stehen.

Er kannte Siebenstern, und er kannte Kleiner Adler. Sie waren in seiner Hütte gewesen und hatten mit Souzette gespielt. Siebenstern hatte Souzette Beeren aus dem Wald gebracht, und Kleiner Adler hatte ihr Puppen geschnitzt. Plötzlich fühlte er keinen Wunsch mehr, Souzette und ihren Großvater zu rächen. Es war, als ob etwas in ihm abgestorben wäre. Das heftige Verlangen, andere leiden zu sehen, weil er selbst litt, hatte ihn verlassen. Er sah die Kinder an. Er wünschte ihren Tod nicht. Es würde ihn nicht glücklich machen, sie sterben zu sehen.

Er sagte: »Major, laßt die Indianer frei!« Dann ging er mit gesenktem Kopf durch die Reihen der schweigenden, wie gebannt stehenden Menschen. Er war ein starker Mann, aber er fühlte sich plötzlich erschöpft und schwach, die Füße waren schwer, und er konnte sie kaum heben.

Er kam zu Mrs. Derrick zurück. Die Tränen liefen über ihr Gesicht.

Nachdem O'Connor zurückgegangen war, trat Pater Lorraine vor. Er sprach mit lauter, aber ruhiger Stimme, und keiner der Siedler unterbrach ihn wie vorhin. Er sprach davon, wie kostbar der Friede sei, er fragte, ob es jemanden von ihnen gäbe, der nicht glücklich darüber gewesen sei, daß der jahrelange Kampf vorüber war. Er fragte die Bauern, ob sie wieder mit den Waffen auf die Felder gehen wollten; er fragte die Frauen, ob sie wieder Tag und Nacht um ihre Familien Angst haben wollten? Er sprach davon, wie leichtsinnig alle, der Major und die Offiziere nicht ausgenommen, dieses kostbare Geschenk gefährdet hatten. War es denn bewiesen, daß die Sippe, die auf dem Hügel der Flüsternden Blätter lebte, wirklich die Mörder waren, die O'Connors Haus überfallen hatten? Hatte jemand einen sicheren Beweis gefunden? Hatten die Indianer ihre Schuld eingestanden?

Nein, nichts dergleichen war geschehen! Dieser Junge hier, der sein Leben anbot, damit der Friede nicht gebrochen würde, hatte auch zwei Schwestern verloren und wußte nicht, ob sie noch am Leben waren oder ob man sie getötet hatte.

Wollten sie sich von einem Jungen, dem Sohn eines Volkes, das sie Wilde nannten, beschämen lassen und kleiner sein als er, der bereit war, sein Leben hinzugeben, damit sein Volk und das Volk der Weißen in Frieden leben konnten?

Die Frauen waren es, die sich zuerst ansahen und sagten, Pater Lorraine habe recht. Die Männer hielten die Köpfe gesenkt. Noch wollten sie nicht zugeben, daß sie im Unrecht waren; noch empörten sie sich bei dem Gedanken, vor Wilden eingestehen zu müssen, falsch gehandelt zu haben. Sie standen alle da und schwiegen: Siedler, Soldaten und Offiziere.

Der Major hielt sich sehr aufrecht, sein Gesicht verriet nicht, was in ihm vorging. Zeit seines Lebens war er gelehrt worden, die Indianer zu verachten und ihr Leben nicht höher zu werten als das von Wolf, von Bär oder Luchs. Hatte er jemals daran gedacht, daß ein Indianer Gefühle haben konnte wie sein eigenes Volk? Daß eine Indianermutter ihre Kinder liebte? Daß Indianer Schmerz und Trauer empfanden und ihre Toten beweinten? Daß Indianerkinder fröhlich waren und spielten wie die Kinder der Franzosen und Iren? Er schaute den Jungen und das Mädchen an, und unwillkürlich hatte er Achtung vor diesen jungen Menschen, die glaubten, durch die Hingabe ihres Lebens den Frieden retten zu können.

Er befahl, den Häuptling und die Alten der Sippe zu holen, da er und seine Offiziere noch einmal mit ihnen verhandeln wollten. Mit barschen, trockenen Worten ordnete er an, die beiden jungen Indianer fortzubringen, denn ihr Angebot sei lächerlich. Niemand verlange nach ihrem Leben. Dann wandte er sich um und ging in sein Haus. Ein Leutnant wies Clarence Casey und einige andere Soldaten an, den Befehl des Majors auszuführen.

Als die Soldaten auf den Hügel gehen wollten, rief ein kleiner Junge, der auf einen der Wachtürme geklettert war, alle sollten zum Fluß schauen. Zuerst achtete niemand darauf. Der Kleine schrie noch einmal, und seine Stimme überschlug sich: »Schaut doch her! Schaut doch!«

Jetzt liefen alle zum Tor und sahen Jimmy auf seinem müden, staubbedeckten Pferd. Vor ihm saß das Indianermädchen und hielt die schlafende Souzette fest. Als ihr Vater sie in seine Arme riß, öffnete sie nur schlaftrunken die Augen und lächelte, um sofort wieder einzuschlafen, so müde war sie.

Das Lied des fremden Vogels

Auf den Feldern reifte der Mais. Der herannahende Herbst ließ die kurzen Tage so klar und rein werden, daß der Himmel blauer war als jemals im Sommer und Frühling und man von den Hügeln ungeahnte Weiten in der Ferne entdecken konnte, die im sommerlichen Dunst verschwommen gewesen waren.

Die ersten Zugvögel kamen aus dem Norden und ließen sich, verlockt von den warmen Tagen, in den einsamen Tälern des Flusses nieder. Der gefleckte Sandpfeifer, der bunte Eisvogel, der Fliegenschnäpper in seinem olivbraunen Federkleid und die Grasmücke waren schon nach Süden geflogen.

Die Sippe Büffel der Sihasapa jagte in den Wäldern. Die Bauern arbeiteten auf ihren Feldern, die Kinder spielten auf den Wiesen, und die Mütter riefen sie nicht zurück, wenn einer der schweigsamen braunen Jäger vorbeiging.

Nichts störte den Frieden.

Als der Major erkannt hatte, daß er im Unrecht gewesen war, hatte er es mit der gleichen Unerbittlichkeit gegen sich selbst gutgemacht, wie er streng und hart gegen jene war, von denen er glaubte, daß sie schuldig seien.

Tatokadan erzählte, was geschehen war: ». . . Als die Büffel das Tal verließen, ging ich mit der Tochter des weißen Mannes zur Quelle. Er-der-rotes-Haar-im-Gesicht-trägt war tot. Auch die kleine Schwester war tot.

Tatokadan und die Tochter des weißen Mannes bedeckten die Körper der Toten mit Steinen, um sie vor den Tieren des Graslandes zu schützen. Dann gingen wir weiter. Wir waren sehr traurig. Als es Nacht wurde, weinte die

Tochter des weißen Mannes. Aber ich tröstete sie und zeigte ihr den Sternenpfad, auf dem die Geister der Toten in das Glückliche Heim wandern ...«

Und Jimmy erzählte, wie er die ganze Nacht geritten war, immer tiefer hinein in die Prärie; und wie er am Morgen, als er schon umkehren und zurück zum Fluß reiten wollte, die verlassenen und erschöpften Mädchen gefunden hatte.

Nachdem Jimmy und Tatokadan ihre Geschichte erzählt hatten, ging der Major sofort zu den Indianern. Der stolze, standesbewußte Offizier bat die Wilden, ihm das Unrecht, das er ihnen zugefügt hatte, zu verzeihen. Er brachte Gute Sonne, Wauhkeon und den Ältesten alle Ehren entgegen, die den Angesehenen eines Stammes zustanden. Boten mit Geschenken ritten in das Grasland, um Minnetonka von der Friedensbereitschaft der Wasichu zu überzeugen, und Krieger der Sihasapa begleiteten sie auf diesem Weg.

Soldaten zogen aus, um Joe und Rusty gefangenzunehmen, aber niemand brauchte sie mehr vor ein Gericht zu stellen. Die Büffelherde hatte, bevor sie sich irgendwo im Grasland in ihrem rasenden Lauf beruhigte, auch die beiden Männer erfaßt. Vielleicht hatten sie versucht auszuweichen, vielleicht mitzureiten, vielleicht, sich auf ihren Pferden den Büffeln entgegenzustellen, damit die Herde sich teilte und sie unverletzt durchließ. Was immer sie getan hatten, es war ihnen nicht gelungen. Die Soldaten fanden die toten Pferde und die verstümmelten Leichen der beiden Brüder.

In einer jener milden Septembernächte konnte Pater Lorraine nicht einschlafen. Er lag bekleidet auf seinem Bett und dachte an alles, was geschehen war, seit Jimmy mit Tatokadan und Souzette nach Alderscreek gekommen war.

Larry war glücklich, weil nun wieder Indianerkinder zu seiner Hütte kamen und er ihnen Puppen und Spielzeug schenken durfte. Weil die Kleinen der Sihasapa zu ihm gingen, kamen auch die Kinder der Siedler. Larry war nicht mehr einsam.

Und da war Souzette. Sie hatte ihre Spielgefährtin verloren, aber die Kinder der Siedlung zu Freunden gewonnen. Die Mädchen brachten ihr die schönsten Puppen, um mit ihr spielen zu dürfen, die kleinen Jungen bewunderten sie wegen ihres großen Abenteuers, und auch sie luden sie zu ihren Spielen ein.

Großvater O'Connor war tot, und Souzette hatte um ihn geweint. Für den Großvater aber hatte sie eine Mutter eingetauscht. Witwe Derrick war Mrs. O'Connor geworden. Die Männer von der Grenze hatten geholfen, die Hütte neu zu bauen, und jeder Siedler hatte irgend etwas gebracht: eine Kuh, ein Lamm, einen Pflug, was sie eben selbst entbehren konnten. Das neue Haus war schöner und größer als das alte. Die Frauen und Mädchen der Indianer kamen und brachten buntbemalte Lederkissen und Felldecken.

Der Mond erfüllte den niedrigen Raum mit grauem Licht. Im Rahmen des Fensters sah Lorraine ein Stück Himmel und die Zweige eines Baumes. Er hörte das Rauschen des Flusses. Ein Hund, der in seiner Ruhe gestört worden war, begann zu heulen. Als der Priester die Augen schließen wollte, um endlich einschlafen zu können, füllte ein dunkler Schatten das Fenster, und wie ein wildes Tier sprang eine kleine Gestalt in sein Zimmer.

Es war Bärensohn, der auf diese ungewöhnliche Art zum Pater kam und nun neben seinem Lager stand und ihn ernst anblickte. Lorraine richtete sich auf. Bärensohn war das Ebenbild seines Onkels Einsamer Wolf. Er war, obwohl kleiner und jünger, kräftiger gebaut als Kleiner Adler. Dieser Junge, dachte Lorraine, hat uns noch nicht verziehen! Es wird Zeit und Mühe kosten, bis er uns vertrauen kann.

»Weißer Mann«, sagte Bärensohn, »Donnervogel bittet

dich, zum Hügel der Flüsternden Blätter zu kommen. Donnervogel wartet auf dich bei dem Baum, dessen Wipfel der Blitz verbrannt hat.«

So schnell und lautlos, wie er gekommen war, verschwand Bärensohn wieder durch das offene Fenster. Lorraine stand auf. Er wußte nicht, warum Wauhkeon ihn rufen ließ, aber schon, daß er nach ihm verlangte, genügte, um ihn mit Freude zu erfüllen. Er zog sich an, nahm seinen Umhang und trat ins Freie. Der Mond hing über den flachen Dächern und überglänzte sie mit seinem Schein.

Die Menschen in der Siedlung schliefen, auch der Hund, den Bärensohn aus dem Schlaf geweckt hatte, war wieder ruhig geworden.

Pater Lorraine sattelte sein Pferd und verließ die Siedlung. Der einsame Wachtposten, der neben dem Palisadenzaun auf und ab ging, blieb stehen und schaute ihm nach. Als das Ufergebüsch den Priester und das Pferd verdeckte, setzte der Posten seinen nächtlichen Rundgang fort, ohne darüber nachzudenken oder verwundert zu sein, daß der Priester mitten in der Nacht die Siedlung verließ. Die Soldaten waren gewohnt, daß er oft auch zu nächtlicher Zeit fortritt, um die verstreuten Hütten der Grenzer aufzusuchen.

Das Licht des Mondes spielte auf den Wellen des Flusses. Ein Waschbär suchte im seichten Ufer nach Fröschen und kleinen Fischen, ein Reiher, im Schlaf aufgeschreckt, flog aus dem Röhricht. Ein Luchs glitt lautlos von einem Ast und verschwand wie ein Schatten im Dunkel.

Gegen Mitternacht erreichte Lorraine den Hügel der Flüsternden Blätter. Unter den toten, schwarzen Zweigen eines Baumes, den in den heißen Wochen dieses Sommers ein Blitzschlag entzündet hatte, saß Donnervogel. Die Hände auf den Knien, schaute er in den Rauch, der von einem halberloschenen Feuer aufstieg. Er regte sich nicht, als er den Hufschlag des herannahenden Pferdes hörte, und hob auch den Blick nicht, sondern verharrte in seiner Versunkenheit.

Pater Lorraine stieg ab, trat zu dem alten Indianer, ließ sich ihm gegenüber ins Gras nieder und wartete schweigend, bis Donnervogel das Wort an ihn richten würde. Nichts in dem faltigen, vergilbten Gesicht des alten Mannes verriet, daß er das Kommen des weißen Priesters gehört hatte. Nach langer Zeit sagte Wauhkeon, ohne ihn anzusehen: »Ich danke dir, daß du gekommen bist.«

Wieder schwiegen sie. Dann legte der Medizinmann ein Büschel Salbei und Süßgras auf die schwache Glut. Blauweißer, würziger Rauch stieg auf. Wauhkeon sprach: »Ich hörte die Stimme eines Vogels. Er sang in den Zweigen des Baumes meines Volkes. Erzähle mir, mein Freund, was dieser Vogel sang, und ich, der Alte, der jung war, als unser Baum in Blüte stand, werde mein Ohr nicht verschließen vor deinen Worten.«

Pater Lorraine war es, als sei plötzlich sein Hals zugeschnürt, als könne er nicht sprechen. Nicht in seinen kühnsten Träumen hätte er zu hoffen gewagt, daß dieser alte, geheimnisvolle Mann ihn bitten würde, von seinen Lehren zu sprechen. Er holte tief Atem.

Dann begann er zu reden, und je länger er sprach, desto ruhiger wurde seine Stimme. In einfachen Worten erzählte er von dem Schöpfer der Welt, den die Weißen Gott nannten, der in seiner großen Liebe zu den Menschen seinen Sohn gesandt hatte, um die Schuld der Menschen durch das Leiden seines Sohnes wegzunehmen.

Sterne versanken am Rand der Erde und neue glühten auf. Als Lorraine geendet hatte, schwiegen beide, der Priester und der Medizinmann.

Und wieder nach einer langen Zeit sprach Wauhkeon, der Uralte: »Donnervogels Baum, o Freund, ist alt. Der Vogel fliegt über seinen Zweigen, aber er kann ihm keine Stätte anbieten. Ich höre seine Stimme, aber ich kann ihn nicht zu mir rufen. Ich bin alt, und mein Herz sehnt sich danach, zu meinen Vätern zu gehen.«

Wauhkeon schaute zu dem leblosen Baum auf, der seltsam unwirklich in der Sternennacht stand. Eine große, aber verklärte Traurigkeit lag auf dem Gesicht des alten Mannes. Lorraine wollte sprechen, doch Wauhkeon hob die Hand und wehrte ihn ab. Dann wies er zum Lager der Sihasapa hin.

Aus dem Zelt des Medizinmannes trat eine dunkle Gestalt, das Mädchen Siebenstern. Sie ging zum Rand des Hügels, blieb stehen und schaute auf die stillen, schwarzen Wälder, die rings um den Hügel ausgebreitet waren.

Nach einiger Zeit kam Kleiner Adler aus dem Zelt seines Vaters und folgte ihr. Er setzte sich auf einen Stein in ihrer Nähe nieder und begann, auf einer Liebesflöte der Dakota zu spielen. Er spielte leise. Es klang, als wäre mitten in der Nacht ein Singvogel aufgewacht. Als er geendet hatte, trat er zu Siebenstern und legte ihr seinen Büffelhautmantel um die Schultern. Dann schritten sie gemeinsam zum Fluß hinunter, wo Bäume und Büsche sie bald verdeckten.

Pater Lorraine sah ein Lächeln auf dem Gesicht des Alten, das erste Mal, daß er ihn lächeln sah. »Mein Freund«, sagte Wauhkeon, »Donnervogels Baum ist alt, aber der Baum dieser Kinder ist noch jung, er wird blühen, wenn meiner gestorben ist.«

Wieder warf Wauhkeon Kräuter in die halberloschene Glut und legte Zweige darauf. Rauch stieg weiß und dicht auf und verhüllte das Gesicht des Medizinmannes; Lorraine sah es wie durch einen Schleier. Der würzige, starke Geruch der glühenden Kräuter vermischte sich mit der reinen Luft, die vom Fluß heraufstieg.

»Mein Freund«, sprach Wauhkeon, »der Gute Geist sandte den Schneevogel, um die Kinder der Dakota daran zu mahnen, daß der Nordwind seine Reise in das Land des Grases angetreten hat und die Zeit der langen Nächte und der Kälte bevorsteht. Die Büffel beginnen zu wandern. Gute Sonne sandte Späher aus, und das meldeten sie: die Bäche füllen sich wieder mit Wasser, und die Herden der Büffel weiden am Ufer des Amagukbaches.

Die Sihasapa werden in ihr Land ziehen und den Büffel jagen. Wenn Anpetuwi dem Rand der Erde entsteigt, werden die Sihasapa den Hügel der Flüsternden Blätter verlassen und in ihr Land jenseits des Flusses ziehen. Ich bitte dich, mit mir zu wachen, bis der Tag anbricht.«

Der Alte schwieg. Auch Lorraine sprach kein Wort. So warteten sie, bis der Morgen nahte.

Die Sterne verloren ihren Glanz, und die Stunde kam, in der weder Nacht noch Tag herrscht. Vom Fluß stiegen kalte Nebel auf. Das Feuer zu Füßen des Alten war erloschen. Ein schwacher Schein dämmerte im Osten, der rasch den Himmel eroberte und den Hügel, den Fluß, die Wälder und die Zelte der Sihasapa in Licht tauchte. Anpetuwi weckte das Leben.

Pahasapa trat aus dem Zelt und schlug seine Trommel: »Wacht auf, wacht auf!«

Aus jedem Zelt kamen sie heraus, die kleinen und die großen Jungen; sie holten die Pferde von der Weide, sie kletterten an den Zeltstangen hoch und banden die Häute los. Die Hunde heulten aufgeregt, fröhlicher Lärm erfüllte das Lager.

Pater Lorraine erlebte zum ersten Mal den Aufbruch einer Indianersippe, und die Disziplin, Ordnung und Schnelligkeit machten großen Eindruck auf ihn. Als die Sonne emporstieg, waren die Zeltstangen auf den Rücken der Pferde V-förmig angebunden, und zwischen den Stangenenden, die auf dem Boden nachschleiften, war auf Weidengeflecht die ganze Habe der Familie verpackt. Nur die mondförmigen Kreise in der Erde, dort, wo die Zelte gestanden hatten, die schwarzen Male der Feuerstellen und die festgetretene Erde zeigten, daß hier eine Indianersippe viele Wochen gelebt hatte.

Wauhkeon und Lorraine gingen gemeinsam den Hügel hinunter. Menschen, Pferde und Hunde waren bereit, die große Wanderung anzutreten. Junge Krieger hatten das Zelt des Medizinmannes abgebrochen, seine Waffen und seine Geräte waren von Siebenstern versorgt worden.

Die Hunde bellten, die Pferde wieherten, die Indianer lachten und scherzten. Sie erwarteten Pater Lorraine und Wauhkeon. Die Sihasapa waren nicht traurig, daß sie den Hügel der Flüsternden Blätter und ihre neuen Freunde verließen. Für sie, die Wanderer, gab es kein Abschiednehmen, sondern nur die Gewißheit, daß man sich wiedersehen würde. Hatte nicht der weiße Freund ein schnelles Pferd, das ihn zum Ufer des Amagukbaches bringen würde?

Gute Sonne bat ihn, sie noch bis zum Fluß zu begleiten.

Kleiner Adler und Siebenstern standen bei ihren Pferden und warteten auf den Aufbruch. Das Gesicht von Kleiner Adler war gleichmütig. Er war ein Krieger der Dakota, er durfte Traurigkeit und Schmerz nicht zeigen. Dennoch, niemandem konnte es entgehen, daß Kleiner Adler traurig war. Pater Lorraine dachte: ›Ich habe mich so sehr an ihn gewöhnt, daß ich ihn vermissen werde, als würde ein jüngerer Bruder wegziehen.‹

Dann begann der Aufbruch. Junge Krieger wurden als Späher vorausgesandt. Die Sippe folgte in zwangloser Ordnung. Nur die Frauen, die auf jenen Pferden ritten, hinter denen kleine Kinder auf den Schlitten aus Zeltstangen saßen, hielten sich in einer Gruppe zusammen.

Am Sattel von Rote Wolke hing in der Tragwiege Hakata, ihre jüngste Tochter. Das sanfte Schaukeln des Pferdes schien dem kleinen Mädchen Freude zu bereiten, es schaute vergnügt um sich, aber es verhielt sich still wie die anderen Kleinkinder.

Biberkind saß auf dem Stangenschlitten zwischen zusammengeschnürten Zelthäuten. Der kleine Bursche zeigte offen, welchen Spaß er an dem Aufbruch hatte. Die Abenteuer, die ihn erwarteten, erfüllten ihn mit Vorfreude. Er dachte an die Nachtlager im Grasland, wenn die Kojoten um die Zelte schlichen und mit den Hunden heulten. Jede Stunde würde er etwas Neues sehen: Täler, Hügel, Wiesen und Bäche, Büffelherden, Wölfe und Antilopen.

Biberkind bat seine Mutter, das Pferd anzutreiben, obwohl das bedeuten konnte, daß er vom wehenden Pferdeschweif einen Schlag ins Gesicht bekam. Aber Biberkind war bereit, das zu ertragen. Wenn er nicht weinte und nicht zeigte, wie weh es tat, konnte er sich wie ein Krieger vorkommen, der Schmerzen geringachtete. Alle seine Spielgefährten würden mit Achtung und Bewunderung auf ihn blicken. Vielleicht sah es auch der Vater oder einer der großen Brüder, und sie würden am Abend sagen: Biberkind hat gezeigt, daß er ein Krieger werden kann!

Siebenstern und Tatokadan ritten nebeneinander. Kleiner Adler hielt sich abseits des Zuges, ohne sich an dem fröhlichen Treiben der anderen jungen Krieger zu beteiligen.

Bärensohn ritt neben seinem Onkel Einsamer Wolf, der als einziger der Krieger Lorraine nicht gegrüßt hatte. Bärensohn hatte die Nachricht Wauhkeons zu Lorraine gebracht, weil der Medizinmann ihn darum gebeten hatte. So widerwillig er es getan hatte, so hatte er sich doch eines eigenartigen, aufregenden Gefühls nicht erwehren können, als er im nächtlichen Zimmer des Weißen gestanden hatte. Bärensohn würde niemals der Freund eines Wasichu werden! So wie Einsamer Wolf, der große Krieger, haßte er alle Wasichu. Und doch konnte er nicht umhin, verstohlen nach dem weißen Mann zu blicken, der zwischen dem Vater und dem weisen Wauhkeon ritt.

Wauhkeon, der Alte, saß schweigend auf seinem Pferd,

in seinen Büffelhautmantel gehüllt, und wieder war es, als ob all das Leben, das um ihn vorging, ihn nicht mehr berührte.

Als sie zum Fluß kamen, hielt Gute Sonne sein Pferd an und hob die Hand zum Abschied. Wauhkeon sagte zu Pater Lorraine: »Wakan Tanka nitschi un – Das Große Geheimnis begleite und führe dich!«

Dann trieben Gute Sonne und Wauhkeon ihre Pferde ins Wasser. Die Sippe folgte ihnen nach. Einer nach dem anderen rief den Abschiedsgruß: »Toska ake waciakinkte!« Das Wasser der Furt spritzte unter den vielen Pferdehufen, Sonnenfunken tanzten auf den Wellen.

Wieder war es Einsamer Wolf, der ohne Gruß an dem Priester vorbeiritt. Bärensohn wollte es ihm nachtun und ebenfalls schweigend vorbeireiten. Als Lorraine die Hand hob und den Abschiedsgruß sagte, war Bärensohn so verwirrt, daß er wie die anderen rief: »Toska ake waciakinkte!« Als ihm bewußt wurde, was er getan hatte, grub er die Zähne in die Lippen und riß so heftig am Zügel seines Pferdes, daß es sich aufbäumte und sein Reiter kämpfen mußte, um nicht in den Fluß geschleudert zu werden. Bärensohn ritt Einsamer Wolf nach und schaute kein einziges Mal zurück.

Als alle anderen schon den Fluß durchquert hatten, kamen Siebenstern und Tatokadan zu Pater Lorraine. Siebenstern schaute ihn ernst und ruhig an. Wie immer trug sie nur ihr schlichtes Kleid mit dem blauen Gürtel. Sie legte die rechte Hand auf die Brust und gab das Zeichen der Freundschaft, dann wandte sie das Pferd und folgte der Sippe.

Tatokadan nahm einen Gürtel und eine Messerscheide aus der Satteltasche und bat: »Gib es Pahiwissa, Vater!« Dann verließ auch sie ihn.

Als letzter kam Kleiner Adler. Er wollte sagen: »Ich werde die Sonnenaufgänge zählen und erst an jenem wieder fröhlich sein, wenn du zu uns kommst, Vater«, aber er brachte kein Wort heraus. Er riß sein Pferd herum und trieb es in den Fluß, daß das Wasser hoch aufspritzte.

Noch einmal, bevor sie weiterzogen, wandten sich die Sihasapa um und hoben grüßend die Hände.

Dann ritten sie hinein in das Grasland, zurück zu den vertrauten Hügeln, den weiten Ebenen mit den Herden der Antilopen, Büffel und mit den unzähligen Vögeln, zurück zu dem Tafelberg, wo der gelbe Bergpfeifer und das Murmeltier wohnten und der Adler sein Nest baute.

Pater Lorraine sah auf das Geschenk Tatokadans. Gürtel und Messerscheide waren bestickt mit bunten Stachelschweinborsten und rot und schwarz gefärbten Hirschschwanzhaaren. Lorraine hatte oft bewundert, wie kunstvoll Tatokadan Leder verzieren konnte. Dieser Gürtel war eines ihrer schönsten Stücke. Sie hatte ihn mit heiligen Symbolen geschmückt, die dem Träger Glück bringen sollten. Rote Spechtfedern waren hineingearbeitet als Zeichen für die lebensspendende Sonne.

Pater Lorraine lächelte. Armer Jimmy! Er würde traurig sein, wenn er erfuhr, daß die Sippe den Hügel der Flüsternden Blätter verlassen hatte. Aber das Geschenk Tatokadans würde ihn trösten, und später würde er mit ihm in das Grasland reiten zum Lager am Amagukbach.

Der Zug der Indianer war nun schon so weit entfernt, daß Pferde und Menschen nur noch kleine, schwarze Punkte im Grasland waren. Die Sonne war hochgestiegen, und unter dem blauen, hohen Himmel, erfüllt von ihrem Licht, lag die Prärie, großartig in ihrer gewaltigen Schönheit.

Kleines Indianerlexikon

Anpetuwi: Sonne

Assiniboine: ein Volk der Prärieindianer

Büffel: nordamerikanischer Bison. Der Büffel war das Hauptjagd-
tier der Prärieindianer. Nicht nur das Fleisch, alles wurde verwer-
tet. Aus den Knochen fertigten die Indianer Werkzeug, Zierge-
genstände und Pfeilspitzen an. Aus den Hörnern schnitzten sie
Löffel, die Hufe wurden zu Rasseln verarbeitet. Aus dem Haar
drehten sie Seile für das Zaumzeug, die Sehnen wurden als Näh-
faden verwendet, aus den Häuten machten sie Kleider, Zelte, Mokassins und Taschen.

Chikadee: amerikanische Meisenart

Dakota: Das Wort bedeutet Freunde oder Verbündetes Volk.
Auch der Ausdruck Lakota ist gebräuchlich. Das Volk der Dakota
bestand aus mehreren Stämmen: Teton – Santee (Mdewkanton –
Wahpeton, Wahpekuta) – Sisseton – Yankton – Yanktonai. Das
zahlenmäßig stärkste Volk waren die Teton mit sieben Stämmen:
Sichangu – Oglala – Hunkpapa – Sihasapa – Minikanzus – Uhe-
nonpa – Sans Arc. Ein Indianerstamm bestand aus vielen Sippen,
denen jeweils ein Sippenhäuptling vorstand. Nur während des
Sommers schlossen sich die Stämme zusammen, wenn die großen
Feste gefeiert wurden, während des übrigen Jahres lebten die einzelnen Sippen und Verbände verstreut im ganzen Jagdgebiet. Die
Stammesorganisation war demokratisch. Häuptlinge wurden nach
ihren Fähigkeiten gewählt, sie hatten die Pflicht, den Frieden zu
erhalten und die Armen zu unterstützen. Die eigentliche Macht
lag in den Händen des Stammesrates, einer Anzahl bewährter
Männer, die sich durch ihre Weisheit und Tapferkeit ausgezeichnet hatten. Das Volk der Dakota führte einen heldenhaften Kampf
gegen die weißen Eindringlinge. Verträge, die sie mit ihnen
schlossen, wurden von den Amerikanern nie eingehalten. Nachdem die Büffel ausgerottet waren, brach der Widerstand der Da-

kota zusammen. Heute leben sie in Reservationen in Nord- und Süddakota. Ihr Schicksal gleicht dem der anderen Indianervölker: Die siegreichen Weißen sahen in ihnen »Wilde«, alles »Indianische« wurde verboten, alle Wertvorstellungen der Indianer gewaltsam zerstört. Hoffnungslosigkeit und Alkoholismus waren die Folge. In unserer Zeit ist das Selbstbewußtsein der Indianer wieder erwacht, sie kämpfen – diesmal mit geistigen Waffen – erneut um ihr Überleben.

Von den Weißen wurden die Dakota Sioux (sprich: Ssu) genannt.

Donnervogel: Die Dakota glauben, daß Donner und Blitz Zeichen jenes höchsten Wesens sind, von dem die ganze Schöpfung stammt. In ihren mythischen Vorstellungen ist der Donner ein riesiger Vogel; dieser Donnervogel ist eine der Verkörperungen des höchstens Wesens.

Eahtschitscha: Er-der-eine-seltsame-Sprache-spricht

Eine Sonne: ein Tag

Ein Winter: ein Jahr

Erdhörnchen: Nagetier, kleiner als das Eichhörnchen, lebt in Erdhöhlen.

Farben: Die Indianer gewannen ihre Farben aus eisenhaltiger Erde, Blumen, Beeren oder Baumrinden usw.

Fasten: Indianer suchten oft die Einsamkeit auf, um zu fasten und zu beten. In Traumgesichten traten sie mit den Überirdischen in Verbindung und versuchten, in ihren Visionen einen Schutzgeist zu finden. Schon Kinder von vier Jahren an fasteten. Meist wurde von den Eltern das Fasten festgesetzt, wenn das Kind irgendeinen besonderen Traum hatte.

Federhauben: Kopfschmuck der Prärieindianer aus Adlerfedern, oft mit langer Schleppe. Er durfte nur von Männern getragen werden, die sich durch besondere Taten ausgezeichnet hatten.

Flöte: Wenn ein junger Dakota um ein Mädchen warb, spielte er abends auf einer Flöte, der Liebesflöte.

Gabelantilopen: antilopenähnliche nordamerikanische Horntiere. Bei alten Böcken ist das Horn gegabelt, daher der Name.

Geheimnismann: Priester, Seher, Arzt und geistiger Führer. Die einwandernden Europäer verwendeten dafür die nicht ganz zutreffende Übersetzung »Medizinmann«.

Gespaltene Zunge: Lügner. Mit gespaltener Zunge reden bedeutet lügen.

Glückliches Heim: Land, in das die Geister der Toten wandern.

Grasland: Prärie

Großes Geheimnis: Wakan Tanka. Ausdruck für den Begriff des Übernatürlichen, Göttlichen. Die Indianer glaubten an eine göttliche Gewalt, die die ganze Welt durchdringt und die die Schöpfung hervorgebracht hat. Die Dakota sahen Wakan Tanka in vielen Verkörperungen, z. B. Sonne und Donner. »Wakan« – die geheimnisvolle Kraft – durchdrang Tiere, Pflanzen, Steine und Himmelskörper. Aus diesem Glauben stammt die große Ehrfurcht vor der Natur.

Großvater: einer der Namen für das Große Geheimnis

Hakata: sechstes Kind einer Familie

Hanhepiwi: Mond

Hetschetu-alo: So sei es!

Ho-eh-yah-pe: Begrüßungsformel

Lange Messer: Bezeichnung für amerikanische Soldaten

Leder: Leder wurde auf verschiedene Weise gefärbt. Frisch gegerbtes Leder, einige Stunden im Sud von Roteichenrinde eingeweicht, erhält z.B. eine rötlich-gelbe Farbe. Aber auch durch Räuchern wurden verschiedene Farben erzielt.

Leggings: Ledergamaschen für die Beine. Männerleggings reichten bis zu den Hüften und wurden mit Bändern am Gürtel festgebunden. Frauenleggings reichten von den Knöcheln bis unter die Knie. Die Leggings wurden oft mit Fransen und Stickerei verziert.

Maka: Mutter Erde

Medizinmann: siehe Geheimnismann

Milahanska: lange Messer – Soldaten

Milchstraße: Sternenpfad, auf dem die Geister der Toten in das Jenseits der Indianer wandern.

Minnetonka: großes Wasser

Mokassins: Fußbekleidung der Indianer, oft reich mit Stickerei verziert.

Mond der bunten Blätter: September

Mond der jungen Blätter: März

Nompa Winchasta: zwei Männer

O waya washtay: wie schön! Wie schön!

Pahasapa: schwarzer Berg

Pahiwissa: rotes Haar

Pemmikan: Getrocknetes Büffelfleisch wird mit einem Schlegel in kleine Stücke geklopft, zerrieben und mit getrockneten Beeren vermischt. Diese Masse wird in Büffelblasen gefüllt und heißes Fett darüber gegossen.

Pfeife: Die Pfeife wurde bei allen wichtigen Zusammenkünften geraucht. Sie ist ein Symbol für die Verbundenheit des Menschen mit dem Schöpfergeist und mit der ganzen Schöpfung.

Pila miya: danke

Prärie: Das Wort stammt aus dem Französischen (Wiese) und bezeichnet die flache nordamerikanische Grasebene. Von der hügeligen östlichen fruchtbaren Prärie steigt sie auf zur trockenen Grassteppe im Westen und reicht vom Mississippi bis zu den Rocky Mountains.

Präriehund: Murmeltiergroßer Verwandter der Eichhörnchen, lebt in Erdhöhlen in großen Kolonien.

Rothaut: Die Indianer bezeichneten sich selbst niemals als »rote Männer« oder »Rothäute«. Diese Bezeichnung stammt von den einwandernden Europäern, und zwar nicht wegen der Hautfarbe, sondern wegen der roten Farbe, mit der sich einige Stämme im Osten auf Kriegszügen Gesicht und Körper bemalten.

Schmuck: Kleider, besonders für festliche Anlässe, wurden immer reich verziert mit Stickereien, Fransen, Hirschzähnen. Ein festlicher Schmuck der Männer war auch die Brustplatte aus hohlen Röhrenknochen.

Schneevogel: Finkenart, die im Herbst in großen Schwärmen nach Süden zieht.

Schutzgeist: Indianer glaubten an Schutzgeister in Gestalt von Tieren, sie glaubten auch daran, daß jede Sippe von einem bestimmten Tier abstammte.

Sihasapa: Stamm des Volkes der Teton

Skalp: Die Sitte, getöteten Feinden die Kopfhaut zu nehmen, war ursprünglich nur bei einigen indianischen Völkern im Osten Nordamerikas üblich. Mit dem Kopfhaar, glaubte man, ging auf magische Weise die Kraft des getöteten Feindes auf den Sieger über. Durch die einwandernden Europäer, die Geldprämien für Skalpe getöteter Indianer, auch von Frauen und Kindern, zahlten, verbreitete sich diese Sitte auch bei anderen Indianervölkern.

Stachelschweinborsten: Die Borsten wurden nach dem Tod des Tieres sofort ausgerissen und eingeweicht und in cirka 1 cm lange Stücke geschnitten, dann flachgewalzt und gefärbt und zu schönen Stickereien verarbeitet. Später nahm man dafür auch Glasperlen. Prärieindianer verwendeten ornamentale geometrische Muster, Waldindianer des Ostens Pflanzen- und Blumenmuster.

Stangenschlitten: Die Indianer kannten das Rad nicht. Die wandernden Jägervölker der Prärie befestigten die Zeltstangen an den Schultern oder am Widerrist des Pferdes, die anderen Enden der Zeltstangen wurden zu beiden Seiten auf dem Boden nachgeschleift. Am unteren Ende dieses Dreiecks wurde ein Querholz oder ein Rutengeflecht befestigt, darauf beförderte man das zusammengelegte Zelt, Hausgerät und kleine Kinder.

Symbole: Indianer glaubten an die magische Zaubergewalt gemalter oder gestickter Symbole.

Tanager: Finkenart

Tatokadan: Antilope

Teton: der größte Stamm der Dakota

Tipi: Spitzzelt der Prärieindianer

Todesgesang: Jeder Indianer besaß ein selbstverfaßtes Todeslied, das er im Augenblick des Sterbens oder in höchster Gefahr sang.

Toksa ake waciakinkte: Abschiedsgruß

Tomahawk: Kriegskeule. Dieses Wort stammt aus der Sprache der östlichen Waldindianer und wurde von den einwandernden Europäern übernommen.

Totem: Das erste Tier, von dem ein Kind während seines ersten großen Fastens träumte, wurde sein Totemtier, sein Schutzgeist. In einem Lederbeutel wurde ein Teil dieses Tieres – Federn, ein Stück Knochen oder Fellhaare – aufbewahrt. Dieser Medizinbeutel wurde um den Hals getragen. Das Wort Medizinbeutel stammt von den einwandernden Europäern.

Tragwiege: Holzgerüst, an dem Babys in weichen Fellen festgebunden wurden. Die Tragwiegen konnten von den Frauen, die ihre Babys immer bei sich hatten, auf dem Rücken getragen, an einen Baum gelehnt oder am Sattel befestigt werden.

Traum: Träume waren den Indianern heilig. Die Unsichtbaren sprachen zu den Menschen in ihren Träumen.

Tschaske: Erstgeborener

Verehrung der Natur: Sonne und Erde wurden als Symbole des Göttlichen verehrt. Der Sonnenball ist der Vater des Alls, er ist die belebende Urkraft der Natur, die Erde ist die Mutter aller, sie trägt in sich die Keime der Pflanzen, und auf ihr leben Menschen und Tiere. Die vier Himmelsrichtungen, die Gewalten der Natur wie Blitz, Donner, Wind, Feuer, Wasser wurden ehrfürchtig als überirdische Kräfte betrachtet, da der geheimnisvolle, göttliche Geist die ganze Natur durchdringt.

Wahsiyah: der Nordwind

Wakan Tanka: Das Große Geheimnis, auch Wakonda genannt

Wakan tanka nitschi un: Abschiedsgruß: Das Große Geheimnis begleite und führe dich.

Wakinyan Waste: der Gute Donner

Wanbli Tschikala: Kleiner Adler

Washtaydo: Ist das nicht besonders schön?

Wasichu: Bezeichnung für Weiße. Das Wort kann mehrfach gedeutet werden, es steht für Menschen, die sich bereichern und alles an sich reißen, es kann aber auch Menschen bedeuten, die geheimnisvolle Dinge (z. B. das Gewehr) besitzen.

Wauhkeon: Donnervogel

Wikahpi Sakowin: Siebenstern

Wikahpi Towin: der Blaue Stern

Winona: erstgeborenes Mädchen

Für Marty ist die Welt nicht mehr heil und friedlich, seit sie spürt, daß die Spannungen zwischen ihren Eltern zunehmen. Sommerferien am Meer, die Begegnung mit dem Maler und Vagabunden Toby, seinem Hund Sir und den Menschen im Dorf erschließen Marty eine neue Welt und unbekannte Lebensformen, lassen aber auch ihre Mutter in der Einstellung zu Ehe und Partnerschaft reifen.

Käthe Recheis' Roman besticht durch die subtile Darstellung einer problematischen Ehe, die einfühlsame Schilderung irischer Landschaft und irischer Menschen sowie durch starke innere Spannung.

KÄTHE RECHEIS

MARTYS IRISCHER SOMMER

180 Seiten, 12,5x20,5 cm, lam. Pappband,
für Kinder ab 12, ISBN 3-224-11257-3

KINDERBUCH

J&V

JUGEND & VOLK